THOMAS SOWELL
ESSENCIAL
Leis, Raça e Etnia, Educação

THOMAS SOWELL
ESSENCIAL
Leis, Raça e Etnia, Educação

TRADUÇÃO
CARLOS SZLAK

COPYRIGHT © FARO EDITORIAL, 2025
COPYRIGHT © 2011 BY THOMAS SOWELL

Todos os direitos reservados.

Avis Rara é um selo da Faro Editorial.

Nenhuma parte deste livro pode ser reproduzida sob quaisquer meios existentes sem autorização por escrito do editor.

Diretor editorial **PEDRO ALMEIDA**
Coordenação editorial **RENATA ALVES**
Assistente editorial **LETÍCIA CANEVER**
Tradução **CARLOS SZLAK**
Preparação **TUCA FARIA**
Revisão **BARBARA PARENTE**
Imagem de capa **FARO EDITORIAL**

Dados Internacionais de Catalogação na Publicação (CIP)
Jéssica de Oliveira Molinari CRB-8/9852

Sowell, Thomas
    Thomas Sowell essencial : leis, raça e etnia, educação / Thomas Sowell ; tradução de Carlos Szlak. — São Paulo : Faro Editorial, 2025.
    320 p.

    ISBN 978-65-5957-719-4
    Título original: The Thomas Sowell Reader

    1. Estados Unidos – Condições econômicas – 2009 2. Estados Unidos – Condições sociais – 1980-2020 3. Estados Unidos – Política e governo – 2009-2017 I. Título II. Szlak, Carlos

24-5241   CDD 973.92

Índice para catálogo sistemático:
1. Estados Unidos – Condições econômicas – 2009

1ª edição brasileira: 2025
Direitos de edição em língua portuguesa, para o Brasil, adquiridos por **FARO EDITORIAL**

Avenida Andrômeda, 885 — Sala 310
Alphaville — Barueri — SP — Brasil
CEP: 06473-000
www.faroeditorial.com.br

SUMÁRIO

Prefácio à edição brasileira 11

Prefácio 15

Nota da edição 17

QUESTÕES LEGAIS

O econômico em relação ao crime 21

Justiça para o pequeno Ângelo 24

Adoro esses assassinos! 27

A lei em julgamento 30

Conhecimento abortado 33

Mitos sobre o controle de armas 36

Mitos sobre o controle de armas — Parte II 39

Poder para os parasitas 42

Processos judiciais na área médica 45

Passando em revista 48

Os policiais são racistas? 52

O significado da lei 55

Liberdade *versus* democracia 59

Ativismo judicial e contenção judicial 62

RAÇA E ETNIA

Uma Budweiser mais antiga ... 83

"Diversidade" na Índia ... 86

O argumento da escravidão ... 89

"Minorias" ... 92

Raça, romance e realidade ... 96

Política de desmancha-prazeres ... 99

"Amigos" dos negros ... 102

Dando um trato nos negócios ... 105

Estereótipos *versus* o mercado ... 109

Racismo "reciclado" ... 112

Geografia *versus* igualdade ... 115

Pressupostos por trás da ação afirmativa ... 118

O culto do multiculturalismo ... 122

A vida é culturalmente tendenciosa ... 125

Booker T. Washington depois de cem anos ... 129

Ação afirmativa ao redor do mundo ... 142

A influência da geografia ... 166

QUESTÕES EDUCACIONAIS

"Educadores" tragicômicos ... 205

Cientistas não são bem-vindos ... 209

Ensino superior e humor inferior ... 212

Sucesso em ocultar fracassos ... 216

"Serviço público" ou desserviço? ... 219

"Forçado a se voluntariar" 223

Adeus a Sara e Benjamin? 226

Escolhendo uma faculdade. 229

A idiotice da "relevância" 232

Julian Stanley e as crianças brilhantes. 235

"Antielitismo" na educação 238

O velho bairro 237

Mentes desperdiçadas 244

Os fatos importam? 247

Problema sério causado por pessoas superficiais 250

"Bons" professores 253

Por trás do "publicar ou perecer". 256

Vislumbres do mundo acadêmico. 259

ESBOÇOS BIOGRÁFICOS

Carolina in the morning 261

Memórias. 280

PENSAMENTOS ALEATÓRIOS 285

Fontes. 305

Notas. 307

THOMAS SOWELL
ESSENCIAL
Leis, Raça e Etnia, Educação

PREFÁCIO À EDIÇÃO BRASILEIRA

*Por Roberto Motta**

Aborde um desconhecido na rua — adulto ou criança — e pergunte: *quais são as grandes questões do nosso tempo?* Minha aposta é que você ouvirá sempre as mesmas respostas: aquecimento global (ou *mudanças climáticas*), fome, "desigualdade" e, provavelmente, o iminente retorno do fascismo, do conservadorismo, do racismo ou de algum outro "ismo" diabólico.

De onde vêm essas preocupações e ideias? Quem decidiu que o combate à desigualdade é prioridade mundial? Aliás: o que é "desigualdade"? Como é possível que existam, simultaneamente, campanhas contra a fome e dados amplamente disponíveis que mostram que um dos maiores problemas dos países ocidentais é o sobrepeso – ou seja, *excesso* de comida?

Quem escolheu esses temas para serem as "grandes questões do nosso tempo" em vez de outros como, por exemplo, o narcotráfico internacional, a possibilidade de uma guerra nuclear (que foi durante décadas considerada a principal ameaça à civilização) ou a degradação da cultura ocidental?

Para essa pergunta há duas respostas: uma curta e uma longa. A resposta curta é que essa escolha foi feita pelos *ungidos*. É assim que Thomas Sowell chama as pessoas em posições de comando em organizações internacionais, ONGS, grandes corporações e no Estado, que controlam ou exercem grande influência na mídia, no sistema de ensino e em instituições estatais como o Judiciário e o Ministério Público. Os *ungidos* são movidos por uma série de fatores, mas seu arcabouço moral e intelectual está baseado em alguma versão da falha histórica do pensamento ocidental conhecida como marxismo. Os *ungidos* querem que você ignore as circunstâncias particulares e locais de sua vida e dedique sua energia, seu dinheiro e suas emoções para lidar com *as grandes questões do nosso tempo* escolhidas por eles. A imposição de uma única *agenda global* — um conjunto de dogmas sagrados – para guiar todo o planeta traz para os ungidos vantagens óbvias de controle, poder e riqueza. Como sobreviveríamos sem esses iluminados recomendando que não comamos mais carne, determinando nossos hábitos mais íntimos, nos informando que nossas tradições e costumes não passam de artefatos culturais ossificados e inadequados, geradores de preconceito, fome e desigualdade?

A resposta longa para a pergunta sobre *as grandes questões do nosso tempo* são os livros de Thomas Sowell. Eles são uma resposta deliciosa, um exercício elegante de observação e análise que combina raciocínio aguçado, escrita cristalina e um poder de síntese sem igual. Alguns textos curtos de Thomas Sowell valem por um mestrado. A maioria de seus livros vale por uma biblioteca.

O livro que você tem nas mãos é a chave de um conhecimento que liberta.

Libertai-vos, então.

Boa leitura.

PREFÁCIO À EDIÇÃO BRASILEIRA

ROBERTO MOTTA é Engenheiro Civil pela *PUC-RJ* e Mestre em Gestão pela *FGV-RJ*. Roberto tem mais de 35 anos de experiência como executivo, incluindo 5 anos como consultor do Banco Mundial nos *EUA*.

Há mais de 10 anos Roberto estuda segurança pública, com centenas de palestras e seminários realizados em todo o país e milhares de textos, artigos e vídeos publicados. Em 2018 Roberto participou da transição do governo do estado do Rio de Janeiro, coordenando a transferência da segurança estadual do Gabinete de Intervenção Federal para as Secretarias de Polícia Civil e Militar e exercendo por um curto período o cargo de Secretário Executivo do Conselho de Segurança (antigo cargo de Secretário de Segurança). Roberto também foi suplente de deputado federal e de vereador e publicou quatro livros: *Ou Ficar A Pátria Livre, Jogando Para Ganhar: Teoria e Prática da Guerra Política, Os Inocentes do Leblon* e *A Construção da Maldade*, sobre a crise de segurança pública do Brasil.

Roberto também participou como consultor do documentário Entre Lobos, da Brasil Paralelo, e é colunista do Instituto Millenium, do Instituto Liberal, da Revista Oeste, da Gazeta do Povo e comentarista da Rede Jovem Pan.

Roberto é um dos criadores do Partido Novo, do qual se desligou em 2016.

PREFÁCIO

Resumir o trabalho de uma vida é um desafio, mesmo para alguém como eu, que se concentrou em uma especialidade. Achei ainda mais desafiador por causa de minha vida assaz longa e dos diversos campos que tenho abordado ao longo dos anos, que vão desde textos sobre economia em publicações acadêmicas até colunas de jornal, tanto humorísticas quanto sérias, a respeito de tudo, incluindo beisebol, política, guerra e crianças que começam a falar tarde — sem mencionar alguns livros sobre história, habitação, autobiografia, intelectuais e raça.

Sinceramente, nunca teria me ocorrido tentar reunir todas essas coisas muito diferentes nas páginas de um único livro se a ideia não tivesse sido sugerida por John Sherer, editor da Basic Books. No entanto, alegro-me que ele tenha feito isso. Uma amostragem de todos esses itens pode ter mais coisas para interessar ao leitor comum do que um livro dedicado a um único tema, dirigido para um único público.

Em cada uma das várias seções do livro — seja sobre cultura, economia, política, direito, educação ou raça —, eu comecei com as colunas de jornal e, em seguida, avancei para textos mais longos que permitem análises mais aprofundadas. Cada leitor pode escolher entre uma ampla gama de assuntos a explorar e decidir quais examinar mais superficialmente e quais investigar mais a fundo. Algumas de minhas colunas de jornal mais conhecidas receberam o título de "Random

Thoughts" [Pensamentos aleatórios]. Na seção "Pensamentos aleatórios" deste livro, foram reunidos diversos comentários não relacionados de algumas dessas colunas acerca de acontecimentos do momento.

Minha expectativa é que esta ampla seleção de meus escritos reduza a probabilidade de os leitores interpretarem mal o que eu disse sobre muitos assuntos controversos ao longo dos anos. Se o leitor concordará com todas as minhas conclusões é uma questão à parte. Porém, discordâncias podem ser produtivas, ao passo que mal-entendidos raramente são.

Uma razão para alguns mal-entendidos é que minha abordagem e meus objetivos foram simples e diretos para aquelas pessoas em busca de agendas secretas ou outras motivações complexas. Desde muito jovem, tive a preocupação de procurar entender os problemas sociais que sobejam em qualquer sociedade. Antes de tudo, isso foi uma tentativa de buscar alguma explicação para as coisas intrigantes e perturbadoras que aconteciam a meu redor. Tudo isso foi para meu próprio esclarecimento pessoal, já que eu não tinha ambições políticas nem os talentos políticos necessários para ocupar cargos eletivos ou nomeados. Mas, depois de ter alcançado certa compreensão de questões específicas — um processo que não raro levou anos —, meu desejo era compartilhar essa compreensão com outras pessoas. Essa é a razão do material que foi publicado neste livro.

THOMAS SOWELL
Hoover Institution
Universidade de Stanford

NOTA DA EDIÇÃO

Identificar os livros dos quais o material publicado aqui foi extraído será feito na seção "Fontes" no final do livro, em benefício daqueles leitores que talvez queiram ler os textos completos no original. No entanto, nenhuma razão semelhante se aplica à reprodução de minhas inúmeras colunas publicadas em jornais e revistas ao longo dos anos; então, essas fontes não são mencionadas.

Gostaria de agradecer à Yale University Press por conceder a permissão para reproduzir minha crítica sobre *On Liberty*, de John Stuart Mill, publicada em *On Classical Economics*, e o primeiro capítulo de *Affirmative Action Around the World*. O material autobiográfico foi reimpresso com a gentil permissão de The Free Press para incluir excertos do primeiro e último capítulos de *A Personal Odyssey*. Outros materiais publicados aqui de *Basic Economics*, *Intellectuals and Society*, *Migrations and Cultures*, *The Vision of the Anointed*, *Applied Economics* e *Conquests and Cultures* são todos de livros que já são propriedade da Basic Books. O capítulo intitulado "Marx, o homem" é de *Marxism: Philosophy and Economics*, que está esgotado e cujo direito autoral é de minha propriedade.

Também devo agradecimentos a minhas dedicadas e diligentes assistentes de pesquisa, Na Liu e Elizabeth Costa, que contribuíram muito para os textos originais dos quais estes excertos foram extraídos, assim como para a produção deste livro. Agradeço igualmente à Hoover Institution, que tornou todo o nosso trabalho possível.

QUESTÕES LEGAIS

O ECONÔMICO EM RELAÇÃO AO CRIME

Por mais de 200 anos, a esquerda política tem apresentado razões pelas quais os criminosos não devem ser punidos tanto ou de maneira alguma. No Missouri, o mais recente estratagema é fornecer aos juízes os custos de encarceramento dos criminosos que sentenciam.

Segundo o *New York Times*, "uma sentença de três anos de prisão custaria mais de 37 mil dólares, enquanto a liberdade condicional custaria 6.770 dólares". Para crimes mais graves, quando uma sentença de cinco anos de prisão custaria mais de 50 mil dólares, ela custaria menos de 9 mil dólares para o que é descrito como "cinco anos de liberdade condicional intensiva".

Esta é apenas a mais recente de uma longa série de esquemas de "alternativas ao encarceramento" que estão constantemente sendo fomentadas por todo tipo de pessoas inteligentes, não só no Missouri, mas em todos os Estados Unidos e do outro lado do Atlântico, sobretudo na Grã-Bretanha.

A questão mais óbvia que está sendo decididamente ignorada nesses cálculos com aparência científica é a seguinte: qual é o custo de deixar criminosos soltos? Termos como "liberdade condicional intensiva" podem criar a ilusão de que os criminosos em liberdade estão de algum modo sob controle das autoridades, mas ilusões são especialmente perigosas no que diz respeito à criminalidade.

Outra questão que deveria ser óbvia é: por que estamos contabilizando apenas o custo para o governo de colocar um criminoso atrás das grades, e não o custo para a população de deixá-lo solto?

Alguns podem dizer que não é possível quantificar os custos dos perigos e das ansiedades da população quando mais criminosos estão nas ruas. Isso é realmente verdade, se considerarmos os custos totais. Porém, podemos quantificar os custos financeiros — e apenas os custos financeiros para a população excedem em muito os custos do governo de manter os criminosos encarcerados.

Na Grã-Bretanha, onde a moda das "alternativas ao encarceramento" levou a apenas 7% dos criminosos condenados a serem colocados atrás das grades, o custo anual do sistema prisional foi estimado em pouco menos de 2 bilhões de libras esterlinas. Enquanto isso, o custo financeiro anual apenas dos crimes cometidos contra os cidadãos foi estimado em 60 bilhões de libras esterlinas.

Nos Estados Unidos, o custo de encarcerar um criminoso foi estimado em 10 mil dólares a menos por ano do que o custo de deixá-lo solto.

Em todos esses cálculos, estamos deixando de fora os custos associados à violência, à intimidação e aos medos que as pessoas têm pela segurança de si mesmas e de seus filhos, sem falar na sensação de desamparo e indignação quando a sociedade se recusa a prestar tanta atenção às vítimas inocentes quanto dedica aos criminosos.

Esses são todos custos importantes. Porém, é desnecessário levá-los em conta, quando apenas os custos financeiros de deixar os criminosos soltos já são suficientes para mostrar que contrassenso temerário está sendo pregado para nós por elites arrogantes na mídia, na academia e em outros lugares.

A enganação da população por defensores da complacência com criminosos foi institucionalizada em práticas legais que criam a ilusão de que muito mais punição está sendo imposta do que realmente é o caso. As "sentenças simultâneas" são uma das fraudes mais flagrantes.

O ECONÔMICO EM RELAÇÃO AO CRIME

Se um criminoso é condenado por múltiplos crimes, fazê-lo cumprir suas sentenças por esses crimes "simultaneamente" significa que ele realmente não cumpre mais tempo por cinco crimes do que cumpriria pelo crime que tem a sentença mais longa. Em outras palavras, os outros quatro crimes são "por conta da casa".

Em geral, as sentenças exageram o período de tempo que o criminoso realmente passará atrás das grades. Liberdade condicional, licenças, livramento condicional e redução da pena por bom comportamento lideram a lista de razões para soltar um criminoso antes que ele cumpra a sentença que foi anunciada ao público quando foi condenado.

Mesmo a "prisão perpétua sem possibilidade de livramento condicional" — muitas vezes oferecida como substituto para pena de morte por homicídio doloso — pode ser enganosa. Não existe prisão perpétua sem a possibilidade de um governador liberal ser eleito e, em seguida, comutar a pena ou perdoar o assassino posteriormente. E, é claro, o assassino pode voltar a cometer homicídio atrás das grades.

Com todas as coisas em que os liberais estão dispostos a gastar grandes somas de dinheiro, é um exagero vê-los serem econômicos quando se trata de manter criminosos fora das ruas.

JUSTIÇA PARA O PEQUENO ÂNGELO

Finalmente, o pequeno Ângelo obteve justiça, ainda que tenha morrido jovem demais para saber o significado de justiça. Angelo Marinda viveu apenas oito meses e foi necessário mais do que o dobro desse tempo para condenar seu pai por seu assassinato.

De forma trágica, as políticas e a mentalidade entre as autoridades responsáveis pelo bem-estar das crianças — as práticas e os conceitos que colocaram esse bebê em risco — ainda estão em vigor, e outras tragédias como essa estão prontas para acontecer. O pequeno Angelo chamou a atenção das autoridades apenas 12 dias após seu nascimento, quando ele foi levado a um hospital com ossos quebrados.

Como um bebê com menos de duas semanas poderia estar com ossos quebrados? E como lidar com essa situação?

Muitos de nós responderiam que o bebê deveria ser afastado de quem quebrou seus ossos e nunca mais ser deixado perto dessa pessoa. Porém, não é isso o que os "especialistas" dizem. Os especialistas sempre têm "soluções". De que outra forma eles seriam especialistas?

A solução da moda recebeu o nome de "serviços de reunificação familiar". A gravidade das lesões do pequeno Angelo teria tornado

JUSTIÇA PARA O PEQUENO ÂNGELO

legalmente possível simplesmente entregá-lo para adoção para um dos muitos casais que estão esperando adotar um bebê.

Mas não é assim que funciona. Mediante a magia dos "serviços de reunificação familiar", os pais devem ser reeducados para que não sejam mais abusivos.

Há dois anos, um assistente social afirmou ao tribunal que a Agência de Serviços para Crianças e Famílias do condado de San Mateo "recomendará os serviços de reunificação, pois os pais estão receptivos para receber os serviços". O fato de que a irmã do pequeno Angelo já havia tido que ser retirada da mesma casa não pareceu diminuir esse otimismo.

No cerne de tudo isso está a presunção de conhecimento que simplesmente não temos e talvez nunca tenhamos. Há todos os tipos de frases pomposas sobre ensinar "habilidades parentais", "controle da raiva" ou outras esperanças piedosas. E vidas de crianças estão sendo postas em risco por essas ideias não fundamentadas.

Ao que tudo indica, o próprio pequeno Angelo tinha uma melhor compreensão disso. Após meses em um lar adotivo, ele teve permissão para visitar seus pais e "uma expressão de medo tomou conta dele" quando os viu.

Contudo, a "expertise" despreza o que os não especialistas acreditam, e o pequeno Angelo não era um especialista, pelo menos não aos olhos dos assistentes sociais que eram responsáveis por seu destino. O fato de que ele tinha voltado de uma visita anterior com hematomas não fez diferença para os especialistas.

Os assistentes sociais acharam que seria bom se o pequeno Angelo fizesse uma visita não supervisionada de dois dias a seus pais no Natal. E dessa visita ele não voltaria vivo.

Agora, mais de 16 meses após a morte do bebê, o pai de Angelo foi condenado por tê-lo sacudido até a morte.

A propósito, houve especialistas que testemunharam a favor do pai no julgamento, sendo que um deles deu um depoimento que contradisse o que ele mesmo havia escrito em um livro. Esse especialista nunca tinha visto o pequeno Angelo, vivo ou morto.

Já passou da hora de pararmos de fazer de conta que sabemos coisas que ninguém sabe, nem mesmo pessoas com títulos impressionantes associados a seus nomes. Se esses especialistas são simplesmente mercenários cínicos ou realmente acreditam em suas próprias teorias e retóricas é irrelevante. Teorias sem fundamento não são base para arriscar a vida dos indefesos.

Como alguém pode quebrar os ossos de um recém-nascido é algo sobre o qual as pessoas podem especular. Mas dizer que sabe como converter pais assim em seres humanos decentes é temerário. E arriscar a vida de um bebê com base em tal especulação é algo criminoso.

É lamentável que apenas um homem tenha ido para a cadeia por esse crime. Deveria haver espaço na cela para os assistentes sociais e seus chefes que tornaram esse assassinato possível em face de evidências flagrantes sobre os perigos que uma criança conseguia enxergar, mesmo que os adultos responsáveis se recusassem a ver.

A presunção de conhecimento permite que juízes, assistentes sociais e outros "façam alguma coisa" ao enviar pessoas para "treinamento" em "habilidades parentais" e outros psicologismos baratos sem histórico comprovado de sucesso. E deixa que crianças como o pequeno Angelo sejam mortas.

ADORO ESSES ASSASSINOS!

A maioria de nós ficou chocada ao saber que Andrea Yates havia matado seus cinco filhos afogando-os, um por um, em uma banheira. Porém, isso pode ter acontecido porque não estamos entre os moralmente ungidos. Celebridades como Rosie O'Donnell e Katie Couric, apresentadora do programa *Today Show*, pelo visto enxergam as coisas de maneira diferente.

"Eu senti uma empatia impressionante por ela, pelo que deve ter sido para ela fazer aquilo", Rosie O'Donnell afirmou. "Quando você está no limite, pode entender como é ir além."

No *Today Show*, Katie Couric também pareceu achar que o grande problema era a psique de Andrea Yates. "Depois de você afogar seus cinco filhos, como a senhora se sente?", Katie Couric indagou.

Então, o programa exibiu informações de para onde enviar doações para o fundo de defesa legal de Andrea Yates. Em Houston, o escritório local da National Organization for Women organizou algo chamado "Coalizão de Apoio a Andrea Yates", planejando arrecadar dinheiro para sua defesa.

Aparentemente, isso se tornou uma suposta questão feminina, porque foi alegado que a senhora Yates sofria de depressão pós-parto, e que isso, ou os medicamentos que ela tinha que tomar, a fez matar seus filhos. Porém, naturalmente, o motivo de realizarmos julgamentos é para descobrirmos quais alegações de ambas as partes se sustentam no tribunal.

O juiz impôs segredo de justiça aos advogados nesse caso, para evitar que a publicidade pré-julgamento influencie o júri. Porém, na realidade, isso significa que o público ouvirá apenas a versão da história de Andrea Yates antes do julgamento. É claro que nunca ouviremos a versão da história das crianças.

Infelizmente, a moda de se apressar em defender os assassinos não se limita a mulheres ou mesmo aos Estados Unidos. Só neste verão, dois adolescentes que assassinaram sadicamente uma criança de dois anos na Grã-Bretanha quando tinham dez anos foram libertados da prisão, e receberam novas identidades, para que não sofressem quaisquer consequências negativas por parte da população que não estivesse tão em sintonia com os atuais modismos não condenatórios.

O que outras pessoas talvez sofram com esses jovens assassinos no decurso de outro meio século ou mais de suas vidas parece não ter suscitado tanta preocupação. Os psiquiatras disseram que eles não representavam perigo para os outros — o mesmo que os psiquiatras disseram acerca de alguns adolescentes norte-americanos que posteriormente mataram colegas de escola em tiroteios indiscriminados.

Ao custo de cerca de 2 milhões de dólares para os pagadores de impostos britânicos, os jovens assassinos e suas famílias foram instalados em casas com três quartos. Eles até receberam dinheiro para gastar, com o qual um dos pais comprou um carro.

Antes mesmo de serem libertados da "prisão" — em instalações sem grades, com televisão e outras comodidades, incluindo aulas de caratê e dinheiro para gastar no Natal —, os jovens assassinos foram autorizados a sair sob licença supervisionada para assistir a eventos esportivos e até visitar shopping centers. Foi em um shopping center que eles atraíram a criança e depois a torturaram até matá-la.

O presidente do júri que os condenou lembra ter visto as terríveis fotos do corpo da criança e, em seguida, captar o olhar de um dos jovens assassinos, que deu um sorriso de deboche no tribunal. No entanto, na Grã-Bretanha, como nos Estados Unidos, a linha politicamente correta é expressada por um defensor da "reforma penal", que afirmou: "Se as crianças fazem algo errado, elas devem ser tratadas pelo sistema de acolhimento, e não pelo sistema de justiça criminal."

Enquanto isso, a mídia liberal inglesa difamou a mãe da criança assassinada, que protestou contra a libertação precoce dos rapazes e a vida de luxo proporcionada a eles e suas famílias. A mídia "a comparou desfavoravelmente com mães mais indulgentes", segundo o jornal *The Guardian*. Pelo visto, todas as mães deveriam ser tolerantes em relação aos sádicos jovens assassinos de seus bebês.

Na década de 1960, foi considerado excêntrico, pelo menos, quando Norman Mailer abraçou a causa de um assassino condenado e conseguiu sua libertação da prisão. Sem dúvida, isso foi considerado mais do que excêntrico por um homem que o ex-presidiário matou após ser libertado. Porém, atualmente, o que outrora era considerado excêntrico é o esperado em certos círculos da elite.

Os clamores de indignação do público só confirmam os ungidos em seu próprio senso presunçoso de serem especiais — mais nobres e sábios do que as pessoas comuns. Que preço a pagar para que algumas pessoas possam se sentir mais tolerantes do que você ou simplesmente confirmar dentro de sua pequena patota que são um de Nós, e não um Deles.

A LEI EM JULGAMENTO

A própria lei está em julgamento em um tribunal de Albany, onde quatro policiais da cidade de Nova York são acusados de assassinato na morte a tiros de Amadou Diallo, um imigrante africano. Para um número surpreendentemente grande de pessoas, o fato de os policiais serem brancos e o homem baleado ser negro é tudo o que elas precisam saber para tomar partido.

E tomar partido é a questão para elas, e não descobrir a verdade ou aplicar a justiça. Essa abordagem já foi muito testada em todo o Sul dos Estados Unidos durante a era Jim Crow. Foram necessárias décadas de luta e sacrifício — incluindo o sacrifício de vidas — para desmantelar esse sistema de "justiça" de dois pesos e duas medidas. Agora, voltou à moda novamente, com uma nova paleta de cores.

Os fatos trágicos envolvendo a morte de Diallo são bastante evidentes. Mesmo antes de a polícia chegar ao local, Amadou Diallo estava — por qualquer motivo — postado junto a uma porta à noite, olhando periodicamente para os dois lados da rua. Outro morador da área, ao voltar para casa do trabalho, surpreendeu-se, segundo ele, com o que lhe pareceu ser naquele momento um comportamento "suspeito". Imediatamente, o promotor objetou o uso dessa palavra, e prontamente o juiz ordenou que fosse retirada do registro.

A LEI EM JULGAMENTO

Quando uma viatura policial passou mais tarde, depois da meia--noite, os quatro policiais a bordo também consideraram suspeito o comportamento de Diallo. Quando a viatura parou e os policiais saíram, Diallo voltou correndo para o interior do prédio. Lá, em uma entrada mal iluminada, ele colocou a mão dentro do casaco e tirou um objeto negro, que apontou para os policiais. Um deles gritou: "Arma!" Por uma terrível coincidência, outro policial tropeçou ao colocar o pé na calçada e caiu para trás, como se tivesse sido baleado, e seus colegas policiais abriram fogo contra Diallo.

O motorista da viatura correu em direção ao policial caído e perguntou onde ele tinha sido atingido. Mas ele não tinha sido atingido. Ele só havia perdido o equilíbrio e tropeçado ao subir na calçada. Diallo também não possuía uma arma. Ele havia tirado sua carteira e a estendido na direção dos policiais. Foi uma tragédia de erros.

Entram em cena os oportunistas de questões raciais, a mídia politicamente correta e os políticos em ano eleitoral. Al Sharpton, que ficou famoso inicialmente ao fazer acusações descabidas contra policiais na farsa promovida pela adolescente afro-americana Tawana Brawley, entrou com tudo no caso, junto com uma multidão de apoiadores. Hillary Clinton taxou a história como "assassinato" — e sendo ela uma advogada, deveria ser mais prudente, sobretudo com um julgamento em andamento.

Mesmo na sala do tribunal, a atmosfera de intimidação continuou, sem controle do juiz, que considerou ofensivo quando uma testemunha disse que achou suspeitas as ações de Diallo.

As testemunhas que tinham algo a dizer que pudesse apoiar o testemunho dos policiais tiveram informações de identificação totalmente desnecessárias divulgadas e lidas nos registros. A testemunha que afirmou que suas suspeitas o fizeram prestar atenção a Diallo enquanto ele caminhava para casa após estacionar sua camionete teve não só seu endereço, mas também o número de seu apartamento identificado pelo promotor em audiência pública.

Supostamente, isso era para mostrar que ele morava nos fundos e não poderia ter visto o que aconteceu depois de chegar a sua casa. Porém, a testemunha nunca dissera ter visto algo de seu apartamento. O que essa declaração desnecessária fez foi alertar a testemunha no tribunal de que os cabeças quentes da vizinhança agora sabiam onde encontrá-la, bem como sua família. Foi um aviso direto a ela, uma advertência não só a essa como também a qualquer outra testemunha que pudesse dizer algo que apoiasse o que os policiais haviam dito.

Por que será que as testemunhas não se apresentam?, nós nos perguntamos.

Uma enfermeira que ouviu os tirou enquanto atendia um paciente do outro lado da rua foi questionada a respeito do nome de seu paciente, mesmo que ele não fosse uma testemunha e nunca tivesse alegado ter visto ou ouvido alguma coisa. Quando isso foi alvo de contestação, a ela então foi indagado se o paciente era homem ou mulher e qual a idade. Isso foi inconcebível na atmosfera de hostilidade e desrespeito à lei que foi incitada por causa desse tiroteio.

Como alguém que foi instrutor de tiro no Corpo de Fuzileiros Navais, não fiquei nem um pouco surpreso com a quantidade de disparos efetuados, ou pelo fato de que a maioria deles errou o alvo. Ninguém conta seus próprios tiros, muito menos os tiros dos outros, em uma situação de vida ou morte. Isso não é um jogo de fliperama, onde as luzes se acendem para dizer se você acertou o alvo. Você atira até parecer seguro parar.

Muitas luzes deveriam se acender acerca desse julgamento e a maneira pela qual tanto as testemunhas quanto a própria justiça estão sendo ameaçadas, dentro e fora da sala de tribunal.

CONHECIMENTO ABORTADO

Um certo professor que ensina estudantes que aspiram a se tornar fonoaudiólogos começa mostrando o desenvolvimento de diversos órgãos envolvidos na fala. Quando ele mostra a sua turma uma imagem de ultrassom do desenvolvimento do palato em um bebê não nascido, não é incomum que uma ou duas alunas tenham lágrimas nos olhos, ou digam ao professor que fizeram um aborto e se sentiram muito tocadas ao ver a aparência de um bebê não nascido.

Por muito tempo, fomos levados a crer que um aborto é a remoção de um material não formado, algo semelhante a uma operação de apêndice. A própria expressão "bebê não nascido" quase desapareceu da linguagem, sendo substituída pelo termo mais frio e limpinho "feto".

Muitos defensores eloquentes que se declaram "pró-escolha" não querem que as mulheres tenham a escolha de saber exatamente o que estão escolhendo antes de fazer um aborto. Uma oposição feroz impediu a exibição de imagens de um aborto em andamento — mesmo em escolas ou faculdades que exibem filmes de adultos nus realizando vários atos sexuais. Fotografias de fetos abortados também foram proibidas.

O procedimento especialmente macabro conhecido como "aborto por nascimento parcial" nem sequer pode ser mencionado na maior parte da mídia, onde é chamado de "aborto tardio" — outro termo frio e que desloca o foco do que acontece para quando acontece.

O que ocorre em um aborto por nascimento parcial é que um bebê que se desenvolveu demais para morrer naturalmente ao ser removido do corpo da mãe é deliberadamente morto ao ter seu cérebro sugado. Quando isso é feito, o bebê não está completamente fora do corpo da mãe porque, se estivesse, o médico seria acusado de assassinato. Não há razão médica para esse procedimento, que foi condenado pela American Medical Association. Há apenas uma razão legal: impedir que o médico e a mãe sejam presos.

Tudo isso é tranquilamente camuflado na mídia ao chamar tais ações de "aborto tardio" e se recusar a descrever o que acontece. Tais padrões de evasões e ofuscações revelam que, na prática, "pró-escolha" costuma significar realmente pró-aborto. O conhecimento é a primeira coisa sendo abortada.

As questões filosóficas sobre quando a vida começa podem preocupar algumas pessoas em ambos os lados da controvérsia sobre o aborto. Porém, os fatos físicos brutos do que acontece em diversos tipos de aborto têm levado muitos outros indivíduos, incluindo médicos, a passarem de pró-aborto para antiaborto. Um médico que tinha realizado muitos abortos nunca mais fez outro depois de ver um vídeo de ultrassom das reações do bebê.

Com a maior parte dos procedimentos médicos, o "consentimento informado" é o lema. Porém, quando se trata de aborto, são feitos grandes esforços para evitar que a "escolha" se torne informada de maneira adequada.

Política e legalmente, a questão do aborto é complexa demais para uma solução fácil. Atravessamos um quarto de século de amarga controvérsia justamente porque a Suprema Corte optou por uma solução fácil em 1973 com a decisão do caso *Roe v. Wade*.

Antes disso, diversos estados tinham tomado iniciativas divergentes para enfrentar e conciliar preocupações importantes de ambos os lados referentes à questão do aborto. Porém, Harry Blackmun, juiz da Suprema Corte, precipitou-se e tomou uma arriscada e perigosa decisão genérica, embasada na flagrante mentira de que isso estava de acordo com a Constituição.

Longe de resolver os problemas, o caso *Roe v. Wade* resultou em polarização e tensão crescente em todo o país, incluindo atentados a bomba e assassinatos. Corrompeu a mídia, a academia e outras fontes que deveriam informar, mas que, em vez disso, se tornaram órgãos partidários do politicamente correto.

Contudo, entre as maneiras pelas quais essa questão extremamente polêmica será resolvida por fim — e não há solução à vista hoje —, inclui-se certamente a honestidade. Clichês políticos como "o direito da mulher de fazer o que quiser com seu próprio corpo" não podem ser aplicados em situações em que um bebê é morto no exato momento em que deixa de ser parte do corpo de sua mãe.

Um dos poucos sinais de esperança para uma solução definitiva é que a maioria das pessoas de ambos os lados dessa controvérsia não está feliz com os abortos. As mulheres que choraram ao ver um bebê não nascido podem não estar politicamente comprometidas com nenhum dos lados dessa questão, mas seus sentimentos podem ser parte do que é necessário para conciliar os lados opostos.

MITOS SOBRE O CONTROLE DE ARMAS

A professora Joyce Lee Malcolm da Universidade Bentley merece algum tipo de prêmio especial por assumir a tarefa ingrata de falar com bom senso sobre um assunto onde o contrassenso está profundamente arraigado e é radicalmente dogmático. Em seu livro recentemente publicado, *Guns and Violence* [*Violência e armas*], a professora Malcolm examina a história das armas de fogo, as leis de controle de armas e os crimes violentos na Inglaterra. O que torna isso mais do que um mero exercício histórico é sua relevância para as atuais controvérsias acerca do controle de armas nos Estados Unidos.

Os fanáticos pelo controle de armas adoram fazer comparações internacionais bastante seletivas sobre posse de armas e taxas de homicídio. Porém, Joyce Lee Malcolm aponta algumas das armadilhas nessa postura. Por exemplo, a taxa de homicídios na cidade de Nova York foi mais do que o quíntuplo que a de Londres durante dois séculos — e durante a maior parte desse tempo nenhuma das duas cidades tinha leis de controle de armas.

Em 1911, o Estado de Nova York instituiu uma das leis de controle de armas mais rigorosas dos Estados Unidos, enquanto leis sérias de controle de armas não foram instituídas na Inglaterra até quase uma década depois. Porém, a cidade de Nova York continuou a ter taxas de homicídio muito mais altas do que Londres.

MITOS SOBRE O CONTROLE DE ARMAS

Se quisermos levar a sério o papel das armas e do controle de armas como fatores nas diferentes taxas de violência entre países, então precisamos fazer o que a professora de história Joyce Lee Malcolm fez: examinar a história das armas e da violência. Na Inglaterra, como ela destaca, "o crime violento continuou a diminuir significativamente no momento em que as armas estavam se tornando cada vez mais disponíveis" ao longo dos séculos.

Na Inglaterra, a Declaração de Direitos de 1689 foi bastante clara ao afirmar que o direito de um indivíduo privado de portar armas era um direito individual, independentemente de qualquer direito coletivo de milícias. As armas eram tão de livre acesso aos ingleses quanto aos norte-americanos até o início do século XX.

Além disso, o controle de armas na Inglaterra não foi uma resposta a nenhuma crise de homicídios com armas de fogo. Ao longo de um período de três anos perto do final do século XIX, "houve apenas 59 mortes por pistolas em uma população de quase 30 milhões de pessoas", segundo a professora Malcolm. "Destas, 19 foram acidentes, 35 foram suicídios e apenas três foram homicídios — uma média de um por ano."

Na Inglaterra, no início do século XX, a ascensão do Estado intervencionista incluiu iniciativas para restringir a posse de armas. Após a Primeira Guerra Mundial, as leis de controle de armas começaram a restringir a posse de armas de fogo. Então, depois da Segunda Guerra Mundial, essas restrições se tornaram mais rigorosas, e acabaram por desarmar a população civil da Inglaterra — ou pelo menos a parte dela cumpridora das leis.

Foi durante esse período de restrições rigorosas à posse de armas de fogo que as taxas de criminalidade em geral e a taxa de homicídios em particular começaram a aumentar na Inglaterra. "Conforme o número de armas de fogo legais diminuía, o número de crimes com armas aumentava", a professa Malcolm assinala.

Em 1954, houve apenas uma dúzia de assaltos à mão armada em Londres, mas, na década de 1990, o número cresceu mais de cem vezes. Na Inglaterra, como nos Estados Unidos, a repressão drástica à posse de armas por cidadãos cumpridores da lei foi acompanhada por uma crescente complacência em relação aos criminosos. Em ambos os países, isso acabou sendo uma fórmula para o desastre.

Embora a Inglaterra ainda não tenha alcançado os níveis de homicídios dos Estados Unidos, já ultrapassou os Estados Unidos em taxas de roubo e furto. Além disso, nos últimos anos, a taxa de homicídios na Inglaterra vem subindo sob leis de controle de armas mais rigorosas, enquanto a taxa de homicídios nos Estados Unidos vem caindo à medida que cada vez mais Estados têm permitido que cidadãos privados portem armas de fogo ocultas, e começaram a prender mais criminosos.

Em ambos os países, os fatos não têm nenhum efeito sobre os dogmas dos fanáticos pelo controle de armas. O fato de que a maioria das armas utilizadas para assassinar pessoas na Inglaterra não foi comprada legalmente não afeta a fé deles nas leis de controle de armas lá, tal como a fé nessas leis aqui não é afetada pelo fato de que as armas utilizada pelos recentes atiradores de Beltway[*] não foram compradas legalmente.

Na Inglaterra, assim como nos Estados Unidos, crimes impactantes com armas de fogo foram aproveitados e usados politicamente para promover repressões à posse de armas por cidadãos cumpridores da lei, sem fazer nada em relação aos criminosos. Os fanáticos norte-americanos pela Lei Brady silenciam sobre o fato de que o homem que atirou em James Brady e tentou assassinar o presidente Reagan circulava pelas ruas em regime de saída temporária.

---

[*] Referência a dois atiradores que foram responsáveis por uma série de ataques a tiros em outubro de 2002 na região de Beltway, área que circunda Washington D.C., resultando na morte de dez pessoas. (N. do T.)

MITOS SOBRE O CONTROLE DE ARMAS — PARTE II

Provavelmente, apresentar fatos a fanáticos pelo controle de armas só os deixará irritados. Porém, o restante de nós precisa saber quais são os fatos. Mais do que isso, precisamos saber que grande parte do que os defensores do controle de armas alegam como fatos não resistirá à análise crítica.

O grande dogma dos defensores do controle de armas é que locais com restrições rigorosas à posse de armas de fogo apresentam taxas mais baixas de homicídios e outros crimes com armas. Como eles provam isso? Simplesmente fazendo comparação de lugares onde isso é verdadeiro e ignorando todas as comparações de lugares onde o contrário é verdadeiro.

Os fanáticos pelo controle de armas comparam os Estados Unidos e a Inglaterra para mostrar que as taxas de homicídio são mais baixas onde as restrições à posse de armas de fogo são mais rigorosas. Porém, poderíamos comparar facilmente a Suíça e a Alemanha, sendo que os suíços apresentam taxas de homicídio mais baixas do que os alemães, ainda que a posse de armas seja três vezes maior na Suíça. Entre outros países com altas taxas de posse de armas e baixa taxas de homicídio incluem-se Israel, Nova Zelândia e Finlândia.

Nos Estados Unidos, as áreas rurais apresentam taxas mais altas de posse de armas e taxas mais baixas de homicídios, e os brancos apresentam taxas mais altas de posse de armas do que os negros e taxas de homicídios muito mais baixas. Para o país como um todo, a posse de pistolas duplicou no final do século XX, enquanto a taxa de homicídio diminuiu. Porém, tais fatos não são mencionados por fanáticos pelo controle de armas ou pela mídia liberal.

Outro dogma entre os defensores do controle de armas é que ter uma arma em casa para defesa própria é inútil e provavelmente só aumenta as chances de a pessoa se ferir ou ser morta. Segundo esse dogma, a melhor opção é não oferecer resistência a um invasor.

No entanto, a pesquisa real revela justamente o contrário. As pessoas que não ofereceram resistência se feriram duas vezes com mais frequência do que aquelas que resistiram com uma arma de fogo. Claro que aquelas que resistiram sem uma arma de fogo se feriram com mais frequência.

Esses fatos são simplesmente ignorados por fanáticos pelo controle de armas. Eles preferem citar um estudo publicado alguns anos atrás no *New England Journal of Medicine* e desmentido por diversos estudiosos desde então. Conforme esse estudo desacreditado, as pessoas com armas em suas casas tinham mais chances de serem assassinadas.

Como esse estudo chegou a essa conclusão? Ao analisar pessoas que foram assassinadas em suas casas, descobrindo quantas tinham armas na residência, e então comparando com pessoas que não foram assassinadas em suas casas.

Ao empregar um raciocínio semelhante, talvez seja possível mostrar que pessoas que contratam seguranças pessoais são mais propensas a serem mortas do que pessoas que não fazem isso. Sem dúvida, pessoas que contratam seguranças já se sentem em risco, mas isso significa que os seguranças são a razão desse risco?

Um raciocínio igualmente ilógico tem sido usado considerando o número de invasores que foram mortos por proprietários de casas armados, em comparação com o número de membros da família mortos com essas armas. Porém, trata-se de uma comparação sem sentido porque a maioria dos que mantêm armas em suas casas não fazem isso na expectativa de matar invasores.

A maioria dos usos de armas em defesa própria — seja em casa ou em outro lugar — não envolve na verdade puxar o gatilho. Quando a vítima alvo mostra ter uma arma em mãos, o agressor costuma ter suficiente discernimento para recuar. Porém, as vidas salvas dessa maneira não são contabilizadas.

As pessoas mortas em casa por membros da família são muito atípicas. A grande maioria dessas vítimas já precisou chamar a polícia para suas casas anteriormente, por causa de violência doméstica, e pouco mais da metade já chamou a polícia diversas vezes. Estas não são pessoas comuns que por acaso se descontrolaram quando uma arma estava disponível.

A maioria das "crianças" que morrem por causa de armas também não são crianças pequenas que encontram uma arma carregada por acaso. Várias dessas "crianças" são membros de gangues de adolescentes que se matam deliberadamente.

De fato, algumas crianças pequenas morrem acidentalmente por causa da presença de armas de fogo em casa, mas menos do que se afogam em banheiras. Alguém defende a proibição de banheiras? Não bastasse, o número de acidentes fatais com armas diminuiu ao longo dos anos, apesar do aumento em dezenas de milhões de armas. Nada disso apoia a suposição de que mais armas resultam em mais acidentes fatais.

Grande parte dos argumentos dos defensores do controle de armas é frágil. Não surpreende que eles evitem qualquer fato concreto que se aproxime deles.

PODER PARA OS PARASITAS

Poderá ser um marco na história das empresas norte-americanas — e da sociedade norte-americana — se o pedido de falência da Dow Corning assinalar o começo do fim para essa corporação. Ações judiciais por danos enormes contra a empresa por causa dos implantes mamários de silicone estão por trás desse último acontecimento.

Não é que tenha sido comprovado que esses implantes causam problemas médicos. Pelo contrário, tem sido desnecessário provar qualquer coisa para levar casos ao júri, que são livres para distribuir o dinheiro de outras pessoas em quantias que achem conveniente, em resposta aos apelos dos advogados dos reclamantes.

Estudo científico após estudo científico não conseguiu encontrar provas para respaldar as alegações feitas por aqueles que processam a Dow Corning por causa dos implantes mamários. Enquanto isso, nos tribunais, os juízes e os júris estão concedendo indenizações milionárias em danos.

O destino de uma corporação não é uma questão nacional importante, mas o que isso indica acerca de todo o sistema de justiça norte--americano possui implicações sombrias para o futuro do país. Como um crítico disse, há mais de meio século: "A lei perdeu sua alma e virou uma selva." Isso é ainda mais verdadeiro nos dias de hoje.

PODER PARA OS PARASITAS

A mídia possui uma grande responsabilidade em tudo isso. Sua propensão em atuar como um megafone para todo tipo de grupos e movimentos politicamente corretos a fez sair correndo como uma matilha atrás de qualquer empresa acusada de qualquer coisa por feministas radicais, ambientalistas ou outros favoritos dos ungidos.

A própria ideia de que o ônus da prova recai sobre a parte que faz uma acusação legal foi deixada de lado no que diz respeito a categorias inteiras de acusações. Isso é especialmente verdade nas chamadas "questões femininas", mas também é verdade em questões raciais, ambientais e outras campanhas promovidas por ativistas estridentes.

Mais do que injustiças individuais estão envolvidas. Toda uma classe de parasitas foi criada e santificada, desde mendigos nas ruas até advogados em escritórios de luxo. Tenha em mente que a Dow Corning não será a última de suas presas.

Em todo o país, médicos, governos locais, corporações, universidades e muitos outros estão sendo alvo de processos movidos por advogados à espreita onde quer que haja dinheiro a ser obtido. Qualquer um "cheio da grana" é um alvo válido. E muitos desses endinheirados não passam de muitos bolsos mais modestos de pagadores de impostos e acionistas.

Dois séculos atrás, o filósofo político britânico Edmund Burke alertou sobre os perigos que qualquer sociedade corre ao promover a ideia de que alguns de seus cidadãos são presas naturais de outros. No entanto, não é apenas isso que a explosão de processos judiciais representa. Trata-se também do que toda a discussão política sobre "os ricos" representa.

Este é o tempo das classes que reclamam, sejam elas compostas de advogados, ativistas comunitários, feministas radicais, oportunistas de questões raciais ou outros que se não choram, não mamam.

Nenhuma sociedade jamais prosperou por ter uma classe grande e crescente de parasitas vivendo à custa daqueles que produzem. Pelo contrário, o crescimento de uma grande classe parasitária marcou o declínio e a queda do Império Romano e o colapso da Espanha desde o auge de sua era de ouro.

Apesar do uso do termo "proletariado" por Karl Marx para descrever a classe trabalhadora, o proletariado romano não era propriamente uma classe trabalhadora, mas sim uma classe baixa apoiada por benefícios governamentais. Porém, os parasitas de Roma também incluíam uma burocracia grande e crescente. O Império Bizantino e depois o Império Otomano também desenvolveram burocracias ao longo dos séculos tão sufocantes e corruptas que levaram seus períodos de glória a um fim.

Mais de mil anos após o colapso de Roma, a Espanha utilizou a riqueza extraída de seu vasto império para sustentar um número crescente de espanhóis no ócio. Não havia apenas mendigos por toda parte como também grande quantidade de parasitas instruídos, sem habilidades para contribuir para a produção nacional, mas com grandes ideias acerca de como sua riqueza deveria ser gasta.

Uma parcela significativa de nossos problemas sociais hoje decorre dos detentores de diplomas incultos que não têm nada a contribuir para a riqueza da sociedade, mas que estão cheios de demandas, indignação e ressentimentos em relação aos que estão produzindo.

Um estudo sobre o declínio das grandes sociedades concluiu que "o desaparecimento dos impérios devido a catástrofes tem sido extremamente raro na história". Em vez disso, eles se desgastam de modo lento, mas constante, e colapsam de dentro para fora. Costuma haver "uma quantidade crescente de riqueza injetada pelo Estado a partir da economia", enquanto "extravagâncias de moda e licenciosidade" se desenvolvem entre a sociedade. Isso não parece desconfortavelmente semelhante ao que vemos a nosso redor hoje?

PROCESSOS JUDICIAIS NA ÁREA MÉDICA

Recentemente, um amigo me disse que ia passar por um procedimento médico doloroso para verificar se tinha câncer, e isso me lembrou de uma época anos atrás em que enfrentei uma possibilidade semelhante. Em meu caso, o procedimento dos exames teria sido doloroso e com algum risco de infecção.

Felizmente, era um procedimento em duas partes. A primeira parte foi desconfortável, mas não dolorosa ou com grande risco de infecção. Depois que um jovem médico me submeteu a essa parte, um especialista mais experiente assumiu e examinou os resultados, e decidiu não prosseguir com a segunda parte do exame.

Quando minha mulher me perguntou se isso significava que eu não tinha câncer, minha resposta foi negativa. Eu disse: "Isso significa que o médico avaliou as opções e decidiu que, como a chance de eu ter câncer era muito pequena, e o perigo de infecção pelo próprio exame, muito grande, a melhor escolha era parar por ali."

Minha mulher não pareceu completamente tranquila com isso, então eu acrescentei: "Como qualquer outra pessoa, esse médico pode estar errado. Porém, se acontecer de eu ter um câncer e morrer, não quero que ninguém processe esse homem. Ninguém é infalível, e nenhum paciente tem direito a infalibilidade."

Como isso aconteceu há muitos anos, pelo visto a decisão do médico foi a correta. Mas quantos médicos se sentem à vontade para tomar tais decisões no cenário legal atual, onde processos judiciais frívolos e pseudociência podem resultar em indenizações ou acordos milionários?

Após tantas indenizações milionárias resultarem das alegações de que bebês nascidos com paralisia cerebral poderiam ter sido poupados se os médicos tivessem optado por cesariana para eles, houve um aumento significativo dos partos por esse procedimento. No entanto, isso não reduziu a incidência de paralisia cerebral.

Embora os partos por cesariana possam não proteger os bebês contra paralisa cerebral, protegem os médicos de serem arruinados financeiramente por advogados persuasivos e júris ingênuos. Os advogados que alegam que suas vultosas indenizações não aumentam muito o custo da assistência média estão contando apenas as somas de dinheiro que coletam.

Porém, cirurgias e exames desnecessários não são gratuitos, nem financeiramente nem de outra forma.

Atualmente, pergunto-me se meu amigo vai ser submetido a um procedimento doloroso por sua causa ou porque o médico não se arrisca a não fazer esse exame, por temer um processo judicial no futuro. Esse é um dos custos ocultos dos processos judiciais descabidos e das indenizações exorbitantes, além das somas de dinheiro embolsadas pelos advogados.

Quando eu era garoto, nunca me passaria pela cabeça que o doutor Chaney, nosso médico de família, estivesse fazendo qualquer coisa além de dar seu melhor pelo bem de nossa saúde.

Provavelmente nunca passou pela cabeça do doutor Chaney que poderíamos processá-lo. Para começar, ele sabia que não tínhamos dinheiro suficiente para contratar um advogado, então isso estava fora de cogitação desde o início.

PROCESSOS JUDICIAIS NA ÁREA MÉDICA

A confiança entre médico e paciente não é algo trivial. Às vezes, pode fazer a diferença entre vida e morte. Nossas leis reconhecem a enorme importância desse relacionamento ao isentar os médicos de terem que testemunhar sobre o que um paciente lhes disse, mesmo que seja em um caso de homicídio.

Fazer tudo isso para proteger o relacionamento entre médico e paciente e então abrir mão dele levianamente com acesso fácil a processos judiciais descabidos não faz sentido. Assim como criar uma grande burocracia médica para pagar por tratamentos e medicamentos, o que significa que os pacientes só podem ir a médicos pré-selecionados para eles por alguma seguradora ou pelo governo.

Um de meus médicos favoritos antecipou sua aposentadoria e passou algum tempo me explicando por que estava fazendo isso. A burocracia crescente já era ruim o suficiente, mas a deterioração do relacionamento entre médico e paciente o desgastou ainda mais.

No início de sua carreira, os pacientes o procuravam porque alguém o tinha recomendado e chegavam com uma atitude completamente diferente daquela de alguém que havia sido encaminhado a ele por uma seguradora. Agora, ele encontrava uma atitude muito mais desconfiada, se não antagônica, que não fazia bem a ele nem ao paciente.

Esse pode ser o maior ônus de nosso ambiente burocrático e legal atual.

PASSANDO EM REVISTA

Foi uma frase clássica do *New York Times*: "O modo como os Estados Unidos educam as crianças dos centros urbanos pode ser o teste definitivo dos arranjos políticos e econômicos do país."

Pelo visto, se soa pomposo e poético, quem se importa se faz sentido?

Os Estados Unidos não educam crianças. Nunca educaram crianças. E nunca educarão crianças. Nenhuma quantidade de coletivização verbal mudará essa realidade.

Talvez seja demais esperar realismo de um ensaio na seção de resenha de livros do *New York Times*, mas é uma irresponsabilidade grave resenhar livros sobre criminalidade juvenil nos guetos responsabilizando todo o país. A responsabilidade pessoal pode ser um anátema para o *New York Times*, mas é o que é muito necessário para lidar com a violência vergonhosa que ameaça os moradores das comunidades negras em todo o país.

Não confiando em seus leitores para captar na primeira leitura a mensagem que atribui a culpa aos Estados Unidos, a resenha do jornal a repete incessantemente. O "alarmante aumento da violência" é causado pelos "valores americanos". Os delinquentes e os bandidos "aspiram a adotar todos os sinais distintivos dos Estados Unidos convencionais". É devido a sua "criação americana" que o traficante de drogas do gueto se perdeu. Eram os "sonhos basicamente americanos" que os criminosos do gueto estavam buscando, a fim de "compensar a dor de crescerem pobres, desempregados e marginalizados".

Ainda não entendeu? O ensaio conclui recomendando a leitura sobre os "sonhos muito americanos" que levam os jovens do gueto a praticar crimes.

A maioria dos jovens negros não cresce para se tornar criminosa. Ao que tudo indica, esses jovens devem crescer em algum país estrangeiro e depois imigrar para cá. A maioria dos jovens fora do gueto também não cresce para se tornar criminosa. Eles também devem ser todos estrangeiros.

Há mais envolvido aqui do que uma retórica irresponsável. O ritmo constante do discurso de atribuição de culpa à sociedade e de ódio aos Estados Unidos é típico da mentalidade que tem levado à destruição dos valores morais e da aplicação da lei nos últimos 30 anos. Ninguém se dedicou mais a isso do que o *New York Times*, ainda que muitos outros tenham adicionado suas vozes ao coro, incluindo pessoas em cargos importantes que deveriam ter tido mais juízo.

Como a procuradora-geral Janet Reno no governo Clinton, o procurador-geral de Lyndon Johnson na década de 1960, Ramsey Clark, tinha certeza de que a maneira de lidar com a atividade criminal era lidar com as "causas raízes" sociais da criminalidade. A mesma certeza tinham David L. Bazelon, juiz-chefe do Tribunal de Apelações do Circuito para o Distrito de Colúmbia, e Earl Warren, presidente da Suprema Corte.

Segundo Warren, o motivo para o aumento das taxas de criminalidade foi que "por décadas temos varrido para debaixo do tapete" as condições de miséria que alimentam o crime. No entanto, durante essas décadas, a taxa de criminalidade vinha diminuindo, e não aumentando, como a teoria das "causas raízes" de Warren sugeria. Em 1953, quando Warren se tornou presidente da Suprema Corte, a taxa de

THOMAS SOWELL • ESSENCIAL

homicídios nos Estados Unidos era de 4,8 por 100 mil habitantes, a mais baixa em quatro décadas.

Os homens não brancos apresentaram uma taxa de homicídios decrescente durante as décadas de "negligência" em "nossa sociedade conturbada", como Warren a chamava. Foi só depois da revolução judicial no sistema de justiça criminal promovida pela Suprema Corte presidida por Warren que as taxas de homicídio dispararam, e continuaram a subir. Em 1991, a taxa de homicídios e homicídio doloso era de 9,8 por 100 mil habitantes, mais do que o dobro do que era quando Warren ingressou na Suprema Corte, ainda que as novas estatísticas não contabilizassem todos os homicídios contabilizados nas estatística anteriores.

Talvez tenha havido alguma justificativa plausível para falar sobre "causas raízes" e "nossa sociedade conturbada" como causas da criminalidade há 30 anos. Porém, agora, temos 30 anos de experiência que contradizem isso. Nesse tempo, houve todo tipo de programas sociais dispendiosos, redução na aplicação da lei — e intelectuais dando desculpas a favor de criminosos.

As taxas de criminalidade ascendentes que vieram depois das panaceias liberais da década de 1960 não provocaram mudança de opinião. Os liberais costumam estar errados, mas nunca em dúvida. Eles continuam culpando as condições sociais, a "sociedade", os Estados Unidos.

Nunca pensarão em culpar a si mesmos.

Alguém acredita mesmo que as desculpas e as políticas contraproducentes contra o crime são um favor às comunidades negras? Agora é tão amplamente sabido e bem documentado que os negros são as principais vítimas dos criminosos negros que não há espaço para mal-entendidos honestos sobre esse assunto.

Será que o bem-estar dos negros é menos importante do que buscar vantagem ideológica ou condenar os Estados Unidos?

Aqueles que reagem a preocupações sobre a criminalidade nas ruas falando sobre "crimes nas altas esferas" podem ganhar pontos na argumentação, mas os moradores urbanos em geral e os moradores negros do centro da cidade em particular não estão encolhidos em seus apartamentos à noite, atrás de portas com fechaduras duplas, por medo de serem enganados com títulos podres.

OS POLICIAIS SÃO RACISTAS?

Em grande parte da mídia liberal, os confrontos em grande escala entre a polícia e as pessoas que estão violando a lei costumam ser noticiados de duas maneiras. Ou a polícia usou "força excessiva" ou "deixou que a situação saísse do controle".

Qualquer força suficiente para impedir que a situação saia de controle será chamada de "excessiva". E se a polícia chegar em número suficiente para reprimir a desordem sem a necessidade do uso de qualquer força, então enviar tantos policiais será chamado de "reação exagerada". Afinal, com tão pouca resistência à polícia, por que tantos policiais foram necessários? Essa é a mentalidade de mídia.

Acrescente o elemento volátil da raça e a mídia terá um dia de festa. Se um incidente envolver um policial branco e um criminoso negro, não é preciso saber os fatos específicos para prever como os liberais na mídia reagirão. É possível predizer as palavras e a melodia.

No entanto, Heather Mac Donald, do Instituto Manhattan, tem os fatos em seu novo livro, *Are Cops Racist?* [Os policiais são racistas?]. Infelizmente, aqueles que mais precisam ler esse livro são os menos propensos a fazê-lo. Eles já têm suas opiniões formadas e não querem ser confundidos por fatos.

Para o restante de nós, esse é um livro pequeno, mas muito esclarecedor e de fácil leitura. A senhora Mac Donald aborda inicialmente

OS POLICIAIS SÃO RACISTAS?

a questão do "perfil racial" pela polícia e mostra os métodos estatísticos fajutos e até absurdos que foram usados para estimular a histeria. Em seguida, ela passa a tratar de confrontos com a polícia e outras questões relacionadas à aplicação da lei.

Suponha que eu lhe dissesse que, apesar do fato de os negros representarem apenas 11% da população norte-americana, mais da metade dos jogadores multados por má conduta ao jogar basquete profissional são negros, e concluísse que isso revela o racismo da NBA. Qual seria sua reação?

"Espere aí!", você pode dizer. "Mais da metade dos jogadores da NBA são negros. Portanto, essa estatística de 11% é irrelevante."

Isso é exatamente o que está errado com as estatísticas de "perfil racial". Elas se baseiam na porcentagem de negros na população, em vez de na porcentagem de negros que fazem coisas que levam a polícia a abordar e questionar.

Um professor de estatística que apontou isso foi, de maneira previsível, denunciado como "racista". Outros estatísticos se abstiveram de opinar com medo de serem difamados da mesma maneira. Agora chegamos ao ponto perigoso em que a ignorância pode silenciar o conhecimento e os fatos são silenciados por crenças.

Heather Mac Donald também aborda fatos que envolvem confrontos com a polícia, sobretudo quando os policiais são brancos e o suspeito é negro. Mais uma vez, uma educação espera aqueles que estão dispostos a serem educados.

Os profissionais da mídia estão sempre expressando surpresa com a quantidade de tiros disparados em alguns desses confrontos com a polícia. Como alguém que já foi instrutor de tiro no Corpo de Fuzileiros Navais, não me surpreendo nem um pouco.

O que me surpreende é como tantas pessoas cuja ignorância a respeito de confrontos armados é evidente não deixam que sua ignorância as impeça de tirar conclusões amplas sobre situações que nunca enfrentaram. Para alguns, trata-se apenas de uma questão de escolher um lado. Se é um policial branco e um suspeito negro, então isso é tudo que acham necessário saber.

A maior contribuição deste livro está em deixar penosamente claras as consequências reais dos ataques aos policiais na mídia e na política. Os policiais reagem aos estímulos, como qualquer pessoa.

Se o resultado de os policiais cumprirem seus deveres para obter os melhores resultados é um coro de indignação midiática que pode ameaçar suas carreiras inteiras, muitos policiais tendem a recuar. E quem paga o preço por esse recuo? Principalmente os negros que são vítimas dos criminosos em seu meio.

Os traficantes de drogas e outros criminosos violentos têm sido os beneficiários da redução da atividade policial e dos juízes liberais que anulam suas condenações por causa do "perfil racial". Esses criminosos voltam para a comunidade negra, e não para comunidades abastadas, suburbanas e frequentemente protegidas onde jornalistas, juízes e políticos vivem.

O subtítulo de *Are Cops Racists?* é: "Como a guerra contra a polícia prejudica os negros norte-americanos."

O SIGNIFICADO DA LEI

Ellie Nesler é a mãe do menino que sofreu abuso sexual e que matou a tiros o homem que estava no tribunal para responder às acusações de ser o culpado.

Reações apaixonadas foram provocadas em ambos os lados dessa questão.

Há pessoas arrecadando dinheiro para defender Nesler e outras que estão denunciando as ações "justiceiras" de pessoas que fazem justiça com as próprias mãos.

Todos nós entendemos por que as pessoas não devem fazer justiça com as próprias mãos. Uma sociedade civilizada não seria possível se todos fizessem isso. Infelizmente, muitos dos que condenam essa mulher ficaram curiosamente em silêncio por décadas, quando diversas outras pessoas fizeram justiça com as próprias mãos por inúmeros outros motivos.

Acima de tudo para os juízes deveria ser imperdoável fazer justiça com as próprias mãos, pois eles não só têm mais discernimento como também juraram cumprir a lei. No entanto, juízes de todas as instâncias, inferiores ou iguais à da Suprema Corte, têm sido aplaudidos por decidir casos com base nas teorias sociais da moda, e não na lei escrita.

Aliás, uma das razões para a frustração profunda de pessoas como Ellie Nesler é que os tribunais se tornaram um joguete dos ungidos, em vez de um instrumento para a aplicação das leis do país. O homem que ela matou já tinha sido condenado anteriormente por abuso sexual e havia sido libertado após cumprir uma "pena" branda.

Os juízes têm tornado cada vez mais difícil para a sociedade norte-americana se proteger de qualquer pessoa ou qualquer coisa, criando novos "direitos" do nada e se esforçando ao máximo em favor daqueles com comportamento antissocial.

Em suma, os juízes estão fazendo justiça com as próprias mãos, em vez de aplicar as leis devidamente aprovadas por representantes democraticamente eleitos, refletindo as preocupações de um povo autogovernante. A desculpa de que os juízes fazem isso para defender a Constituição vem se tornando cada vez tão menos crível que um número crescente de pessoas agora enxerga isso como a fraude que é.

Por mais de um século e meio após a promulgação da Constituição, as mentes jurídicas mais brilhantes da história da Suprema Corte não conseguiram descobrir esses novos "direitos" criminais descobertos por intelectuais medíocres e fanáticos ideológicos do tribunal superior nos últimos 30 anos.

Tais juízes têm feito justiça com as próprias mãos e, em última análise, é por isso que a senhora Nesler também fez justiça com as próprias mãos, para defender seu filho quando a lei se recusa a defendê-lo. Muitos dos que a condenam estão bastante dispostos a deixar que os juízes atuem de maneira irresponsável com a lei, desde que isso resulte em decisões "politicamente corretas".

Quando as pessoas pedem por juízes da Suprema Corte com "compaixão" ou "sensibilidade", o que elas estão pedindo? Sem dúvida, juízes que vão se inclinar na direção que elas desejam.

Uma aplicação imparcial das regras é um trabalho exigente e uma responsabilidade séria. Mesmo um árbitro de beisebol não pode ter "compaixão" ou "sensibilidade". Ele pode optar por julgar honestamente conforme percebe as situações ou desonrar sua profissão favorecendo os arremessadores, os rebatedores ou corredores de base.

Quando os tribunais de justiça se tornam tribunais do politicamente correto, aqueles que sofrem não são apenas aqueles que perdem casos específicos. Toda a sociedade perde. A lei existe por uma razão, e essa razão não é para que os juízes possam satisfazer seus próprios egos ou se iludir achando que sua sensibilidade é uma moralidade superior.

A sociedade norte-americana atual está polarizada sobre a questão do aborto, não meramente porque as pessoas têm opiniões diferentes sobre o assunto — o que sempre tiveram —, mas porque o juiz Harry Blackmun impôs sua própria opinião social sob o pretexto desonesto de descobrir um "direito" constitucional que ninguém mais tinha encontrado na Constituição.

Ele fez justiça com as próprias mãos, e foi calorosamente aplaudido por muitos dos mesmos que agora condenam a mãe angustiada de uma criança traumatizada.

O mesmo espírito de atuar de maneira irresponsável com a lei, a fim de impor uma agenda social ou "fazer uma declaração", espalhou-se desde a Suprema Corte, passando por outros tribunais de apelação, até chegar aos tribunais de primeira instância.

Nada tem estado mais profundamente enraizado, por séculos, nas tradições jurídicas anglo-americanas do que a noção de que o acusado é inocente até que se prove o contrário. No entanto, há casos tanto em direitos civis quanto em defesa da concorrência em que apenas algumas estatísticas frágeis são suficientes para forçar o acusado a tentar provar sua inocência.

Essa distorção da lei não é apenas aceita, mas aplaudida porque chega a conclusões politicamente corretas.

Aliás, as feministas radicais estão trabalhando muito para estender essa presunção de culpa aos acusados de assédio sexual.

Se vamos condenar pessoas que fazem justiça com as próprias mãos, comecemos por aqueles que juraram defender a lei, que decidem friamente deturpar essa lei para seus próprios interesses, e não com uma mãe extenuada cujo filho foi vitimado porque a lei foi complacente.

LIBERDADE *VERSUS* DEMOCRACIA

A única vez que saí de uma sala de tribunal com mais respeito pela lei do que tinha ao entrar foi em um tribunal de Hong Kong, durante o período do domínio colonial britânico.

O caso envolvia um trabalhador chinês acusado de roubo, uma acusação com considerável evidência circunstancial. Esse caso foi presidido por um velho e rabugento juiz britânico, de comportamento da classe alta e usando a tradicional peruca branca. Ele manteve ambos os advogados sob rédea curta e informou às testemunhas que não tolerava bobagens.

Seria difícil encontrar dois indivíduos mais diferentes em origem e status do que o trabalhador chinês em julgamento e o juiz britânico responsável pelo caso. No entanto, raça e classe não determinaram o destino, apesar dos dogmas atuais de nossa *intelligentsia*. O que ficou claro desde o início foi que o juiz estava determinado a garantir que aquele homem tivesse um julgamento justo, nem mais, nem menos. No final, o trabalhador foi absolvido.

Basta olhar ao redor do mundo hoje, sem mencionar voltar às páginas da história, para ver como algo tão básico quanto um julgamento justo tem sido raro e precioso. Se tais julgamentos continuarão a existir em Hong Kong sob os comunistas é outra questão, e uma muito dolorosa.

Enquanto isso, muitos jornalistas ocidentais continuam a jogar de acordo com as regras da equivalência moral: eles afirmam que não havia democracia em Hong Kong sob o domínio britânico, e que não há democracia lá agora. Alguns remontam aos males do imperialismo do século XIX que levaram a Grã-Bretanha a adquirir Hong Kong. Parece haver muito menos interesse no totalitarismo do século XX da China que levou tantos refugiados a fugir para Hong Kong, entre outros lugares.

A democracia e a liberdade são muitas vezes confundidas. A própria Grã-Bretanha não tinha nada próximo da democracia até a reforma eleitoral de 1832. Porém, tinha liberdade desde muito antes disso.

Os fundamentos da liberdade — governo limitado, separação de poderes, judiciário independente, liberdade de expressão, julgamentos por júri — existiam na Grã-Bretanha muitas gerações antes de o direito de voto ter sido estendido para a maioria dos homens. Todo o espírito, e muitas das frases, da Constituição dos Estados Unidos derivam do direito e governo britânicos.

Assim como a liberdade pode existir sem democracia, a democracia pode subjugar a liberdade. Na Reconstrução dos Estados Unidos após a Guerra de Secessão, os negros do Sul tinham muitos direitos que perderam quando o exército da União foi retirado e os governos estaduais democraticamente eleitos assumiram o poder, marcando o início da era Jim Crow.

Atualmente, a confusão entre liberdade e democracia levam muitos norte-americanos, incluindo aqueles em cargos importantes, a buscar espalhar a democracia ao redor do mundo, ignorando completamente as circunstâncias específicas de cada país. Em certos aspectos, podemos ser mais perigosos para nossos amigos do que para nossos inimigos, quando os pressionamos a estabelecer pelo menos as aparências da democracia.

LIBERDADE *VERSUS* DEMOCRACIA

Tanto a liberdade quanto a democracia dispõem de pré-requisitos. Quando esses pré-requisitos não existem, sobretudo a democracia pode ser um castelo de cartas.

Seja na Europa Oriental e nos Bálcãs entre as duas guerras mundiais ou na África no período pós-guerra, muitos governos democráticos recém-criados sucumbiram ao autoritarismo ou algo pior. É muito mais fácil imitar as formas institucionais exteriores da democracia ocidental do que sintetizar os séculos de tradições que fazem essas instituições funcionarem.

Nossa insistência em pelo menos uma encenação de democracia é perigosa de outra maneira: para nós mesmos. As relações entre as nações, sobretudo entre as grandes potências, não são questões de amizade pessoal ou trabalho social internacional. Seu objetivo principal é, ou deveria ser, a segurança do povo norte-americano em um mundo que sempre foi perigoso, muito antes de a Guerra Fria começar e acabar.

Não podemos percorrer o mundo agindo como um repreensor frequente, não importa o quão bem isso nos faça sentir ou quão bem isso jogue politicamente em casa. A proliferação nuclear é muito mais importante que as declarações de "direitos humanos", e o quanto de cooperação conseguimos ao tentar lidar com ameaças perigosas como essa pode depender de quanto capital político desperdiçamos ao ofender outros países de cuja ajuda precisamos.

Os britânicos foram muito sensatos ao dar liberdade a Hong Kong. Mas também podem ter sido sensatos ao não tentar experimentar com a democracia, onde as tradições necessárias simplesmente não existiam.

ATIVISMO JUDICIAL E CONTENÇÃO JUDICIAL

Embora existam diversas controvérsias sobre aspectos específicos da lei, a controvérsia mais fundamental tem sido há muito tempo sobre quem deve controlar a lei e quem deve mudar a lei. Os intelectuais norte-americanos, pelos menos desde meados do século XX, favoreceram predominantemente a expansão do papel dos juízes além do de aplicar as leis criadas pelos outros para refazer a lei para "se ajustar aos tempos" — ou seja, fazer a lei se ajustar à visão predominante dos tempos, a visão dos intelectuais ungidos.

Quando a Constituição norte-americana representa uma barreira para esse papel expandido dos juízes, então os juízes têm sido incitados a "interpretar" a Constituição como um conjunto de valores a serem aplicados conforme eles escolherem, ou atualizados conforme eles considerarem apropriado, e não como um conjunto de instruções específicas a serem seguidas. Isso é o que significa "ativismo judicial", embora a virtuosidade verbal tenha conseguido confundir esse significado com outros.

ATIVISMO JUDICIAL

Aqueles que defendem uma margem de manobra consideravelmente expandida para os juízes "interpretarem" as leis para se adequar às necessidades presumidas ou ao espírito dos tempos, em vez de serem vinculadas pelo que as palavras significavam quando as leis foram promulgadas, parecem implicitamente assumir que os juízes ativistas vão torcer a lei na direção preferida por tais defensores — na prática, favorecer a visão dos ungidos. Porém, o ativismo judicial é um cheque em branco para seguir em qualquer direção sobre qualquer questão, dependendo das predileções de juízes específicos.

Enquanto o presidente da Suprema Corte Earl Warren usou interpretações expansivas da lei para proibir a segregação racial nas escolas públicas em 1954, quase exatamente um século antes o presidente da Suprema Corte Roger Taney havia usado as interpretações expansivas da lei para afirmar no caso *Dred Scott* que um homem negro "não tinha direitos que o homem branco estivesse obrigado a respeitar".[1] Os dissidentes nesse caso insistiram em seguir as leis conforme escritas e os precedentes legais, demonstrando que os negros libertos tinham exercido direitos legalmente reconhecidos em partes do país mesmo antes da adoção da Constituição, assim como posteriormente.[2]

Os intelectuais da Era Progressista (1896-1920) e subsequentes podem ter captado corretamente as tendências de sua época quanto ao ativismo judicial direcionar a lei para os objetivos e valores desses intelectuais. Porém, isso não é inerente nem inevitável. Se o princípio da criação judicial livre de leis se tornar estabelecido e aceito em todo o espectro ideológico, então oscilações do pêndulo ideológico ao longo do tempo podem desencadear uma guerra judicial de todos contra todos, em que o conceito fundamental da lei em si é solapado, junto com a disposição das pessoas em se submeter aos ditames arbitrários dos juízes. Enquanto isso, o sofisma dos juízes orientados por "resultados" pode ridicularizar o próprio conceito de lei, incluindo a Constituição dos Estados Unidos.

Um caso clássico de sofisma judicial em prol de "resultados" sociais desejados foi o caso *Wickard v. Filburn* (1942), que estabeleceu um precedente e uma justificativa que se estenderam muito além das questões desse caso específico. Segundo a Lei de Ajuste Agrícola de 1938, o governo federal tinha o poder de controlar a produção e distribuição de diversos produtos agrícolas. Esse poder derivava da autoridade do Congresso para regular o comércio interestadual, conforme previsto pela Constituição. No entanto, a lei foi aplicada a um agricultor em Ohio que cultivava o que a própria Suprema Corte caracterizou como "uma pequena área plantada de trigo de inverno",[3] para seu consumo próprio e dos animais de sua fazenda. Esse agricultor plantou cerca de 5 hectares a mais do que o Departamento de Agricultura permitia, mas ele contestou a autoridade do governo federal de lhe dizer o que cultivar em sua própria fazenda, uma vez que esses produtos não entravam no comércio interestadual ou mesmo no comércio intraestadual.

A Suprema Corte decidiu que a autoridade federal se estendia à "produção não destinada em parte alguma para o comércio, mas totalmente para o consumo na fazenda".[4] O raciocínio do tribunal superior foi o seguinte:

> Um dos objetivos principais da Lei em questão era aumentar o preço de mercado do trigo e, para isso, limitar o volume que poderia afetar o mercado. Não se pode negar que um fator de volume e variabilidade como trigo consumido para uso doméstico teria uma influência substancial nas condições de preço e mercado. Isso pode ocorrer porque, ao estar em condições de comercialização, esse trigo está em excesso no mercado e, se induzido por aumentos de preços, tende a fluir para o mercado e controlar os aumentos de preços. Porém, se assumirmos que nunca é comercializado, ele supre uma necessidade do homem que o cultivou, o que de outra forma seria refletido por compras no mercado aberto. Nesse sentido, o trigo cultivado para consumo próprio concorre com o trigo para fins comerciais.[5]

ATIVISMO JUDICIAL E CONTENÇÃO JUDICIAL

Assim, o trigo que não entrou no comércio foi considerado sujeito ao controle federal segundo a cláusula de comércio interestadual da Constituição. Sob tal interpretação expansiva da lei, quase qualquer coisa pode ser chamada de "comércio interestadual", o que na prática se tornou uma expressão mágica que justifica praticamente qualquer expansão do poder federal ao longo dos anos, contrariando a limitação da Décima Emenda sobre a autoridade federal. Em 1995, houve consternação em alguns setores quando a Suprema Corte votou por 5 a 4 no caso *U.S. v. Lopez* que portar uma arma perto de uma escola não era "comércio interestadual", de modo que o Congresso não tinha autoridade para proibi-lo, embora todos os Estados tivessem essa autoridade e a maioria o proibisse. O que tornou a votação apertada e o resultado surpreendente foi o fato de ter rejeitado a prática consagrada dos tribunais de estender a expressão "comércio interestadual" para abranger — e aprovar automaticamente — praticamente tudo que o Congresso escolhesse regular.

Alguns ativistas judiciais não só tomam decisões que ampliam a lei como até vão diretamente contra ela. Um exemplo clássico disso foi o caso *United Steelworkers of America v. Weber* (1979). A Seção 703(a) da Lei dos Direitos Civis de 1964 tornou ilegal para um empregador "discriminar qualquer indivíduo em relação a sua remuneração, termos, condições ou privilégios de emprego, por causa da raça desse indivíduo" ou de diversas outras características. Em particular, a Seção 703(d) proibia essa discriminação em "qualquer programa criado para fornecer aprendizagem ou outro treinamento". No entanto, um funcionário branco, Brian F. Weber, foi impedido de ingressar em um programa de treinamento onde as vagas eram concedidas com base no tempo de serviço, ainda que funcionários negros com menos tempo de serviço fossem admitidos, porque listas de tempo de serviço separadas por raça foram usadas e cotas raciais foram estabelecidas.

Que isso era contrário ao significado claro da Lei não foi explicitamente negado no parecer da Suprema Corte escrito pelo juiz William J. Brennan. Porém, o juiz Brennan rejeitou "uma interpretação literal" da Lei dos Direitos Civis, preferindo buscar o "espírito" da Lei na "preocupação principal" do Congresso com "o drama dos negros em nossa economia".[6] Como esse propósito presumido não era proteger os brancos contra a discriminação racial, considerou-se que Lei não protegia Brian F. Weber, que perdeu o caso. O surgimento dessa decisão contrária à linguagem clara da Lei foi comparada às grandes escapadas do mágico Houdini, na opinião discordante do juiz William H. Rehnquist.[7]

Em todos esses três exemplos — *Dred Scott, Wickard v. Filburn* e *Weber* —, as decisões refletiram os "resultados" preferidos em vez da lei escrita. São exemplos concretos clássicos de ativismo judicial. Infelizmente, o significado da expressão foi obscurecido nos últimos anos e, portanto, requer uma análise mais detalhada.

"Ativismo judicial" é uma expressão idiomática cujo significado não pode ser determinado pelos significados separados de suas palavras, assim como o significado de "cachorro-quente" não pode ser determinado ao recorrer a uma definição separada das palavras "cachorro" e "quente". Não obstante, recentemente, alguns têm procurado redefinir ativismo judicial por quão *ativo* um juiz foi ao declarar inconstitucionais leis ou ações do governo. No entanto, a Constituição em si é uma limitação dos poderes do Congresso, assim como dos poderes de outros órgãos do governo. Os juízes têm sido considerados obrigados por dever a invalidar legislação que contraria a Constituição, desde o caso emblemático *Marbury v. Madison* em 1803; então a frequência com que eles cumprem esse dever não está apenas em suas mãos, mas também depende de com que frequência outros agem excedendo os poderes concedidos a eles pela Constituição. A questão real relativa ao ativismo judicial é se a *base* das decisões de um juiz é a lei criada por outros, incluindo a Constituição, ou se os juízes baseiam suas decisões em sua própria concepção das "necessidades do tempo", da "justiça social" ou de outras consideração além da lei escrita ou dos precedentes legais.

Há outra expressão idiomática usada para a prática de um juiz que limita seu papel a seguir a lei escrita: "contenção judicial" ou seguir a "intenção original" da lei. Mais uma vez, o significado desses termos não pode ser entendido simplesmente a partir do significado separado de cada palavra. Contenção judicial significa tomar decisões judiciais com base em leis criadas por outros, em vez de se basear na avaliação própria do juiz sobre o que seria melhor tanto para as partes no caso em apreço quanto para a sociedade em geral.

O juiz Oliver Wendell Holmes exemplificou essa filosofia jurídica ao afirmar que seu papel como juiz "é garantir que o jogo seja realizado conforme as regras, quer eu goste delas, quer não".[8] Ele também disse: "O critério de constitucionalidade não é se acreditamos que a lei é para o bem público."[9] Porém, como o juiz que acredita na contenção judicial faz da lei existente a consideração primordial ao decidir os casos, isso costuma significar que esse juiz deve ser *ativo* em revogar as novas leis que violam as restrições da Constituição, que é a "lei suprema do país".

Em suma, a atividade *não* é o que distingue o ativista judicial do adepto da contenção judicial, já que essas são apenas expressões idiomáticas para diferentes filosofias de desempenho da função de juiz. Os juízes que baseiam suas decisões em tipos de considerações sociais, econômicas ou de outra natureza, como defendido por Roscoe Pound ou Louis Brandeis, são ativistas judiciais no sentido da criação de controvérsias, quer declarem muitas leis ou poucas leis inconstitucionais.

Embora o juiz William O. Douglas fosse um ativista judicial clássico no sentido de prestar atenção apenas superficial à Constituição ao tomar decisões baseadas em suas próprias preferências políticas — o exemplo mais conhecido sendo basear sua decisão no caso *Griswold v.*

Connecticut em "emanações" das "penumbras" da Constituição —, ele, no entanto, deferiu aos legisladores que aprovaram a legislação social liberal, usando uma linguagem apreciada pelos defensores da contenção judicial, ao afirmar que o tribunal não deveria ser um "superlegislativo", mas sim deixar a política social para o Congresso e os legisladores estaduais.[10] Porém, quando a lei existente representava uma política social que ele desaprovava, o juiz Douglas não hesitava em intervir e declará-la inconstitucional — como ele fez no caso *Griswold v. Connecticut* —, mesmo que ele não tivesse nada mais sobre o que basear sua decisão além de "emanações" que ele de alguma forma discernia vindas das "penumbras" da Constituição,[11] que nem mesmo as maiores mentes jurídicas, dentro ou fora do tribunal, haviam alguma vez discernido antes.

O auge do ativismo judicial foi a Suprema Corte presidida por Warren das décadas de 1950 e 1960, quando Earl Warren e uma maioria com mentalidade semelhante na Suprema Corte decidiu recriar a política social em áreas tanto civis quanto criminais, quase constantemente sob os aplausos da *intelligentsia* na mídia e na academia. No entanto, posteriormente, quando juízes com uma visão mais judicialmente contida de seu papel passaram a integrar o tribunal, começando com a Suprema Corte presidida por Warren Burger em 1969, muitos na *intelligentsia* tentaram redirecionar as queixas anteriores sobre o ativismo judicial contra os novos juízes, avaliando quão *ativos* esses juízes eram em declarar leis inconstitucionais ou em alterar a jurisprudência estabelecida pelos ativistas judiciais, como aqueles da época da Suprema Corte presidida por Earl Warren.

O jornalista liberal Michael Kinsley acusou Antonin Scalia de ativismo judicial quando Scalia emitiu um parecer como juiz do Tribunal de Apelações do Circuito que, nas palavras de Kinsley, anulava "uma lei importante aprovada por grande maioria em ambas as casas do Congresso e promulgada com pompa por um presidente popular"[12] — como

ATIVISMO JUDICIAL E CONTENÇÃO JUDICIAL

se essas fossem coisas que tornam uma lei constitucional. Linda Greenhouse, do *New York Times*, qualificou a decisão de que portar uma arma perto de uma escola não era comércio interestadual como um exercício de "poder bruto" da Suprema Corte, pois no caso *U.S. vs. Lopez* ela "invalidou uma lei que as duas casas do Congresso e o presidente dos Estados Unidos aprovaram"[13] — como se outras leis anuladas pela Suprema Corte como inconstitucionais, desde o caso *Marbury v. Madison*, em 1803, também não fossem leis devidamente aprovadas.

Com o título "Desrespeitando o Congresso", um artigo do periódico acadêmico *Michigan Law Review* afirmou que "a Suprema Corte no caso *Lopez* deu um passo importante no desenvolvimento de sua nova versão de ativismo judicial, em que o Congresso foi tratado com pouco respeito por seu trabalho".[14] O senador Herb Kohl também criticou a decisão do caso *Lopez*, considerando-a "um exemplo de ativismo judicial que ignora a segurança das crianças em nome de minúcias legais". No entanto, o *Washington Post* adotou uma posição mais moderada em seu editorial sobre o caso:

> Nunca se imaginaria pelo comentário do senador, por exemplo, que a maioria dos Estados já proíbe o porte de armas em escolas. Na realidade, Alfonso Lopez, o adolescente de San Antonio cuja condenação foi revertida nesse caso, foi inicialmente preso em acusações estaduais, que foram retiradas somente quando o governo federal assumiu a acusação. Evidentemente, a invalidação dessa lei não deixa as crianças do país vulneráveis em suas carteiras escolares. E pode levar os legisladores federais a pensar duas vezes antes de se apressarem em resolver todas as áreas problemáticas sem sequer considerar questões sobre pormenores do federalismo.[15]

O senador Kohl não foi de modo algum o único legislador a argumentar em termos orientados para "resultados", em vez de termos de limitações constitucionais ao poder federal. O senador Arlen Specter disse: "Considero que a criminalidade é um problema nacional" e "Armas e drogas são os principais instrumentos do crime". Porém, neste caso, o professor de direito liberal Laurence Tribe enxergou além dos critérios orientados para "resultados", conforme relatado no *Chicago Sun-Times*:

> "O Congresso tem forçado os limites de forma um tanto imprudente", o professor Laurence H. Tribe, da Faculdade de Direito de Harvard, disse, assinalando que os legisladores não apresentaram evidências de uma ligação entre comércio interestadual e os perigos relacionados a armas em áreas escolares. Ele afirmou que a decisão revelou que "este tribunal leva mais a sério os limites estruturais (ao poder do Congresso) do que as pessoas pensavam [...] algo que os liberais e pragmáticos acham desanimador".[16]

A nova definição de ativismo judicial incluiu não apenas não conceder deferência ao Congresso como também a revogação de jurisprudências. Nas palavras de Linda Greenhouse, o caso *Lopez* "foi a primeira vez em 60 anos que a Suprema Corte invalidou uma lei federal com base no fato de que o Congresso havia excedido sua autoridade constitucional para regular o comércio interestadual".[17] Contudo, os juízes prestam juramento para defender a Constituição, e não um juramento para manter jurisprudências. Caso contrário, os casos *Dred Scott* e *Plessy v. Ferguson* teriam sido irrevogáveis para sempre.

O caso *Lopez* não foi de modo algum o único que motivou muitos na *intelligentsia* a denunciar a Suprema Corte posterior por "ativismo judicial", com base em ter declarado inconstitucional alguma lei ou política. Em 2001, o professor Cass Sunstein, da Universidade de Chicago, lamentou: "Estamos agora no meio de um período notável de ativismo judicial de direita". Isso gerou, entre outras coisas, ele disse, um "judiciário antidemocrático",[18] quando na verdade um tribunal de apelação com o poder de anular leis aprovadas por representantes eleitos é basicamente não democrático, de modo que a queixa do professor Sunstein se aplicaria à Constituição dos Estados Unidos em si, e não àqueles que desempenham sua função conforme essa Constituição.

No entanto, em 2002, Sunstein voltou a se queixar de que a "Suprema Corte presidida por Rehnquist revogou pelo menos 26 leis do Congresso desde 1995", sendo portanto "culpada de *ativismo ilegítimo*", por — entre outras coisas — ter "revogado uma série de programas de ação afirmativa", assim como por ter revogado "legislação federal como acima do poder congressional no âmbito da Cláusula de Comércio". Segundo o professor Sunstein, a Suprema Corte "proibiu o Congresso de legislar com base em seus próprios entendimentos" do que significa a Décima Quarta Emenda.[19] Porém, se o Congresso pode determinar a extensão de seus próprios poderes conforme a Décima Quarta Emenda, ou qualquer outra disposição da Constituição, então a Constituição perde o sentido como limite ao poder congressional ou ao poder governamental em geral.

Numa linha semelhante, um artigo na revista *New Republic* intitulado "Hiperativo: como a direita aprendeu a amar o ativismo judicial" afirmou que os juízes conservadores "se tornaram a imagem espelhada dos ativistas judiciais que passaram suas carreiras atacando".[20] Ao usar essa nova redefinição de ativismo judicial, um jornalista do *New York Times* acusou o presidente da Suprema Corte John Roberts de às vezes apoiar "intervenção judicial, mesmo que isso significasse atropelar o Congresso e os Estados".[21] Um editorial posterior do *New York Times* declarou que "a disposição de revogar leis do Congresso" é "o critério objetivo mais comum"[22] do ativismo judicial. Essa redefinição evita completamente a questão crucial de saber se as leis revogadas eram de fato compatíveis ou incompatíveis com a Constituição dos Estados Unidos. Porém, essa questão fundamental é várias vezes omitida nas alegações de que a Suprema Corte é "ativista" quando não mantém legislação ou jurisprudência específica.

A nova definição de ativismo judicial se presta a uma base meramente numérica para decidir quem é e quem não é um ativista judicial — por exemplo, o professor Sunstein baseando suas acusações na quantidade de "leis federais por ano" que a Suprema Corte declarou inconstitucionais.[23] Essa ideia se difundiu da *intelligentsia* para a política. Assim, o senador Patrick Leahy empregou essa nova definição de ativismo judicial ao afirmar: "Os dois juízes mais ativistas que temos agora são o juiz Thomas e o juiz Scalia, que revogaram e assim elaboraram leis próprias no lugar das leis congressionais mais do que qualquer outro juiz da atual Suprema Corte."[24] Como esses são os dois juízes mais identificados com a contenção judicial, foi uma manobra verbal para virar o jogo e rotulá-los como ativistas conservadores. Tornar indistinta a linha entre ativismo judicial e contenção judicial não só neutraliza as críticas aos juízes ativistas liberais, mas também permite obter vantagem ao invocar uma equivalência moral em relação a juízes contidos judicialmente, que também podem ser chamados de "ativistas" simplesmente pela redefinição do termo.

O ativismo judicial autêntico, assim como diversos outros fenômenos sociais, pode ser mais bem compreendido examinando-se os incentivos e as restrições enfrentados pelos envolvidos. Uma restrição às ações dos juízes que claramente enfraqueceu ao longo dos anos é a desaprovação dos pares, seja no judiciário ou entre acadêmicos nas faculdades de direito. O ativismo judicial em favor dos litigantes ou das causas apoiadas pela visão predominante dos intelectuais pode esperar aceitação, no mínimo, e celebração ou exaltação por parte de juízes ativistas em muitos casos. Em resumo, os incentivos favorecem o ativismo judicial.

Os juízes, assim como os intelectuais, acabam ficando famosos para o público em geral ao ultrapassar os limites de sua competência profissional, convertendo-se em reis-filósofos que decidem questões sociais, econômicas ou políticas. Nem mesmo os admiradores do presidente da Suprema Corte Earl Warren tentaram caracterizá-lo como um grande jurista.[25] Tanto ele quanto o presidente da Suprema Corte Roger Taney, um século antes, tornaram-se famosos por fazerem declarações abrangentes sobre a sociedade com base sociológica, e não jurídica, para suas decisões emblemáticas. Com declarações indo além dos limites de sua *expertise* ou competência sendo quase um pré-requisito para protagonismo popular, não é surpreendente que tantos juízes, assim como tantos intelectuais, tenham dito tantas coisas que não fazem sentido.

CONTENÇÃO JUDICIAL E "INTENÇÃO ORIGINAL"

Às vezes, "contenção judicial" tem sido resumida em outra expressão idiomática, ou seja, seguir a "intenção original" da lei. Muitos na *intelligentsia* têm aproveitado a palavra "intenção" para afirmar que é difícil ou impossível discernir exatamente o que aqueles que elaboraram a Constituição, ou a legislação em questão, realmente tencionavam, sobretudo após o decorrer de tantos anos. Assim, o professor Jack Rakove da Universidade de Stanford afirmou: "Estabelecer a intenção por trás de qualquer ação é uma tarefa complicada" e "A tarefa se torna geometricamente mais complexa quando tentamos atribuir intenção a grupos de pessoas — principalmente homens que estavam atuando há dois séculos, que nos deixaram registros incompletos de seus motivos e preocupações, e que chegaram a suas decisões por meio de um processo que mesclava debate fundamentado com barganhas intensas".[26]

O termo-chave em tudo isso — e a falácia principal nessa linha comum de raciocínio — é a locução "por trás". Os adeptos da contenção judicial procuram entender e aplicar a lei escrita tal como se apresenta — como instruções tanto para os juízes quanto para os cidadãos —, e *não* descobrir as motivações, crenças, esperanças ou os temores que talvez estivessem *por trás* da elaboração da lei. A contenção judicial significa assumir uma tarefa inerentemente menos complicada. Mesmo a lei mais simples, como um limite de velocidade de 100 quilômetros por hora, pode ser ampliada para uma questão complexa de dimensões irrespondíveis se for analisada em termos de atitudes, valores etc. *por trás* das intenções daqueles que criaram esse lei, em vez de ser analisada como uma instrução explícita, facilmente compreensível.

A análise das leis em termos de intenções subjetivas daqueles que as elaboraram não é apenas uma abordagem mais complicada, mas é também uma abordagem que busca ou pretende discernir os juízos de valor ou o "espírito" por trás da leis, o que dá aos juízes uma margem muito maior para intepretação e, assim, muito mais oportunidades para ajustar as leis para satisfazer "as necessidade da época", "a justiça social" ou qualquer outro sinônimo para as predileções individuais de juízes específicos. Porém, os críticos da contenção judicial projetam essas dificuldades sobre aqueles que *não* estão examinando *por trás* das leis, mas sim empreendendo uma tarefa muito mais direta de ler as leis como instruções explícitas, em vez de declarações gerais de valores.

Como o juiz Antonin Scalia afirmou: "Apesar das frequentes declarações em contrário, nós realmente não buscamos a intenção legislativa subjetiva." O que ele está buscando é "o significado original do texto", acrescentando: "Frequentemente — aliás, atrevo-me a dizer, geralmente — isso é fácil de discernir e simples de aplicar."[27] E o juiz Scalia não está sozinho nisso. Desde William Blackstone na Inglaterra do século XVIII até Oliver Wendell Holmes e Robert Bork nos Estados Unidos do século XX, aqueles que buscam aderir ao significado original das leis deixaram bem claro que *não* estavam falando sobre eventos ocorrendo nos recônditos das mentes daqueles que elaboram as leis. Para começar, os votos que conferem a autoridade política, legal e moral das leis são votos sobre o que é publicamente proposto para aqueles que votam. Em outras palavras, *ninguém votou sobre o que estava nas profundezas da mente de outra pessoa.* Além disso, ninguém pode obedecer ou desobedecer o que está nas profundezas da mente de outra pessoa.

Segundo Blackstone,[28] era o significado publicamente conhecido das palavras das leis, "a ser entendido em sua significação habitual e mais conhecida", na época em que foram utilizadas, que determinava como um juiz devia interpretá-las. Para Holmes, a interpretação jurídica do que o legislador disse também não significava tentar "entrar em sua mente".[29] Holmes afirmou: "Não inquirimos o que o legislador tencionou; perguntamos apenas o que a lei significa."[30] Numa carta para o jurista britânico sir Frederick Pollock, Holmes disse: "Não damos a mínima para o significado do autor."[31] De acordo com Holmes, o trabalho do juiz é "ler o inglês de maneira inteligente — e uma consideração das consequências entra em jogo, se é que entra, somente quando o significado das palavras usadas estiver sujeito a dúvida razoável".[32] O juiz Robert H. Bork também sustentou que os juízes deveriam proferir decisões "segundo a Constituição histórica".[33]

Não obstante declarações tão claras por defensores e praticantes da contenção judicial ao longo de muitos anos, muita virtuosidade verbal tem sido empregada por outros para ampliar a tarefa a dimensões inatingíveis ao transformar o tema em uma questão de discernimento de motivos subjetivos, crenças, esperanças e temores *por trás* da criação da lei. Por exemplo, o professor Rakove disse que, na época da Convenção Constitucional de 1787, James Madison "abordou a Convenção sob o domínio de uma grande paixão intelectual",[34] que ele tinha "medo" de certas polícias relacionadas à propriedade e à religião,[35] e que ele "expôs em particular" emendas constitucionais de uma maneira específica.[36]

Da mesma forma, o professor Ronald Dworkin argumentou extensivamente contra a intenção original alegando que os "eventos mentais" nas mentes dos legisladores ou dos constituintes são difíceis ou impossíveis de discernir,[37] que "parece ainda mais evidente que não temos um conceito fixo de uma intenção de grupo", nem nenhuma maneira de decidir "quais aspectos dos estados mentais individuais são relevantes para uma intenção de grupo".[38] O juiz William J. Brennan também falou sobre a "evidência esparsa ou ambígua da intenção original" dos autores da Constituição.[39] Na mesma linha, outros salientam que "declarações públicas costumam não refletir as intenções reais".[40]

Tais esforços de mudar a questão do *significado* claro de uma lei para uma busca esotérica para descobrir o que está *por trás* da criação da lei costumam ser usados por aqueles que advogam interpretações judiciais que vão além do que a lei explicitamente diz — e, às vezes, até diretamente contra a lei escrita, como o juiz William J. Brennan fez no caso *Weber*. O professor Ronald Dworkin defendeu a decisão no caso *Weber* alegando que "a questão de como o Título VII deve ser interpretado não pode ser respondida simplesmente encarando as palavras empregadas pelo Congresso".[41] A virtuosidade verbal de se referir simplesmente a "encarar" as palavras — pelo visto, como a única alternativa às reinterpretações aventurosas — contrasta bastante com a declaração de Holmes acerca de simplesmente ler o inglês de maneira inteligente.

Para Dworkin, a importância da decisão do caso *Weber* foi que ela representou "mais um passo nos esforços da Suprema Corte de desenvolver uma nova concepção do que a igualdade requer na busca pela justiça racial".[42] O motivo pelo qual os juízes devem antecipar tais decisões e decidir em função de suas próprias e novas concepções a respeito de questões sociais, sob o pretexto de interpretar a lei, enquanto vão diretamente contra o que a lei diz, foi uma questão não suscitada, muito menos respondida.

Afirmar que é difícil ou impossível discernir qual era a intenção de uma lei tem sido muitas vezes um prenúncio de tomar decisões que ignoram até os significados mais evidentes — como no caso *Weber* —, a fim de impor ideias atualmente em voga nos círculos da elite como a

ATIVISMO JUDICIAL E CONTENÇÃO JUDICIAL

lei do país. Dworkin e outros defenderam abertamente isso, o que torna seu agnosticismo tático sobre "intenção" uma cortina de fumaça. Para aqueles que não pretendem seguir o significado original das leis, a facilidade ou dificuldade de descobrir esse significado é irrelevante, exceto como um tema de discussão distrativo.

A Constituição foi um documento redigido com muita clareza, e quando usou frases como "um estabelecimento de religião", por exemplo, referia-se a algo bem conhecido pelas pessoas que já viviam sob uma Igreja estabelecida, ou seja, a Igreja da Inglaterra. A proibição contra o estabelecimento de uma religião não tinha nada a ver com um "muro de separação" entre Igreja e Estado, que não aparece em lugar algum da Constituição, mas foi uma frase de Thomas Jefferson, que nem sequer estava no país quando a Constituição foi elaborada. Não havia nada de esotérico na frase "um estabelecimento de religião". Por mais de cem anos depois da elaboração da Constituição, isso nunca significou que era ilegal exibir símbolos religiosos em propriedades governamentais, por mais que algumas pessoas em épocas posteriores desejassem que isso fosse o que significava, e por mais que alguns juízes de nossa época estivessem dispostos a atender esse desejo.

Da mesma forma, em relação a frases como "devido processo legal" ou "liberdade de expressão", que tinham uma longa história no direito britânico antes de serem colocadas na Constituição norte-americana por indivíduos que tinham acabado de deixar de ser súditos britânicos. Eles não estavam inventando novas frases para conceitos novos ou esotéricos cujos significados os juízes teriam que descobrir de novo.

A contenção judicial envolve não só a defesa das disposições constitucionais e das disposições da legislação que estão no âmbito da autoridade do Congresso ou dos Estados, mas também envolve a relutância em revogar decisões anteriores dos tribunais. Sem essa relutância, as leis poderiam se tornar tão mutáveis com a mudança de pessoal nos tribunais que os cidadãos encontrariam dificuldades para planejar empreendimentos econômicos ou outros que levam tempo para se concretizar, pois seria impossível prever quais haveriam de ser as mudanças de juízes e suas alterações nas leis nesse ínterim.

Evidentemente, essa relutância em revogar decisões judiciais anteriores não pode ser absoluta, mas deve ser uma questão de julgamento cauteloso. Se algum jurista hoje publicasse um artigo ou livro mostrando de maneira convincente que o caso *Marbury v. Madison* foi decidido erroneamente em 1803, nenhum tribunal hoje tenderia a revogar essa decisão, sobre a qual dois séculos de jurisprudência foram criados e sob a qual todo tipo de empreendimento e compromisso foi assumido ao longo desses séculos, contando com o sistema jurídico que evoluiu depois do caso *Marbury v. Madison*.

No entanto, ironicamente, muitos dos mesmos intelectuais que apoiaram com entusiasmo a Suprema Corte presidida por Warren na revogação de jurisprudência de longa data durante as décadas de 1950 e 1960 também condenaram fortemente os tribunais posteriores e mais conservadores que anularam algumas das jurisprudências estabelecidas pelos juízes liberais, sobretudo em decisões durante o período da Suprema Corte presidida por Warren. Assim, sob a manchete "A Suprema Corte perde a contenção", um editorial do *New York Times* reagiu à decisão do caso *Lopez* afirmando: "Ao decidir que o Congresso carece de poder para proibir a posse de armas em um raio de 300 metros de uma escola, a Suprema Corte deu uma infeliz guinada histórica e questionou sem necessidade uma lei previamente estabelecida."[43] Citando o juiz Stephen Breyer, o *New York Times* enfatizou "o valor da contenção judicial", definida como "deferência ao Congresso quando este mostrou uma base racional para encontrar um impacto comercial interestadual em sua lei". Porém, *deferir* para aqueles cujos poderes a Constituição limitava especificamente seria zombar dessas limitações. Se o próprio Congresso deve decidir até onde se estendem seus poderes, qual seria o propósito das limitações constitucionais sobre o poder do Congresso ou do governo federal?

Por mais inconsistentes que possam ser essas reações da *intelligentsia*, quando vistas como comentário sobre jurisprudência, essas reações são perfeitamente consistentes quando vistas como parte de um papel voltado para "resultados" dos tribunais, já que a *intelligentsia* claramente preferia os resultados sociais das decisões da Suprema Corte presidida por Warren aos resultados sociais de diversas decisões dos tribunais posteriores. Porém, as decisões judiciais baseadas nos resultados sociais preferidos pelos juízes, em vez de na lei como está escrita, apresentam uma série de efeitos adversos sobre a lei com um arcabouço fundamental no qual os membros da sociedade podem planejar suas próprias ações. O efeito mais evidente é que ninguém pode prever quais resultados sociais os juízes acabarão preferindo no futuro, o que deixa até as leis mais claramente redigidas envoltas em uma névoa de incerteza que encoraja o aumento de litígios.

O oposto do juiz orientado para resultados é o juiz que decidirá a favor dos litigantes que ele pode pessoalmente desprezar, se a lei estiver a favor nesse caso. Por exemplo, o juiz Oliver Wendell Holmes votou a favor de Benjamin Gitlow no caso *Gitlow v. Nova York* em 1925, e depois disse, em uma carta para Harold Laski, que tinha acabado de votar a favor do "direito de um asno babar sobre a ditadura do proletariado".[44] Da mesma forma, Holmes discordou no caso *Abrams v. United States* em favor dos apelantes cujos pontos de vista ele caracterizou em sua própria opinião como "uma crença que eu considero ser a crença da ignorância e da imaturidade".[45] Como ele disse a Laski: "Eu detestava grande parte das coisas a favor das quais decidi."[46] Por outro lado, ele podia decidir contra os litigantes que ele pessoalmente considerava de modo favorável. Em outra carta para Laski, Holmes disse que teve de "escrever uma decisão contra um argumento muito minucioso e realmente bem expresso por dois homens negros — um muito negro — que até nas entonações eram melhores do que, eu diria, a maioria dos discursos de brancos que ouvimos".[47] Holmes não estava tomando partidos ou buscando "resultados", mas aplicando a lei.

RAÇA E ETNIA

UMA BUDWEISER MAIS ANTIGA

Na época do Império Habsburgo, havia uma cidade na Boêmia chamada Budweis. As pessoas dessa cidade eram chamadas de budweisers, e a cidade tinha uma cervejaria que produzia uma cerveja com o mesmo nome, mas diferente da Budweiser norte-americana.

Como diversas comunidades na Boêmia naquela época, Budweis tinha pessoas de origem checa e alemã, falando diferentes línguas, embora muitos também fossem bilíngues. Elas se davam muito bem, e a maioria se considerava budweisers, em vez de checos ou alemães. Porém, isso mudaria posteriormente, e para pior, não só em Budweis, mas em toda a Boêmia.

O prefeito de Budweis falava checo e alemão, mas se recusava a ser enquadrado como membro de qualquer um dos grupos. Sua posição era que todos eram budweisers.

Assim como em quase todos os grupos, em praticamente todos os países e em virtualmente todas as épocas, havia diferenças entre os alemães e os checos em Budweis. Os alemães eram mais instruídos, mais prósperos e mais proeminentes nos negócios e nas profissões.

Naquele momento, a língua alemã possuía uma literatura muito mais vasta e rica. As línguas eslavas adquiriram versões escritas séculos depois das línguas da Europa Ocidental. Geralmente, os boêmios instruídos de qualquer etnia eram educados em alemão.

Os checos que desejavam ascender aos escalões superiores, fosse nos negócios, no exército ou nas profissões, tinham que dominar a língua e cultura alemã para se integrar aos que já estavam em níveis mais altos.

As pessoas de ambos os lados aprenderam a conviver com essa situação, e os checos eram bem-vindos aos enclaves culturais alemães na Boêmia quando dominavam aquela cultura. Em Budweis, todos podiam ser budweisers.

Assim como em diversos outros países e em muitas outras épocas, a ascensão de uma classe intelectual recém-instruída no século XIX polarizou a sociedade com políticas de identidade étnica. Em toda a Boêmia, a nova *intelligentsia* checa exortou os checos a se identificarem como checos, e não como boêmios, budweisers ou qualquer outra coisa que transcendesse sua identidade étnica.

Pedidos foram feitos para que as placas de rua em Praga, que anteriormente estavam escritas em checo e alemão, fossem escritas exclusivamente em checo. Exigências foram feitas para que uma determinada porcentagem de música checa fosse tocada pela orquestra de Budweis.

Se tais demandas parecem insignificantes, suas consequências não foram pequenas. As pessoas de origem alemã resistiram às classificações étnicas, mas a *intelligentsia* checa insistiu e os políticos checos aderiram à tendência em diversas questões, grandes e pequenas.

Finalmente, em defesa própria, os alemães também começaram a se identificar como alemães, e não como boêmios ou budweisers, e a defender seus interesses como alemães. No século XIX, essa polarização étnica foi um passo fatídico cujas consequências plenas ainda não terminaram completamente, mesmo no século XXI.

Um ponto de virada crucial foi a criação da Checoslováquia, um novo país que surgiu quando o Império Habsburgo entrou em colapso após a Primeira Guerra Mundial. Os líderes checos declararam que a missão do novo país incluía a correção da "injustiça social" a fim de "corrigir as injustiças históricas do século XVII".

UMA BUDWEISER MAIS ANTIGA

Quais eram essas injustiças? Os nobres checos que se revoltaram contra o Império Habsburgo no século XVII foram derrotados e tiveram suas terras confiscadas e entregues aos alemães. Certamente, ninguém do século XVII ainda estava vivo quando a Checoslováquia foi criada no século XX, mas os nacionalistas checos preservaram o ressentimento, como ideólogos da identidade étnica têm feito em países de todo o mundo.

Políticas governamentais concebidas para desfazer a história com tratamento preferencial para os checos polarizaram a geração existente de alemães e checos. As reações hostis dos alemães acabaram por levar a demandas de que a região do país onde viviam fosse unida à vizinha Alemanha. A partir disso veio a crise de Munique de 1938, que dividiu a Checoslováquia às vésperas da Segunda Guerra Mundial.

Depois que os nazistas conquistaram todo o país, os alemães passaram a subjugar os checos. Após a guerra, a reação checa levou a expulsões em massa dos alemães sob condições brutais que custaram muitas vidas. Hoje em dia, os refugiados na Alemanha ainda estão exigindo indenizações.

Se ao menos os ressentimentos dos séculos passados tivessem sido deixados no passado! Se ao menos todos tivessem permanecido como budweisers ou boêmios.

"DIVERSIDADE" NA ÍNDIA

Se os fatos tivessem importância para aqueles que são politicamente corretos, a recente irrupção de violência selvagem e letal no Estado indiano de Gujarat poderia levar a algumas reavaliações a respeito da Índia e da "diversidade".

Esta é apenas a mais recente rodada em um ciclo de violência e vingança entre os hindus e os muçulmanos naquele país. O número de mortos chegou a 489 pessoas em poucos dias, incluindo os ativistas hindus que foram atacados com bombas incendiárias enquanto estavam em um trem voltando do local de uma mesquita destruída, onde planejavam construir um templo hindu, e muitos muçulmanos que foram então massacrados por turbas indianas em retaliação.

Essas turbas queimaram vivas mulheres e crianças muçulmanas em suas casas. Essa selvageria não é nova na Índia nem se limita a confrontos entre hindus e muçulmanos. Em outras ocasiões e lugares, os confrontos foram de uma casta contra outra, de locais contra estrangeiros, ou da organização paramilitar Shiv Sena contra qualquer um que apareça em seu caminho. Em alguns lugares, criminosos ressentidos da influência ocidental atacam lojas que vendem cartões do Dia dos Namorados.

Nada disso se encaixa na imagem piedosa de uma Índia pacífica e espiritual que cativa inúmeros norte-americanos. A Índia tem servido

"DIVERSIDADE" NA ÍNDIA

como um dos édens estrangeiros para os quais os norte-americanos se voltam a fim de demonstrar seu desdém pelos Estados Unidos.

Em algum momento, a União Soviética desempenhou esse papel, depois a China, depois Cuba, e para alguns, a Índia. O que acontece na Índia real não importa. Trata-se da Índia simbólica de seus sonhos à qual eles atribuem todas as virtudes que dizem estar em falta nos Estados Unidos.

Não é culpa da Índia que existam alguns norte-americanos insensatos que querem colocar os indianos em um pedestal, para ganhar pontos contra seus conterrâneos norte-americanos. Porém, também precisamos estar cientes da verdade.

Aqueles que estão constantemente enaltecendo os pretensos benefícios da "diversidade" nunca querem colocar suas crenças à prova ao analisar os fatos sobre países onde as pessoas são divididas por língua, cultura, religião e de outras formas, como a casta na Índia. Com muita frequência, tais países são assolados por conflitos e violência.

A Índia é um dos países mais diversos do mundo. Não mais do que um terço de sua população fala um idioma em particular, e a população está dividida de inúmeras maneiras por casta, etnia, religião e diversos localismos. Distúrbios letais marcaram sua história desde o início.

Em 1947, quando a Índia conquistou sua independência, a quantidade de hindus e muçulmanos que se mataram em um ano superou a quantidade total de negros linchados em toda a história dos Estados Unidos. No entanto, o que nos é dito é que devemos ser como esse povo gentil, como se a Índia fosse uma nação de Gandhis. Na realidade, Gandhi foi assassinado por tentar deter os conflitos internos na Índia.

Se não há necessidade de atribuir uma santidade totalmente irrealista à Índia, tampouco há necessidade de destacá-la para demonização. Diversos outros países com a tão exaltada "diversidade" também têm sido assolados por massacres e atrocidades internos.

A uma distância de apenas pouco mais de 30 quilômetros da Índia, o país insular Sri Lanka sofreu mais mortes entre suas populações majoritária e minoritária, em consequência de conflitos internos e guerra civil, do que o bem maior Estados Unidos sofreu durante a Guerra do Vietnã. Outros países igualmente "diversos", como Ruanda e os da região dos Bálcãs, apresentam um catálogo semelhante de horrores.

A "diversidade" não é apenas uma questão de demografia. Também é uma questão de "identidade" e de política identitária. O Sri Lanka era um dos países mais pacíficos do mundo antes que demagogos começassem a enaltecer a identidade e exigir preferências grupais e cotas na década de 1950.

Demograficamente, os Estados Unidos sempre foram diversos, visto que receberam imigrantes de todo o mundo. No entanto, até tempos recentes, todos entendiam que eles vinham para os Estados Unidos para se tornarem norte-americanos, e não para permanecer estrangeiros. Na segunda geração, a maioria falava inglês, e na terceira geração, eles falavam apenas inglês.

Hoje, no entanto, nossos tipos de cidadão do mundo estão fazendo tudo o que podem para manter os estrangeiros e as minorias domésticas agitadas por ressentimentos, passados e presentes, reais e imaginários. Acima de tudo, eles querem identidade grupal, preferências grupais e cotas.

Em suma, eles querem todas as coisas que provocaram todos os tipos de desastres dos quais a Índia e outros países igualmente "diversos" sofreram de forma dolorosa.

O ARGUMENTO DA ESCRAVIDÃO

Um dos muitos sinais desoladores de nossos tempos é que as pessoas não só estão usando o argumento da raça como também o da escravidão, que supostamente é o maior trunfo de todos. Na chamada "Marcha do Milhão" em Washington, a poetisa Maya Angelou abordou todos os aspectos da escravidão em uma manifestação anunciada como voltada para o futuro e como sendo sobre a independência negra em vez da culpa branca. Enquanto isso, o escritor *best-seller* Dinesh D'Souza estava sendo denunciado na mídia por ter afirmado que a escravidão não foi uma instituição racista.

Em primeiro lugar, qualquer pessoa familiarizada com a história da escravidão ao redor do mundo sabe que suas origens remontam a milhares de anos e que os escravos e os senhores de escravos costumam ser da mesma raça. Aqueles que ignoram tudo isso, ou que consideram a escravidão nos Estados Unidos como se fosse a única escravidão, ficam furiosos quando alguém lhes diz que essa instituição não se baseava na raça.

Os negros não foram escravizados porque eram negros, mas porque estavam disponíveis na época. Na Europa, os brancos escravizaram outros brancos durante séculos antes de o primeiro escravo negro ser trazido para o Hemisfério Ocidental.

Somente mais tarde na história, os seres humanos foram capazes de atravessar um oceano para obter milhões de outros seres humanos de uma raça diferente. Nos milhares de anos anteriores a isso, não só os europeus escravizavam outros europeus; os asiáticos escravizavam outros asiáticos, os africanos escravizavam outros africanos, e os povos nativos do Hemisfério Ocidental escravizavam outros povos nativos do Hemisfério Ocidental.

D'Souza tinha razão. A escravidão não era uma questão de raça. O fato de seus críticos ignorarem a história é problema deles.

A peculiaridade da situação norte-americana era que não só os escravos e os senhores de escravos eram de raças diferentes, mas também que a escravidão contradizia toda a filosofia de liberdade segundo a qual a sociedade se baseou. Se todos os homens foram criados iguais, como disse a Declaração de Independência, então os negros tinham que ser retratados como inferiores aos homens.

Enquanto o Sul anterior à Guerra de Secessão produziu um grande volume de literatura apologética tentando justificar a escravidão com base em fundamentos racistas, tal justificativa não foi considerada necessária em vastas regiões do mundo e ao longo de grandes períodos de tempo. Na maior parte do mundo, as pessoas não viam nada de errado na escravidão.

Por mais estranho que isso nos pareça hoje, cem anos atrás apenas a civilização ocidental via algo de errado na escravidão. E 200 anos atrás, apenas uma minoria no Ocidente considerava que era algo errado.

Africanos, árabes, asiáticos e outros não só mantiveram a escravidão muito tempo depois de sua abolição em todo o Hemisfério Ocidental como também resistiram a todas as tentativas do Ocidente de acabar com a escravidão em suas terras durante a era do imperialismo. Apenas o fato de que o Ocidente tinha maior poderio militar e mais influência econômica e política permitiu que impusesse a abolição da escravidão, assim como impôs outras ideias ocidentais ao mundo não ocidental.

O ARGUMENTO DA ESCRAVIDÃO

Aqueles que falam sobre a escravidão como se fosse apenas a escravização dos negros pelos brancos ignoram não só quão difundida era essa instituição e quão longe ela se estendia na história, mas também ignoram até quão recentemente a escravidão continuava a existir fora da civilização ocidental.

Ao passo que a escravidão foi abolida no Ocidente durante o século XIX, a luta para acabar com a escravidão em outros lugares continuou até meados do século XX, e bolsões de escravidão ainda existem até este momento na África. Porém, quase não se ouve um pio a respeito disso por parte dos "líderes" negros nos Estados Unidos que bradam sobre a escravidão no passado.

Se a escravidão fosse a verdadeira questão, então a escravidão entre seres humanos vivos hoje suscitaria muito mais clamor do que a escravidão do passado entre pessoas que já estão mortas há muito tempo. A diferença é que a escravidão do passado pode ser explorada para benefícios políticos hoje, enquanto a escravidão no Norte da África apenas desvia a atenção desses objetivos políticos. Pior ainda, falar de escravidão na África solaparia toda a narrativa da culpa exclusiva dos brancos que exige reparações intermináveis.

Enquanto o mundo ocidental era tão culpado quanto outras civilizações em relação à escravização de pessoas durante milhares de anos, ele foi único ao finalmente decidir que toda a escravidão era imoral e deveria ser abolida. Todavia, essa conclusão não foi de maneira alguma universal, mesmo no mundo ocidental, por mais óbvia que possa parecer para nós atualmente.

Milhares de negros livres possuíam escravos no Sul antes da Guerra de Secessão. E anos após a Proclamação de Emancipação nos Estados Unidos, brancos e negros ainda estavam sendo comprados e vendidos como escravos no Norte da África e no Oriente Médio.

Alguém que quiser reparações baseadas na história terá que manipulá-la com muito cuidado. Caso contrário, praticamente todos deveriam reparações a praticamente todos os outros.

"MINORIAS"

Anos atrás, quando eu estava coordenando um projeto de pesquisa em Washington, recebemos um memorando de instâncias superiores, informando que havia dinheiro disponível para contratar profissionais de "minorias" para o verão, sem ter que descontar do orçamento regular do projeto.

— Ótimo! — exclamei. — Há uma mulher judia em Princeton que quer vir aqui e me ajudar, mas eu não tinha dinheiro para pagá-la.

A ideia foi imediatamente rejeitada.

— Os judeus não são uma minoria — me disseram. — E, sem dúvida, judeus de Princeton não são uma minoria.

Não adiantou dizer que os judeus são apenas 3% da população e, portanto, devem ser considerados uma minoria. Tampouco ajudou dizer que os judeus eram definidos como uma minoria étnica no próprio projeto de pesquisa. As instâncias superiores ignoraram solenemente todos esses argumentos.

Em certo sentido, essas instâncias tinham razão. A palavra "minoria" já havia se tornado uma das muitas palavras politicamente corrompidas. Ela não significava mais uma parcela estatisticamente menor da população. Significava pessoas pelas quais você sente pena.

Após todas as conquistas dos judeus, ninguém mais sentia pena deles. Portanto, eles não eram uma "minoria".

"MINORIAS"

Ninguém mais sente pena dos asiático-americanos depois de tantas histórias de sucesso. Assim, eles são cada vez mais excluídos do status de "minoria" em programas e políticas de algumas faculdades e universidades.

Alguns anos atrás, um memorando da Academia da Força Aérea norte-americana estabeleceu pontuações mínimas mais baixas para candidatos de "minorias" a serem recrutados, mas os asiático-americanos tinham que satisfazer os mesmos padrões que os brancos. Poucas instituições são tão imprudentes a ponto de colocar tais políticas por escrito ou tão azaradas a ponto de as terem vazadas. Porém, há evidências crescentes de que essa prática se estende muito além da Academia da Força Aérea.

Em 1984 e 1986, quando Berkeley usou pontuações mínimas em provas orais para eliminar candidatos, os estudantes de "minorias" foram excluídos, mas os estudantes asiático-americanos não. Muitos asiáticos foram eliminados pelas pontuações mínimas em provas orais porque o ponto forte deles tende a ser matemática.

Em Harvard, as pontuações nas provas dos candidatos asiático-americanos eram quase as mesmas que as dos candidatos brancos, mas os asiático-americanos realmente admitidos tinham pontuações significativamente mais altas do que as dos brancos admitidos. Em termos de pontuações nas provas, os asiáticos tinham que ser melhores para conseguir vagas.

Não são apenas os asiáticos e judeus que perderam o seu status de "minoria" por causa do desempenho excepcional. Alguns programas de auxílio financeiro também excluíram os negros que conseguiram pontuações acima de um determinado nível em favor dos negros que apresentaram um desempenho ruim, ou seja, que "realmente precisavam" de ajuda. Eles querem pessoas pelas quais possam sentir pena.

Os acadêmicos sempre sabem como justificar o que fazem. No MIT, por exemplo, o diretor de admissões respondeu às críticas sobre as grandes disparidades nas pontuações das provas entre as pessoas admitidas de diferentes origens raciais e sexuais reduzindo a importância das pontuações das provas. As diferenças nas pontuações das provas possui apenas uma correlação pequena com o desempenho acadêmico posterior, ele afirmou.

Esse argumento familiar é inteligente, mas falso. O estudante médio do MIT possui pontuações entre o 1% dos melhores em matemática. Onde exatamente nesse grupo do 1% dos melhores não faz muita diferença, como o diretor de admissões disse. Mas o importante é estar nesse grupo.

Da mesma forma, a diferença de alguns milhões de dólares entre um Rockefeller e outros não tem grande importância. Contudo, isso não significa que não faz diferença quanto dinheiro a pessoa tem.

Faz uma grande diferença que 90% dos estudantes brancos do MIT tenham pontuações mais altas em matemática do que o estudante negro médio do MIT. Uma porcentagem consideravelmente maior de estudantes negros não consegue terminar o MIT, e aqueles que se formam têm médias de desempenho acadêmico significativamente mais baixas.

A tragédia é que esse desperdício — mais de um quarto dos estudantes negros não se forma no MIT — é completamente desnecessário.

O estudante negro médio do MIT está bem acima da média nacional em provas de matemática. Ele apenas não está no nível estratosférico de outros estudantes do MIT. Na maioria das faculdades, universidades ou institutos técnicos, esses mesmos estudantes negros estariam na lista de honra acadêmica.

Em resumo, os estudantes negros com todas as perspectivas de sucesso são artificialmente transformados em fracassados por serem incompatíveis com as universidades em que estudam. Isso não é peculiar ao MIT. Trata-se de um fenômeno nacional entre escolas de

"MINORIAS"

elite, que estão mais interessadas em ter uma boa representação de cada grupo no corpo discente do que no preço que precisa ser pago.

Todos pagam um preço muito alto por essa moda acadêmica. Os estudantes de minorias desfavorecidas pagam o maior preço de todos. Os asiáticos podem ter sorte em não serem considerados uma "minoria".

RAÇA, ROMANCE E REALIDADE

Na década de 1960, durante um dos distúrbios nos guetos, meu irmão estava nas ruas e perguntou aos manifestantes: "Onde vocês vão fazer compras depois de incendiarem a loja desse homem?"

Embora um distúrbio não seja o melhor lugar para um diálogo socrático, meu irmão conseguiu voltar para casa em segurança. Hoje, mais de 30 anos depois, ninguém ainda respondeu a sua pergunta. No entanto, a realidade respondeu de maneira decisiva e dolorosa: os bairros de baixa renda e minorias em todo o país estão tristemente carentes de lojas, e as lojas existentes cobram preços mais altos por produtos de qualidade inferior, vendidos em ambientes mais sujos por funcionários e proprietários menos educados.

O título de um estudo do Departamento de Assuntos do Consumidor da Cidade de Nova York — *The Poor Pay More for Less* [Os pobres pagam mais por menos] — resumiu a situação. Alguns moradores de áreas de baixa renda têm que ir a locais mais distantes de onde vivem para comprar em bairros mais sofisticados e pagar pelo transporte de volta para casa com suas compras. Uma organização para idosos em alguns bairros de baixa renda em Upper Manhattan providenciou transporte por ônibus para Nova Jersey para que eles possam fazer suas compras.

Na década de 1940, não era assim quando eu cresci no Harlem. A distância era menor do que meia quadra até uma farmácia, não mais

RAÇA, ROMANCE E REALIDADE

de meia quadra até uma mercearia, e havia um supermercado do outro lado da rua daquela loja. Não era necessário andar duas quadras para encontrar um açougue, uma papelaria ou um oculista. Havia um dentista do outro lado da rua.

Não me lembro de nenhuma pessoa de algum desses estabelecimentos sendo rude comigo quando eu era criança. Havia muitas alternativas ao redor para isso. Não existia diferença suficiente nos preços para valer a pena gastar 5 centavos para pegar o metrô e fazer compras em outro bairro.

Hoje, aqueles que vivem em bairros de baixa renda e minorias ainda estão pagando o preço pelos distúrbios do passado, assim como por diversas outras tendências sociais contraproducentes que começaram na década de 1960. O mesmo romantismo que transformou a violência das turbas e os saques em uma revolta dos oprimidos ainda insiste em ver os problemas desses bairros em termos semelhantes.

Há um quarto de século, o economista negro Walter Williams escreveu um artigo explicando os custos mais altos por trás dos preços mais elevados nas lojas de guetos, e por isso foi denunciado como "um racista branco" por pessoas que, evidentemente, nunca o tinham visto. As razões politicamente aceitáveis para preços mais altos eram o racismo e a exploração. Porém, era difícil para um economista conciliar exploração com o fechamento de lojas e a saída de bairros em que supostamente estavam lucrando muito com os moradores.

Os exércitos de ativistas comunitários e outros manifestantes profissionais gerados pelos programas da Grande Sociedade* da década de 1960 são ferozes em sua indignação com a falta de lojas nos bairros de gueto. Entre as muitas coisas que eles culpam, nunca estão incluídos

---

* Grande Sociedade [Great Society] foi o nome dado para uma série de programas sociais adotados pelo presidente Lyndon Johnson em 1964, com o objetivo de eliminar a pobreza e a injustiça racial. (N. do T.)

os ativistas comunitários e a visão romântica de vitimização e ressentimento criada por eles.

Meu primeiro vislumbre dessa visão ocorreu na Universidade Cornell no final da década de 1960, enquanto eu passava por um grupo de estudantes negros no corredor perto de meu escritório. Eles tinham acabado de sair de uma aula sobre problemas econômicos do gueto, ministrada por um guru radical local. "Como vamos tirar *esses judeus* do Harlem?", um dos estudantes quis saber, amargamente.

Eles pareceram pouco receptivos a minha pergunta sobre por quem eles planejavam substituí-los. Também não era uma pergunta fácil. Até hoje, ela não foi realmente respondida.

Uma questão ainda mais difícil de lidar é a seguinte: como você explica o motivo pelo qual as comunidades negras em todo o país raramente eram servidas por comerciantes ou outros lojistas negros? As opções extremas pareciam ser "culpar a vítima", culpar a "sociedade" ou algum outro grupo.

Na realidade, não existe nada de incomum em situações onde os negócios em uma determinada comunidade são geridos predominantemente por pessoas que não fazem parte dessa comunidade. Por gerações, era comum que os empreendedores chineses fossem os principais empresários em comunidades de malaios, indonésios, vietnamitas e outros do Sudeste Asiático. Da mesma maneira, os judeus estavam entre os eslavos da Europa Oriental, os libaneses entre os habitantes de Serra Leoa, e outros grupos semelhantes em países ao redor do mundo.

Há inúmeros fios históricos, culturais e econômicos entrelaçados para tentar desembaraçar e explicar por que um determinado grupo está onde está em um dado momento. O que podemos fazer é descartar a bobagem romântica. Seu preço é muito alto, semelhante ao preço dos mantimentos no gueto.

POLÍTICA DE DESMANCHA-PRAZERES

Em Sydney, na Austrália, um cirurgião plástico de origem chinesa pode não parecer uma pessoa comum, mas a moral de sua história é muito comum em países ao redor do mundo.

Na Malásia, onde nasceu, esse cirurgião plástico se encontrava em uma das muitas posições de alto nível ocupadas pela minoria chinesa em seu país e cobiçadas pela maioria malaia. Além disso, segundo as políticas de ação afirmativa do país, ele entendia que seus dias como cirurgião plástico estavam contados.

Ele aceitou tudo sem amargura, oferecendo-se para continuar tratando de crianças com deformidades e outras pessoas até um cirurgião plástico malaio estar disponível para substituí-lo. Porém, ele não percebeu o cerne da questão. Queriam que ele saísse de lá, independentemente de haver um malaio para substituí-lo e independentemente de pessoas com deformidades terem alguém a quem recorrer.

O cirurgião mudou-se para a Austrália, onde parecia estar indo muito bem quando eu o conheci. As verdadeiras vítimas das políticas do governo malaio continuavam na Malásia.

Essa abordagem de desmancha-prazeres não é de forma alguma peculiar à Malásia. A inveja pelo sucesso dos outros e a vergonha de ser visivelmente incapaz de atingir o mesmo nível de desempenho têm sido forças motoras políticas por trás de diversos programas de preferência e cotas.

Quando a Romênia obteve território adicional das Potências Centrais derrotadas após a Primeira Guerra Mundial, também obteve universidades que eram culturalmente alemãs ou húngaras. Uma de suas prioridades principais foi se livrar dos alemães e húngaros nas faculdades e transformar as universidades em bastiões romenos.

Naquela época, aproximadamente três quartos da população romena ainda era analfabeta, e, assim, substituir esses professores estrangeiros por romenos de nível comparável era muito improvável. Contudo, a substituição não era a questão: a questão era se livrar daqueles que eram mais qualificados.

Apesar de toda a dedicação despendida em converter universidades alemãs e húngaras localizadas na novas províncias de Bucovina e Transilvânia em universidades romenas, não houve nenhuma urgência em criar uma universidade na província da Bessarábia, onde não existia nenhuma. Além disso, quando os estudantes húngaros que viviam na Romênia começaram a ir para a Hungria para frequentar universidades lá, o governo romeno proibiu que fizessem isso.

Não é só inveja que está em questão, mas também a ameaça ao ego, que é crucial no fomento das políticas de desmancha-prazeres. Na década de 1960, quando a Nigéria se tornou um país independente, muitos empresários e profissionais instruídos e qualificados do norte da Nigéria eram de tribos do sul do país.

Uma das principais prioridades dos políticos do norte da Nigéria era se livrar dessas pessoas. A expectativa era substituí-las eventualmente por nigerianos do norte. Contudo, enquanto isso, os nigerianos do norte queriam que elas saíssem de lá, mesmo que tivessem que contratar europeus para substituí-las ou amargar uma deterioração dos serviços prestados pelos nigerianos do sul.

POLÍTICA DE DESMANCHA-PRAZERES

Empregar europeus nessas atividades profissionais era uma ameaça muito menor ao ego do que ter outros africanos superando significativamente em desempenho a população local.

Nos Estados Unidos, essas atitudes não são desconhecidas, estejam ou não envolvidas diferenças étnicas ou raciais. A mesma abordagem de desmancha-prazeres pode ser encontrada quando o assunto é classe. No início da década de 1980, os liberais não paravam de denunciar os "cortes de impostos para ricos" de Ronald Reagan, apesar dos resultados reais, incluindo um período de quebra de recorde de expansão econômica.

Depois que a *alíquota* de imposto foi reduzida nas faixas de renda mais altas (e nas outras), não só as *receitas* fiscais totais aumentaram como a porcentagem dessas receitas pagas pelos "ricos" também aumentaram. Então, por que os liberais estavam insatisfeitos? Porque aqueles nas faixas superiores pagaram esses impostos muito maiores como resultado do aumento de renda, enquanto mantinham uma porcentagem maior dessas rendas para si mesmos.

O princípio do desmancha-prazeres requer que os ricos sejam prejudicados. Qualquer política que não consiga fazer isso falhou politicamente, não importando os benefícios econômicos que possam trazer para a sociedade em geral.

Embora essas atitudes estejam suficientemente difundidas ao redor do mundo, de modo que não podem ser atribuídas a uma cultura específica, tampouco são inevitáveis. Com frequência, o principal ingrediente no surgimento de ressentimentos explosivos é a ascensão de uma *intelligentsia* preocupada com comparações invejosas, e não com o bem-estar geral.

Paradoxalmente, muitas vezes os próprios ricos têm sido os patronos desses intelectuais, quer nas universidades, nas fundações ou em outras instituições apoiadas por suas doações.

"AMIGOS" DOS NEGROS

Quem foi que disse "se o negro não consegue se sustentar por si mesmo, deixe-o cair"?

Ronald Reagan? Newt Gingrich? Charles Murray?

De jeito nenhum. Foi Frederick Douglass!

Essa afirmação fez parte de um discurso em que Douglass também disse: "Todo o mundo já fez a pergunta [...] 'O que faremos com o negro?' Desde o início, eu sempre tive uma resposta. Não façam nada conosco! O que vocês têm feito conosco já causou danos. Não façam nada conosco!"

Frederick Douglass tinha obtido uma compreensão mais profunda no século XIX do que qualquer um dos "líderes" negros de hoje. Os brancos que sentem a necessidade de fazer algo com os negros e para os negros têm sido alguns dos "amigos" mais perigosos dos negros.

A academia é o lar de muitos desses "amigos", razão pela qual há não somente padrões duplos para admissões nas faculdades, mas também padrões de avaliação duplos em alguns lugares. O falecido David Riesman chamou isso de "avaliação afirmativa".

Um professor em uma das universidades estaduais da Califórnia, onde os estudantes negros podem se formar com base em padrões mais fáceis, afirmou sem meias palavras: "Estamos simplesmente mentindo para esses estudantes negros quando entregamos os diplomas a eles." Essa mentira é particularmente perigosa quando o diploma é um

"AMIGOS" DOS NEGROS

diploma de médico, que autoriza alguém a tratar pessoas doentes ou realizar cirurgias em crianças.

Por muitos anos, o doutor Patrick Chavis foi enaltecido como um exemplo maravilhoso de sucesso da ação afirmativa, pois foi admitido na faculdade de medicina em decorrência das preferências por minorias e voltou para a comunidade negra para exercer a profissão. Aliás, ele foi publicamente elogiado pelo Comitê de Advogados pelos Direitos Civis — apenas duas semanas antes de sua licença para o exercício da medicina ser suspensa, após a morte de seus pacientes em condições que chamaram a atenção do Conselho Médico da Califórnia.

Um juiz de direito administrativo se referiu à "incapacidade de Chavis de desempenhar algumas das funções mais básicas exigidas de um médico". Um ano depois, após uma investigação mais completa, sua licença foi cassada.

Aqueles que durante anos tinham usado Chavis como exemplo brilhante do sucesso da ação afirmativa repentinamente mudaram de tática e alegaram que um exemplo isolado de fracasso não provava nada. Infelizmente, Chavis não foi um exemplo isolado.

Na década de 1970, um professor da Faculdade de Medicina de Harvard declarou publicamente que os estudantes negros estavam conseguindo se formar nessa instituição sem satisfazer os mesmos padrões dos demais estudantes, e foi denunciado como "racista" por dizer que era cruel "permitir que pacientes de boa-fé pagassem por nossa irresponsabilidade" — em muitos casos, pacientes negros de boa-fé.

Por que indivíduos supostamente responsáveis criam padrões duplos tão perigosos? Alguns imaginam que são amigos dos negros ao baixar os padrões para eles. Outros não consideram que os negros têm o que é preciso para atender aos padrões reais, e acham que faculdades e universidades vão perder sua "diversidade" — e talvez verbas federais com isso — se não baixarem seus padrões para obter uma representação racial aceitável do corpo discente.

THOMAS SOWELL • ESSENCIAL

Minha própria experiência como professor foi que os estudantes negros satisfaziam padrões mais altos se você se recusasse a baixar os padrões para eles. Esse não era o caminho fácil para a popularidade, nem com os estudantes nem com os "amigos" dos negros no corpo docente e na administração. Todavia, quando a poeira finalmente assentou, os estudantes satisfizeram os padrões.

Nós ficamos tão acostumados com os desempenhos péssimos dos estudantes negros, começando em escolas de baixa qualidade em guetos, que é difícil para alguns acreditar que estudantes negros já tiveram um desempenho muito melhor do que têm hoje, pelo menos em lugares e épocas com boas escolas. Remontando à Primeira Guerra Mundial, soldados negros de Nova York, Pensilvânia, Illinois, Ohio obtiveram notas mais altas em testes de inteligência do que soldados brancos da Geórgia, do Arkansas, Kentucky e Mississípi.

Na década de1940, os estudantes negros das escolas do Harlem tinham pontuações em provas muito semelhantes às de estudantes brancos de classe trabalhadora no Lower East Side de Nova York. Às vezes, as pontuações eram um pouco mais altas ou um pouco mais baixas, mas nunca ficavam muito distantes, como estão hoje em diversas escolas em guetos.

Se o negros podiam ter um desempenho melhor quando suas oportunidades eram piores, por que os estudantes de guetos de hoje não conseguem se sair melhor? Talvez os negros tenham muitos "amigos" hoje em dia.

DANDO UM TRATO NOS NEGÓCIOS

Personagens de seriados de tevê como J. R. Ewing, em *Dallas*, podem ter retratado empresários como demônios maquiavélicos, mas, pelo menos em alguns aspectos, os empresários parecem muito mais propensos a ser presas do que predadores.

Há anos, em Washington, o Capital Research Center vem documentando como a América corporativa tem financiado toda espécie de grupos com viés à esquerda, cujos programas atacam ou solapam o livre mercado em geral e as grandes corporações em particular. Quando empreendedores subvencionam extremistas ambientais e empregadores contribuem financeiramente com grupos que buscam fazer com que o governo negue a esses empregadores o direito de contratar os indivíduos que podem realizar o trabalho da melhor forma, então algo muito estranho está acontecendo.

Um fenômeno ainda mais estranho, e talvez mais perigoso, tem sido a contratação dos chamados "consultores de diversidade" por corporações de renome em todo o país.

Esses "consultores de diversidade" chegam para proferir sermões aos funcionários sobre as mais recentes ideias da moda a respeito de raça e etnia. Ou eles organizam retiros de fim de semana onde podem intimidar a equipe de funcionários e a administração. Eles fornecem folhetos, fitas de vídeo, boletins informativos ou qualquer outra coisa que transmita a mensagem e traga dinheiro.

Esses profissionais intimidadores não são baratos. Os mais habilidosos ou ousados cobram milhares de dólares por dia — e muitos não trabalham por dia, mas insistem em contratos de longo prazo.

Quais são suas habilidades? Quais são suas credenciais? Quais benefícios eles prometem?

Suas habilidades são consideráveis. Eles são conhecidos por levar às lagrimas alguns funcionários com seus escárnios, importunações e insinuações, assim como são conhecidos por levar às lágrimas alguns estudantes universitários quando levam seu "show" para o *campus*.

Eles são muito bons em impor sentimento de culpa ou adotar uma abordagem pessoal de maneira maldosa. Costumam tratar adultos como se fossem crianças. Ou como cobaias.

De vez em quando, eles pedem aos funcionários que formem uma fila, e aqueles que são religiosos devem dar um passo à direita, enquanto aqueles que não são racistas devem dar um passo à frente, e assim por diante. Acima de tudo, os "consultores de diversidade" não discutem no mesmo nível que os outros. Eles impõem o dogma social de cima para baixo.

Credenciais? Apenas fazer tal pergunta é como pedir para ser acusado de "insensibilidade", ou até mesmo de racismo. Não existem credenciais formais obrigatórias para ser conhecido como "consultor de diversidade". Descaramento e audácia são basicamente os essenciais. Eles são as versões seculares de Elmer Granty.[*]

Que benefícios eles prometem aos empregadores? Em geral, nada tangível que possa ser visto a curto prazo. Isso seria "simplista" — e não muito lucrativo para os consultores.

---

[*] Elmer Gantry é um personagem criado pelo autor Sinclair Lewis em seu romance homônimo de 1927. Gantry é um pregador carismático e manipulador que aparenta piedade e fervor religioso para obter sucesso pessoal e financeiro. (N. do T.)

DANDO UM TRATO NOS NEGÓCIOS

O relacionamento entre funcionários de diferentes origens raciais e étnicas é considerado um grande mistério, cujo deslindamento exigirá muito tempo e muita "reeducação".

Os funcionários brancos e negros que assistem aos mesmos programas de televisão em casa, e possivelmente comem a mesma porcaria no shopping center na hora do almoço, são orientados a se verem como criaturas exóticas de mundos distintos, incapazes de se entenderem, exceto com a ajuda penosa e dispendiosa dos "consultores de diversidade".

Como as empresas — ou o país — conseguiram se manter coesas todos esses anos antes da chegada desses messias seculares? Mais importante ainda, por que ninguém o chuta para escanteio?

As empresas — ou faculdades — que abraçam esse tipo de fanfarronice têm tido relações mais felizes entre os diversos grupos raciais, étnicos ou outros depois disso? Ou é sempre "Ainda é cedo demais para ver os resultados"? Na academia, os resultados parecem indicar que as faculdades que adotam essa espécie de lavagem cerebral apresentam mais conflitos intergrupais do que antes, e mais do que as faculdades onde tais programas não existem.

As empresas que persistem em sujeitar seus funcionários a esse tipo de afronta podem enfrentar processos judiciais por estresse antes de ver quaisquer benefícios tangíveis. Como alguém que deplora a explosão de litígios, ainda assim considero que algumas indenizações de milhões de dólares seriam algo muito saudável para ajudar a restaurar a sensatez e os bons costumes onde essas qualidades atualmente estão em segundo plano em relação a se alinhar com os anjos do politicamente correto.

Tanto os padrões da filantropia corporativa voltada para seus inimigos políticos quanto a suscetibilidade da gestão corporativa a panaceias não comprovadas, como "consultores de diversidade", podem sugerir um desejo de autodestruição para os mais voltados a explicações psicológicas.

Uma explicação mais racional poderia ser que tudo isso é por uma questão de relações públicas, mesmo que os próprios altos executivos corporativos considerem uma bobagem.

Independentemente da explicação, é um mau negócio a longo prazo, não só para as empresas em si, mas para o país.

ESTEREÓTIPOS *VERSUS* O MERCADO

Atualmente, há muita conversa-fiada sobre "estereótipos". Isso costuma me lembrar de um episódio ocorrido muitos anos atrás.

Durante a Guerra da Coreia, um jovem fuzileiro naval chamado Albert Greuner se formou na escola de fotografia da Base Aeronaval de Pensacola e recebeu a ordem de se apresentar para o serviço como fotógrafo no laboratório fotográfico de Camp Lejeune, na Carolina do Norte. Contudo, ao chegar a Camp Lejeune, ele descobriu que a ordem havia sido mudada. Naquele momento, ele foi informado de que devia se apresentar ao depósito de suprimentos, onde foi designado para gerenciar os materiais fotográficos.

Perplexo e desapontado com a mudança repentina, Greuner me contou sua história, e ficou ainda mais surpreso quando caí na gargalhada. Na realidade, eu fazia parte do motivo de seu infortúnio.

Alguns meses antes, o laboratório fotográfico tinha recebido seu primeiro grupo de formados na escola de fotografia da Base Aeronaval de Pensacola. De modo geral, éramos melhores fotógrafos do que aqueles formados pela base. No entanto, também éramos jovens recrutas com atitudes totalmente diferentes das dos fuzileiros navais de carreira.

Víamos o Corpo de Fuzileiros Navais apenas como um interlúdio indesejado em nossas vidas, e não ficávamos impressionados com nossos superiores ou com suas regras ou ordens. Passávamos o tempo juntos e ficamos conhecidos — nem sempre de maneira afetuosa — como "a gangue de Pensacola".

Quando o capitão responsável pelo laboratório fotográfico ficou farto de nós, ele nos dispersou, desmantelando a gangue de Pensacola e nos distribuindo individualmente para vários outros lugares da base. Mais tarde, quando ele foi informado de que outro fotógrafo de Pensacola havia sido designado para seu laboratório, o capitão o transferiu, sem sequer vê-lo.

Acontece que Greuner era um tipo diferente de pessoa, e provavelmente teria se saído muito bem no laboratório fotográfico. Porém, ele nunca teve a chance, por causa do comportamento de seus antecessores.

Atualmente, isso seria chamado de "estereótipo", e o capitão seria criticado por não julgar Greuner como um indivíduo. No entanto, independentemente dos méritos desse argumento neste caso específico, ninguém fica julgando todo o mundo como indivíduo, por mais popular que esse discurso possa ser.

Se você está caminhando por uma rua escura à noite e vislumbra um ser indistinto em um beco à frente, você o julga como um indivíduo — ou atravessa a rua e segue pelo outro lado? Julgá-lo como um indivíduo pode custar sua vida. Talvez você venha a saber que era apenas um vizinho gentil dando uma volta com seu cachorro, mas você só descobre isso depois do fato.

O alto custo do conhecimento costuma ser desconsiderado ao se discutir políticas sociais, sobretudo em áreas emocionalmente carregadas com raça e etnia. Na vida real, decisões se baseiam em conhecimento imperfeito, simplesmente porque não existe outro tipo disponível.

Recentemente, um profissional negro de classe média escreveu sobre seu ressentimento quando foi solicitado a pagar adiantado pela refeição em um restaurante pertencente a um asiático, sobretudo após notar que um casal branco que entrou depois não recebeu a mesma solicitação. Esse foi um exemplo de racismo arbitrário ou de

ESTEREÓTIPOS *VERSUS* O MERCADO

autoproteção com base na experiência desse bairro? Essa foi a pergunta crucial que ele não fez — nem a maioria das reportagens jornalísticas ou mesmo estudos acadêmicos.

O mesmo homem também expressou ressentimento com os olhares de aversão recebidos por ele de outros negros em outro estabelecimento, porque ele estava usando tranças rastafári no cabelo. Evidentemente, não era uma questão de racismo, mas de repugnância em relação ao tipo de gente que "faz uma declaração" com esse tipo de penteado.

Pelo visto, nem negros, nem brancos, nem asiáticos julgam cada pessoa como um indivíduo. Provavelmente, ninguém mais no mundo faz isso, ainda que a *intelligentsia* possa falar assim.

Felizmente, o mercado precifica generalizações incorretas, assim como faz para todos os outros tipos de pressupostos incorretos por trás das decisões econômicas. Mesmo o proprietário mais racista de um time profissional de basquete não pode se recusar a contratar jogadores negros, a menos que esteja disposto a enfrentar uma falência, e assim deixar de ser proprietário de um time de basquete.

Teoricamente, os racistas poderiam simplesmente absorver as perdas criadas por sua própria discriminação. Empiricamente, é bem difícil encontrar pessoas dispostas a perder dinheiro a fim de discriminar.

Os racistas podem preferir seu próprio grupo em detrimento dos outros, mas eles preferem a si mesmos acima de tudo.

Por isso a discriminação sempre foi mais prevalente onde custa menos para os discriminadores: em empregos públicos, em serviços públicos regulados ou em organizações sem fins lucrativos. Foi o caso durante a era anterior aos direitos civis, assim como a discriminação reversa é geralmente mais forte em tais organizações hoje em dia.

Esse não é um padrão norte-americano, mas um padrão mundial. No entanto, aqueles que desejam combater a discriminação costumam tentar transferir as decisões de emprego e outras decisões do mercado para as mãos de pessoas que não arcam com custos: políticos, burocratas e juízes.

RACISMO "RECICLADO"

Uma das coisas que acontecem quando você fica mais velho é que o que parece ser novidade para os outros pode parecer uma repetição de algo que você já viu antes. É como assistir a um filme antigo pela quinta ou sexta vez.

No *New York Times*, de 14 de setembro de 2005, a manchete diz: "Negros são os mais afetados por hipotecas mais caras." Treze anos antes, uma reportagem quase idêntica apareceu no *Wall Street Journal* sob o título "Federal Reserve dá detalhes da grande desigualdade racial em empréstimos hipotecários".

Ambas as reportagens se baseavam em estudos estatísticos do Federal Reserve que mostravam que negros e brancos tinham experiências distintas ao requerer empréstimos hipotecários, e ambas as reportagens insinuavam que a discriminação racial era a razão.

O estudo mais antigo mostrou que os empréstimos hipotecários aos negros eram recusados em uma porcentagem maior do que aos brancos, e o estudo mais recente mostra que os negros recorriam a empréstimos com taxa de juros elevada com mais frequência do que os brancos ao financiar a compra de uma casa.

Ambos levam ao mesmo resultado: menos crédito sendo concedido aos negros nas mesmas condições que o crédito concedido aos brancos.

RACISMO "RECICLADO"

Ambos os estudos também afirmam que isso é válido mesmo quando os candidatos a empréstimos negros e brancos possuem a mesma renda. Na primeira vez, em 1992, isso parecia um caso bastante convincente para aqueles que atribuíram as diferenças à discriminação racial.

Porém, tanto a investigação quanto a idade tendem a gerar ceticismo sobre algo que parece plausível à primeira vista. Apenas a ponta do iceberg costuma fazer com que um caso plausível desmorone como um castelo de cartas.

Por exemplo, nenhum dos estudos leva em consideração os históricos de crédito. As pessoas com avaliações de crédito piores tendem a ter seus pedidos de empréstimos recusados com mais frequência do que as pessoas com avaliações de crédito melhores, ou então precisam recorrer a empréstimos com taxas de juros mais altas. Isso não é um bicho de sete cabeças. Trata-se de teoria econômica.[1]

No estudo mais antigo, os negros revelaram ter históricos de crédito insatisfatórios com mais frequência do que os brancos. Mas a reportagem mais recente nem sequer investigou isso.

Qualquer um que já tenha solicitado um empréstimo hipotecário sabe que os credores não só querem saber qual é sua renda atual como também qual é seu patrimônio líquido. Os dados do censo revelam que os negros com a mesma renda dos brancos têm, em média, um patrimônio líquido menor.

Isso também não é um bicho de sete cabeças. Não são muitos negros que têm pais abastados ou tios ricos de quem herdam bens.

O estudo mais antigo mostrou que os brancos tiveram seus pedidos de empréstimos hipotecários negados com mais frequência do que os asiático-americanos, e o estudo mais recente revela que os asiático-americanos são menos propensos do que os brancos a solicitar empréstimos com taxa de juros elevada para comprar uma casa.

Isso significa que os brancos estavam sendo discriminados? Ou os dados estatísticos são levados a sério apenas quando respaldam alguma pressuposição que é politicamente correta?

Esses são os dados estatísticos do tipo "Ahá!". Se você começa com uma pressuposição e encontra números que se encaixam nela você exclama "Ahá!". Caso contrário, quando ninguém acredita que os bancos estão discriminando os brancos em favor dos asiático-americanos, então não há "Ahá!".

Tanto o estudo mais recente quanto o mais antigo provocaram uma onda de acusações de racismo por parte de pessoas que costumam fazer essas acusações. Além disso, onde há um "problema" proclamado na mídia quase invariavelmente haverá uma "solução" proposta na política.

A solução costuma ser pior do que o problema.

O estudo mais antigo revelou que a maioria dos negros e a maioria dos brancos que pediram empréstimos hipotecários os conseguiram: 72% dos negros e 89% dos brancos. Portanto, não é verdade que a maioria dos negros não conseguiu obter empréstimos.

Ao que tudo indica, a diferença diminuiu desde então, pois o *New York Times* noticia que os credores criaram "hipotecas com taxa de juros elevada para pessoas que teriam sido simplesmente rejeitadas de cara no passado com base em crédito ruim ou renda insuficiente".

Claro que o governo pode sempre intervir e pôr fim a esses empréstimos de alto custo, o que provavelmente significará que as pessoas com avaliações de crédito piores não conseguirão comprar uma casa.

GEOGRAFIA *VERSUS* IGUALDADE

Uma das noções aparentemente imbatíveis de nosso tempo é que grandes disparidades de renda e riqueza são estranhas, suspeitas e provavelmente sinistras. No entanto, há grandes diferenças de produtividade por trás de diferenças de renda e riqueza, quer entre países, quer entre indivíduos. Várias dessas diferenças nacionais de produtividade se devem à geografia, e não aos seres humanos.

No início do século XX, a renda média nos Bálcãs era de apenas um quarto, aproximadamente, da renda média dos países da Europa Ocidental. Grande parte disso resultava da geografia.

A Europa Ocidental tinha conseguido uma revolução industrial, baseada não só em tecnologia como também na presença de jazidas de minério de ferro e carvão, os insumos básicos na produção de ferro e aço — que, por sua vez, eram os insumos básicos da produção industrial. Não só essas jazidas estavam ausentes nos Bálcãs como também não existia maneira economicamente viável de transportá-las para lá. Não havia redes de vias navegáveis nos Bálcãs como na Europa Ocidental, e as cadeias montanhosas bloqueavam grande parte da região para transportes terrestres.

Não só as coisas materiais sofreram com as desvantagens geográficas, mas também as próprias populações. Em geral, povos isolados têm sido povos atrasados, seja por estarem isolados por montanhas, selvas ou outros obstáculos geográficos, como viver em ilhotas espalhadas por um vasto e desolado oceano.

Em outras palavras, o tamanho do universo cultural de um povo influencia o quanto ele pode se desenvolver tecnológica e culturalmente. Quando os colonos britânicos atravessaram o Atlântico e enfrentaram os iroqueses na América do Norte, não se enfrentaram simplesmente como britânicos e iroqueses. Eles se enfrentaram como povos com universos culturais muito diferentes e de tamanhos bastante distintos.

Antes de mais nada, os britânicos conseguiram cruzar o Atlântico apenas devido aos avanços culturais que tomaram emprestado de outros povos na Europa, na Ásia e no Oriente Médio. Os britânicos manobravam seus navios com lemes inventados na China. Eram capazes de navegar com instrumentos baseados na trigonometria, inventada no Egito. Seus cálculos eram feitos com números inventados na Índia. Grande parte do que sabiam sobre o mundo foi adquirido por meio da leitura de materiais escritos em letras inventadas pelos romanos.

Os iroqueses não tinham universo cultural similar. Eles não podiam recorrer às culturas dos astecas ou dos incas, pois nenhum desses três grupos sabia da existência dos outros, quanto mais a existência de outras culturas do outro lado dos oceanos que cercavam e isolavam todos eles.

Um motivo para o maior isolamento cultural do Hemisfério Ocidental foi que a América do Norte e a América do Sul não possuíam cavalos, bois ou outros animais capazes de transportar cargas pesadas por longas distâncias. Isso restringiu o volume de trocas comerciais que poderiam ocorrer e a distância que seria necessária para transportar produtos por meio do dispendioso uso de carregadores humanos. Por sua vez, isso significou limitar o alcance dos contatos culturais em geral.

As canoas indígenas podiam percorrer distâncias consideráveis na água, mas havia pouco ou nenhum incentivo para a construção de embarcações maiores, capazes de viagens mais longas, já que havia

GEOGRAFIA *VERSUS* IGUALDADE

sérios limites na quantidade de carga que podia ser movimentada na chegada das embarcações ao destino.

Apenas o fato de a vasta superfície terrestre eurasiana se estender de leste a oeste, enquanto os continentes do Hemisfério Ocidental se estendem de norte a sul, também limitou o tamanho do universo cultural de maneira diferente nas duas regiões do mundo. Em uma época em que grande parte da raça humana estava envolvida na agricultura, caça de animais ou criação animal, o conhecimento de culturas agrícolas específicas e de animais particulares era muito mais amplamente aplicável quando se disseminava de leste a oeste do que quando se disseminava de norte a sul.

Por exemplo, o conhecimento da rizicultura podia se espalhar por toda a Ásia e até a Europa porque grande parte da Ásia e da Europa estão em latitudes semelhantes, com climas parecidos. Porém, a bananicultura não podia se espalhar da América Central para a Canadá, pois o movimento do sul ao norte envolve maiores mudanças climáticas.

Da mesma forma, diversos animais tropicais não existem em climas mais frios, ou seja, o conhecimento de como caçar ou domesticar animais não pode ser transferido tão longe de norte ao sul quanto de leste a oeste.

Tudo isso não é uma questão de elogio ou culpa, nem mesmo de genes. Os seres humanos podem discriminar grupos específicos, mas a geografia discrimina mais intensamente povos inteiros, países e civilizações.

PRESSUPOSTOS POR TRÁS DA AÇÃO AFIRMATIVA

Com a ação afirmativa de repente sob ataque de diversas direções, e com até mesmo os liberais se afastando dela, precisamos questionar não só seus pressupostos subjacentes, mas também quais são algumas alternativas.

No cerne da abordagem da ação afirmativa inclui-se a noção de que disparidades estatísticas revelam discriminações. Nenhum dogma se enraizou tão profundamente com menos evidências — ou diante de mais evidências substanciais em contrário.

Uma recente matéria no *Wall Street Journal* revelou que mais de quatro quintos das lojas de *donuts* na Califórnia são de propriedade de cambojanos. Isso é aproximadamente a mesma proporção de negros entre as estrelas do basquete. Sem dúvida, nenhuma dessas disparidades se deve à discriminação contra brancos.

Essas disparidades tampouco são novas ou peculiares aos Estados Unidos. Na Europa medieval, grande parte dos habitantes das cidades na Polônia e na Hungria não eram poloneses nem húngaros. Na Bombaim* do século XIX, a maioria dos estaleiros eram de propriedade de parses, uma minoria na cidade e menos de 1% da população indiana.

---

* Atualmente conhecida como Mumbai.

PRESSUPOSTOS POR TRÁS DA AÇÃO AFIRMATIVA

Na Austrália do século xx, grande parte dos pescadores no porto de Freemantle vinha de dois vilarejos na Itália. No sul do Brasil, setores industriais inteiros eram de propriedade de pessoas de origem alemã, e culturas como tomate e chá foram predominantemente cultivadas por pessoas de origem japonesa.

Página após página — ou mesmo livro após livro — poderia ser preenchida com disparidades estatísticas semelhantes de todo o mundo e ao longo da história. Essas disparidades têm sido a regra, e não a exceção. No entanto, nossos tribunais inverteram a realidade e trataram o que acontece ao redor do mundo como uma anomalia, e o que raramente é encontrado em qualquer lugar — a representação proporcional — como uma regra.

Por que tais disparidades são tão comuns? Porque todos os tipos de trabalho exigem determinadas habilidades, experiências, localizações e orientações. E nenhuma dessas coisas é distribuída aleatoriamente.

Demagogos locais que vociferam contra o fato de coreanos possuírem tantas lojas em guetos negros somente revelam sua ignorância ao agirem como se isso fosse algo estranho ou incomum. Para a maioria dos comerciantes em uma área, ser de uma raça ou etnia diferente de seus clientes tem sido comum há séculos no Sudeste Asiático, na Europa Oriental, na África Ocidental, no Caribe, em Fiji, no Império Otomano e em diversos outros lugares.

Quando comerciantes alemães e judeus se mudaram para a Europa Oriental na Idade Média, eles levaram consigo muito mais experiência nessa profissão do que a possuída pelos comerciantes da Europa Oriental, que frequentemente foram eliminados pela nova concorrência. Mesmo quando a concorrência acontece entre pessoas racial e etnicamente idênticas, diversas circunstâncias históricas, geográficas e outras podem fazer com que um grupo dessas pessoas seja muito mais eficaz em algumas atividades do que os outros.

Os moradores das montanhas costumam ficar para trás daqueles nas planícies abaixo, quer escoceses das Terras Altas em contraste com escoceses das Terras Baixas ou cingaleses das Terras Altas do Sri Lanka em contraste com os cingaleses das planícies. Durante séculos, os eslavos ao longo da costa adriática, em portos como Dubrovnik, foram muito mais avançados do que os eslavos do interior, assim como os povos costeiros tenderam a ser mais avançados do que os povos da hinterlândia na África ou na Ásia.

Claro que algumas disparidades têm suas raízes na discriminação. Porém, o erro fatal é supor discriminação sempre que as disparidades estatísticas excedem o que pode ser explicado pelo acaso. Os seres humanos não são aleatórios. Eles possuem padrões culturais bastante pronunciados e complexos.

Esses padrões não são imutáveis. Porém, mudá-los para melhor exige, primeiro, reconhecer que o "capital humano" é fundamental para o avanço econômico. Aqueles que fazem carreira atribuindo disparidades à maldade de outras pessoas são um obstáculo ao desenvolvimento de mais capital humano entre os pobres.

Houve uma época, até meados do século XIX, em que o Japão estava muito atrás dos países industriais ocidentais porque carecia do tipo de capital humano necessário em uma economia moderna. A importação de tecnologia ocidental não era suficiente, pois os japoneses careciam do conhecimento e da experiência necessários para operá-la de maneira eficaz.

Os trabalhadores japoneses danificaram ou destruíram máquinas ao tentar usá-las. Os tecidos também foram destruídos quando os japoneses tentaram tingi-los sem entender química. Fábricas inteiras foram mal projetadas e tiveram que ser reconstruídas a um alto custo.

O que salvou os japoneses foi que eles reconheceram seu próprio atraso, e trabalharam durante gerações para superá-lo. Eles não tinham relativistas culturais para lhes dizer que todas as culturas são

PRESSUPOSTOS POR TRÁS DA AÇÃO AFIRMATIVA

igualmente válidas, nem ativistas políticos para lhes dizer que seus problemas eram todos culpa dos outros. Tampouco havia intrusos afligidos pela culpa oferecendo-lhes contribuições.

A ação afirmativa tem sido uma das grandes distrações da tarefa principal de autoaperfeiçoamento. Quando ela e a mentalidade que representa desaparecerem de cena, as minorias mais pobres poderão se tornar as maiores beneficiárias, se sua atenção e seus esforços se voltarem para o autoaperfeiçoamento. Infelizmente, toda uma indústria de ativistas pelos direitos civis, políticos e vigaristas variados tem todo o interesse em fomentar a vitimização, o ressentimento e a paranoia.

O CULTO DO MULTICULTURALISMO

O mundo tem sido multicultural ao longo de séculos antes da criação dessa palavra. Além disso, tem sido multicultural de uma forma muito real e prática, diretamente oposta à maneira pela qual é exortada pelo culto do "multiculturalismo".

O próprio papel em que estas palavras estão escritas foi inventado na China, assim como a arte da impressão. As letras vêm da Roma antiga, e os números, da Índia, por meio dos árabes. Tudo isto está sendo escrito por um homem cujos antepassados vieram da África, enquanto ouve música de um compositor russo.

Mesmo líderes de nações não são necessariamente originários dessas nações. Napoleão não era francês, Stalin não era russo e Hitler não era alemão.

As culturas agrícolas também têm sido tão multiculturais quanto as pessoas. Grande parte da borracha do mundo vem da Malásia, mas as seringueiras malaias se originaram de sementes provenientes do Brasil. O cacau da Nigéria e as batatas da Irlanda também têm suas origens no Hemisfério Ocidental antes da chegada de Colombo.

Uma lista de todas as culturas agrícolas, tecnologias e ideias que se disseminaram de um povo ou país para outro seria uma lista de grande parte das culturas agrícolas, tecnologias ou ideias do mundo. A razão pela qual essas coisas se disseminaram foi, pura e simplesmente,

O CULTO DO MULTICULTURALISMO

que algumas coisas foram consideradas melhores do que outras, e as pessoas queriam o melhor que podiam obter.

Isso é completamente contrário à filosofia do culto do "multiculturalismo", que afirma que as coisas não são melhores nem piores, mas apenas diferentes. No entanto, as pessoas ao redor do mundo não se limitam a "celebrar a diversidade", mas escolhem quais características culturais próprias querem manter e quais querem abandonar em favor de algo melhor de outra pessoa.

Quando os europeus descobriram o papel e a impressão da China, eles não "celebraram a diversidade"; simplesmente pararam de sofrer com câimbras pelo esforço físico de copiar pergaminhos à mão e começaram a deixar as impressoras fazerem o trabalho. Quando os índios norte-americanos viram cavalos pela primeira vez, depois que os europeus os trouxeram, eles não "celebraram a diversidade"; simplesmente começaram a cavalgar para caçar em vez de caçar a pé.

Tudo, desde automóveis até antibióticos, disseminou-se pelo mundo porque as pessoas querem o melhor que podem obter, e não as formas ineficientes que o culto do multiculturalismo chama de "viver em harmonia com a natureza". Muitas vezes, antes da aceitação da medicina moderna, isso significava morrer jovem em vez de viver uma velhice saudável. As pessoas preferiam viver, mesmo que não fosse "em harmonia com a natureza".

A questão não é o que eu digo ou o que os multiculturalistas dizem. A questão é o que milhões de seres humanos realmente fazem quando têm escolha. Em todo o mundo, eles tratam as características culturais como algo que os ajuda a lidar com a vida, e não como peças de museu para admirar e aplaudir.

Depois que os seres humanos encontram suas próprias maneiras de fazer algumas coisas melhor, eles as mantêm. Depois que encontram maneiras de outras pessoas de fazer outras coisas melhor, eles as usam e abandonam o que usavam antes. O que eles não fazem é o que os multiculturalistas fazem: dizer que tudo é apenas uma questão de "percepções", que nada é melhor ou pior do que qualquer outra coisa.

O multiculturalismo é uma dessas afetações comportamentais que as pessoas podem se permitir quando estão desfrutando de todos os frutos da tecnologia moderna, e podem desdenhar com pompa dos processos que a produziram.

Nada disso seria algo mais do que outra das muitas excentricidades da raça humana, a não ser pelo fato de que o culto do multiculturalismo se tornou a nova religião das escolas e faculdades norte-americanas, contribuindo para a confusão do país. Tornou-se parte dos pressupostos não examinados subjacentes à política pública e até a decisões em tribunais de justiça.

Quem ficaria surpreso com o fato de pessoas de diferentes origens culturais serem "representadas" de maneira diferente em distintos empregos, faculdades ou faixas de renda, exceto pelo pressuposto tácito de que essas diferentes culturas são igualmente eficazes para todas as coisas?

Mas só precisamos ligar a televisão e assistir a um jogo de basquete profissional para perceber que um segmento da população pratica o jogo muito melhor do que outros. Se assistirmos aos comerciais que patrocinam esses eventos, frequentemente veremos anúncios de cervejarias que foram quase sempre criadas por pessoas de origem alemã.

Já que os alemães fabricam cerveja desde os tempos do Império Romano, será que devemos ficar surpresos que eles se destaquem tanto nisso quanto os negros se destacam no basquete? Qualquer padrão baseado na qualidade terá "super-representação" e "sub-representação" de diferentes grupos, por mais que tal "impacto desigual" possa chocar os autores de editoriais e levar juízes a se aventurar onde os prudentes evitam entrar.

A VIDA É CULTURALMENTE TENDENCIOSA

A polêmica virulenta em torno do livro *The Bell Curve*, de Richard Herrnstein e Charles Murray, voltou a suscitar questionamentos sobre testes de inteligência e seu significado.

Uma das acusações é que os testes são em si injustos. Porém, muito antes da presente polêmica, alguém respondeu a acusações semelhantes, assinalando: "Os testes não são injustos. A *vida* é injusta. Os testes medem os resultados."

O mesmo pode ser dito sobre a acusação de que os testes são "culturalmente tendenciosos". A *vida* é culturalmente tendenciosa. Os norte-americanos vivem duas vezes mais do que povos de algumas das regiões mais pobres do mundo, não porque sejam merecedores, individualmente mais inteligentes ou mais dignos de mérito, mas apenas porque tiveram a sorte de nascer em uma cultura que desenvolve curas e medidas preventivas para doenças fatais que assolaram a humanidade durante séculos.

As características culturais que promovem a ciência médica não foram universais de modo algum. Aliás, elas são relativamente recentes, em termos históricos, mesmo nas civilizações onde existem agora. Qualquer teste que avalie esses tipos de características deve ser culturalmente tendencioso — aliás, *deveria* ser culturalmente tendencioso.

É bem possível que tenham existido indivíduos nascidos em regiões atrasadas e primitivas do mundo que possuíam células cerebrais perfeitamente tão eficazes quanto as de Pasteur, Salk ou outros pioneiros da medicina, mas que nunca desenvolveram as mesmas capacidades e nunca deixaram vestígios de suas existências para beneficiar o resto da humanidade. Se fossem avaliados por nossos testes culturalmente tendenciosos, esses indivíduos, sem dúvida, teriam obtido pontuações baixas — e deveriam ter, se nosso objetivo fosse o prático de selecionar pessoas realmente capazes de fazer o tipo de tarefas necessárias na ciência médica.

O que teria acontecido sob outras circunstâncias culturais é uma questão transcendental — uma questão divina, talvez, mas não para intelectuais que agem como se fossem deus.

Como seres humanos limitados, devemos fazer nossas escolhas entre as alternativas realmente disponíveis. Uma sociedade isenta de cultura nunca foi uma dessas alternativas.

Qualquer teste concebido para prever desempenhos futuros em qualquer campo ou sociedade está tentando prever o que acontecerá em um dado contexto cultural. Não há nada inerentemente sinistro nisso.

Essas são as condições que enfrentamos. Ou deveríamos enfrentar.

Poucas coisas são discutidas de forma tão pouco inteligente quanto a inteligência. Raramente aqueles que falam — ou gritam — sobre esse assunto se preocupam em definir seus termos. Será que a "inteligência" é a potencialidade abstrata que existe no momento da concepção? Será que são as capacidades desenvolvidas com as quais o mesmo indivíduo enfrenta o mundo duas décadas depois?

Entrementes, muitas coisas aconteceram, e aconteceram de forma distinta para diferentes indivíduos e grupos. Uma mãe viciada em álcool ou outras drogas começa a prejudicar seu filho mesmo antes do nascimento. Sua irresponsabilidade, brutalidade ou estupidez quase certamente prejudicará ainda mais a criança nos anos subsequentes.

A VIDA É CULTURALMENTE TENDENCIOSA

Que vantagem teríamos em saber o potencial inato da criança no momento da concepção? Certamente isso não nos permitiria prever o que poderá acontecer agora que ela é o que é.

Suponha que tivéssemos um teste milagroso e descobríssemos que começamos com um Einstein e acabamos com um idiota. Isso significaria que o teste era injusto porque mostrou que ele era uma idiota? Ou significaria que a vida em si era tragicamente injusta, não só para ele, mas para toda a sociedade que agora tem que lidar com ele como ele é?

Talvez um teste assim tivesse algum valor social como um meio de nos despertar para a realidade da magnitude dos problemas resultantes de subsidiar a gravidez na adolescência, por exemplo. Sim, seria difícil para todos os envolvidos, incluindo o público, negar assistência social à adolescente. Mas seria pior do que o que acontece porque não conseguimos nos convencer a negar essa assistência?

Essas perguntas poderiam pelo menos ser feitas se tivéssemos o tipo de teste milagroso esperado por alguns. Mas não há sinal de que estamos sequer perto de desenvolver tal teste.

As questões bastante discutidas sobre hereditariedade *versus* ambiente, e sobre possíveis diferenças intergrupais no potencial herdado, são mais capazes de gerar controvérsias acaloradas do que raciocínios esclarecidos. Será que alguém duvida seriamente que a hereditariedade desempenha algum papel em algumas diferenças? Ou que ela raramente é toda a história?

O próprio livro *The Bell Curve* afirma: "Não deveria ser uma surpresa ver (como se vê todos os dias) negros atuando em altos níveis em todos os campos intelectualmente desafiadores." Porém, isso não impediu os gritos daqueles que estão no negócio de gritar. Qualquer um que realmente leia o livro — o que pode não incluir todos os seus críticos — descobrirá que raça não é nem considerada nos primeiros 12 capítulos. Isso está longe de ser o tema principal do livro, ainda que seja nisso que se concentre o alvoroço.

Como ex-professor, minha opinião é que a maioria dos estudantes norte-americanos, independentemente de sua origem, está atuando tão abaixo de sua capacidade que os limites dessa capacidade são uma questão acadêmica.

BOOKER T. WASHINGTON DEPOIS DE CEM ANOS

"Acho que me senti como suponho que um homem se sente quando está a caminho da forca", Booker T. Washington escreveu acerca de seu estado de espírito quando estava a caminho de fazer o discurso histórico na Exposição de Atlanta de 1895, que marcaria um ponto de virada em sua vida, e na vida das relações raciais nos Estados Unidos. Relembrar esse evento cem anos depois nos dá não só uma imagem mais clara da evolução das relações raciais, mas também uma imagem radicalmente diferente de uma das figuras principais nessa evolução — uma figura muito mais frequentemente caricaturada do que compreendida.

Havia bons motivos para Booker T. Washington estar apreensivo. Um homem negro ser convidado para discursar para o distinto público da Exposição era, em si mesmo, controverso. O Sul era um barril de pólvora de emoções descontroladas sobre questões raciais, e mais de uma centena de negros eram linchados por ano. O direito de voto, o direito de servir em cargos públicos ou em júris, e até mesmo a segurança pessoal básica contra a violência, eram direitos que os negros sulistas desfrutaram anteriormente, durante a ocupação do Sul pelo exército norte-americano por duas décadas depois da Guerra de Secessão; mas esses e outros direitos estavam agora se erodindo em todo o Sul, depois que aquele exército já tinha voltado para casa havia muito tempo e sido dissolvido.

A restauração do governo local no Sul significava a restauração do governo da maioria branca — um governo de pessoas amarguradas que haviam perdido uma guerra devastadora e, em seguida, viram seus escravos serem libertos e colocados em um plano legal de igualdade com eles mesmos, em alguns casos, atuando como servidores públicos que governavam sobre eles com o respaldo das baionetas do exército da União. Na reação furiosa que se seguiu, os negros foram cada vez mais excluídos do serviço público e do direito de voto, e as leis foram sendo aprovadas segregando as raças nos transportes públicos e em outras acomodações públicas. O direito a um julgamento justo se tornou uma farsa para os negros, e a sombra da Ku Klux Klan e de outros cavaleiros noturnos terroristas brancos caiu sobre as comunidades negras em todo o Sul. Foi nesse ambiente que Washington se levantou para discursar para os dignitários e pessoas comuns de ambas as raças na Exposição de Atlanta.

O que Washington poderia dizer a essa plateia de brancos sulistas, muitos dos quais, ele sabia, tinham vindo apenas para vê-lo fazer papel de tolo e, ao mesmo tempo, ser fiel aos negros da plateia que estavam cheios de orgulho por alguém de sua raça, pela primeira vez, receber a honra de discursar para uma plateia que incluía dignitários como o governador da Geórgia?

Mais tarde, Washington disse: "Com um única frase, eu poderia ter prejudicado, em grande medida, o sucesso da Exposição." Mais do que isso, um comentário descuidado poderia ter arruinado qualquer esperança de paz e progresso racial.

É difícil avaliar o desempenho de alguém sem saber que desafios ele enfrentou. Não apenas nessa ocasião, mas ao longo de sua carreira, Booker T. Washington teve que lidar com as situações mais difíceis entre os líderes negros da história norte-americana.

O tema central de seu discurso foi dado em uma frase: "Não há defesa ou segurança para nenhum de nós, exceto no desenvolvimento da

BOOKER T. WASHINGTON DEPOIS DE CEM ANOS

mais elevada inteligência de todas." Washington neutralizou sua plateia ao ignorar questões que já eram causas perdidas para sua geração, como a integração racial. "Em todas as coisas que são exclusivamente sociais, podemos ser tão separados quanto os dedos, mas como uma só mão em todas as coisas essenciais para o progresso mútuo." Porém, nem aqui nem em outro lugar ele renunciou aos direitos iguais nos termos da lei: "É importante e correto que todos os privilégios da lei sejam nossos, mas é muito mais importante que estejamos preparados para o exercício desses privilégios", ele disse em Atlanta.

Ao vincular direitos e responsabilidade, Washington conseguiu abordar o terreno comum dos negros e dos brancos na plateia. E ao vincular os destinos das duas raças, ele foi capaz de obter o apoio de alguns brancos ao sustentar que os negros ajudariam a erguer o Sul ou arrastá-lo para baixo.

No contexto da época, o discurso foi uma obra-prima. Foi reimpresso em jornais de todo o país e elogiado por negros e brancos, nortistas e sulistas. O governador da Geórgia foi cumprimentar Washington após o discurso, e o presidente Grover Cleveland lhe escreveu para falar do "entusiasmo" com o que tinha lido. De um dia para o outro, Booker T. Washington foi reconhecido como um líder de seu povo — aliás, *o* líder de seu povo, o sucessor de Frederick Douglass, que havia morrido apenas alguns meses antes.

As diferenças históricas que surgiriam posteriormente entre Washington e o mais militante W. E. B. Du Bois foram diferenças de ênfase e prioridades, e não diferenças quanto a princípios fundamentais. De fato, Du Bois estava entre aqueles que enviaram mensagens de congratulação a Washington por seu discurso na Exposição de Atlanta.

Como um dos fundadores e pilares históricos da Associação Nacional para o Progresso de Pessoas de Cor [NAACP, na sigla em inglês], Du Bois concentrou-se no restabelecimento e promoção dos direitos políticos dos negros e direcionou suas críticas públicas ao sistema de segregação e discriminação racial conhecido como Jim Crow no Sul. Com amargura eloquente, ele denunciou os brancos por racismo. Booker T. Washington não assumiu uma postura pública desse tipo, e, em vez disso, direcionou suas iniciativas para o autoaperfeiçoamento interno dos negros em áreas que incluíam higiene pessoal, gestão de fazendas e abertura de empresas. Os brancos de quem ele falava e para quem falava eram aqueles dispostos a apoiar essas atividades, sobretudo aqueles dispostos a ajudar financeiramente.

O resultado final foi que Washington costumava elogiar os brancos de boa vontade, ao passo que Du Bois atacava os brancos de má vontade. Washington promovia uma espécie de educação vocacional com um significativo componente moral e de autodisciplina no Instituto Tuskegee, enquanto Du Bois promovia educação acadêmica concebida para formar combatentes militantes por seus direitos contra os opressores. No entanto, essa dicotomia histórica era menos clara na época do que se tornou posteriormente, em retrospectiva, após uma nova geração de intelectuais negros mais militantes condenar Washington, considerando-o um "Pai Tomás", ou seja, um negro submisso ao opressor e complacente com ele.

Na época, nos primeiros anos do século xx, Du Bois, assim como Washington, estava plenamente ciente não só dos perigos externos representados pelos racistas brancos como também dos problemas internos de um povo recém-liberto, entre os quais o analfabetismo generalizado e a ainda nova, incerta e errante experiência nos afazeres do dia a dia. Nessa fase de seu próprio desenvolvimento, Du Bois falava da "Grande Falta que nossa raça enfrenta no mundo moderno: a Carência de Energia", que ele atribuía à "indolência" decorrente das origens tropicais e que tinha agora se tornando uma espécie de "hereditariedade social".

Se os brancos deixassem para trás todos os seus preconceitos raciais de um dia para o outro, Du Bois afirmou, isso faria muito pouca diferença imediata na condição econômica da maioria dos negros. Embora "alguns poucos fossem promovidos, alguns poucos conseguissem novos cargos", ainda assim, "a massa permaneceria onde está" até uma geração mais jovem começar a "se esforçar mais" à medida que a raça "perdesse a desculpa onipresente para o fracasso: o preconceito". A avaliação de Du Bois sobre as massas negras naquela época não era muito diferente da de Booker T. Washington, que caracterizou muitos deles como mergulhados na "indiferença apática, indolência ou bravata temerária".

Em suma, nessa conjuntura específica da história, tanto Du Bois quanto Washington percebiam uma grande necessidade de autoaperfeiçoamento dos negros norte-americanos. Mais tarde, Du Bois defenderia o "décimo talentoso"* da raça que já estava preparado para o ensino superior e um estilo de vida mais avançado, do qual faziam parte pessoas como Du Bois, descendentes de "pessoas de cor livres" da época anterior à Guerra de Secessão, cujo desenvolvimento cultural começou enquanto a maioria de seus irmãos de cor ainda estava na servidão em plantações de algodão.

Em contraste, a preocupação permanente de Booker T. Washington seria com aqueles como ele que estavam "saindo da escravidão" e que precisavam aprender habilidades manuais básicas, hábitos de trabalho, higiene pessoal e caráter moral. A preocupação de Washington era como "a promoção do progresso entre muitos, e não com a cultura especial de poucos".

---

* O décimo talentoso é um termo que designava uma classe de liderança de negros no início do século XX. Embora o termo tenha sido criado por filantropos brancos do Norte, ele está principalmente associado a W. E. B. Du Bois, que o usou como título de um ensaio influente, publicado em 1903.

THOMAS SOWELL • ESSENCIAL

Até certo ponto, as diferenças entre Du Bois e Washington se originaram do fato de abordarem diferentes grupos que viviam em distintas circunstâncias econômicas e sociais, e tinham prioridades analogamente diferentes. A educação vocacional promovida por Washington teria sido um retrocesso para o grupo de Du Bois. No entanto, Du Bois admitiu que a educação vocacional "tem conquistas das quais tem o direito de se orgulhar", e, por sua vez, Washington declarou: "Eu diria ao menino negro o que eu diria ao menino branco: adquira todo o desenvolvimento intelectual que seu tempo e seu bolso permitirem", ainda que ele visse a maioria dos negros de sua época como carentes da obtenção de habilidades práticas de trabalho em primeiro lugar.

Mesmo no presente, Booker Washington afirmou, "precisamos de homens e mulheres profissionais", e ele ansiava por um tempo em que houvesse mais negros bem-sucedidos como "advogados, congressistas e professores de música".

No entanto, essa não era toda a história. Washington atuava no Deep South [Sul profundo], onde fundou o Instituto Tuskegee no interior do Alabama. Du Bois era um nortista que cresceu em Massachusetts e cujo grupo de adeptos era predominantemente nortista, mesmo quando ele próprio lecionava na Universidade de Atlanta. Além disso, Washington tinha uma instituição para proteção e fomento, cujo dinheiro usado era em grande parte de filantropos brancos dispostos a ver negros capacitados em habilidades mecânicas; no entanto, alguns deles poderiam ter sérias reservas quanto a fornecer-lhes educação acadêmica. Du Bois podia ser, e foi, muito mais sem rodeios do que Washington em questões de direitos civis. De fato, a postura pública de Washington era de preocupação com o ensino de conceitos básicos a seus semelhantes negros, com pouco tempo livre para se preocupar com direitos legais e questões políticas.

Essa postura era fundamental para sua capacidade de arrecadar dinheiro entre os brancos ricos e para exercer influência nos

BOOKER T. WASHINGTON DEPOIS DE CEM ANOS

bastidores em defesa dos negros sobre os líderes políticos federais e estaduais. Na realidade, porém, quando os documentos de Booker T. Washington foram abertos após sua morte, ficou claro que, em privado, Washington não só se preocupava com os direitos civis, mas também incentivava outros negros a se preocupar com questões semelhantes, e ele mesmo financiou secretamente algumas das ações judiciais deles contra as leis Jim Crow.

Em pelo menos um caso, nem mesmo os próprios demandantes negros sabiam o motivo pelo qual seu advogado aceitava uma ninharia por seu trabalho. Ele estava sendo pago por fora por Booker T. Washington.

Ao passo que publicamente evitava perguntas sobre questões políticas durante a época do desmantelamento sistemático dos direitos de voto dos negros, Washington, em privado, não só apoiava iniciativas para proteger os direitos civis como também escrevia artigos anônimos para jornais protestando contra a violação desses direitos, assim como seus agentes de confiança. Ele também trabalhou nos bastidores para obter nomeações federais para negros em Washington e nomeações para chefe do correio no Alabama, além de conseguir que os presidentes nomeassem juízes federais que dessem aos negros um julgamento mais justo.

Contudo, o que estava completamente ausente em Booker T. Washington era a retórica vibrante de protesto, tão admirada pelos intelectuais, por mais inútil que pudesse ser na prática na época. Washington praticava o que os militantes de um tempo posterior apenas pregariam, para promover os interesses dos negros "por todos os meios necessários".

Entre outras coisas, Booker T. Washigton era um mestre da dissimulação e da intriga. Porém, ao contrário de alguns outros que usavam tais talentos para encher os próprios bolsos enquanto se vangloriavam de suas preocupações pelos direitos dos irmãos negros, ele não foi afetado por nenhum indício de escândalo financeiro, e nem mesmo permitiu que seus semelhantes negros soubessem de várias de suas iniciativas legais e políticas em favor deles, já que as chances de sucesso dessas iniciativas dependiam de ser conduzidas nos bastidores.

Também em relação a sua administração do Instituto Tuskegee, até mesmo um biógrafo crítico observou: "Devido a seu rigor, o Instituto Tuskegee estava quase inteiramente livre de escândalos que atormentavam muitos outros internatos." Um editor branco sulista daquela época confessou seu espanto com a maneira cuidadosa com que Washington contabilizava cada dólar que passava por suas mãos no Instituto Tuskegee.

Contudo, Booker T. Washigton não era de forma alguma um paradigma de escola de catequese. Ele era implacável na construção e manutenção de seu poder e na promoção das causas em que acreditava. Washington mantinha uma rede de pessoas em todo o país que atendiam a suas ordens na imprensa, nas fundações e nos bastidores políticos. Ele chefiava o que foi apropriadamente chamado de "a máquina de Tuskegee", embora na verdade fosse uma atuação em todo o país. Aqueles que trabalhavam com ele costumavam chamá-lo de "o mago". De certa forma, toda a sua carreira era um malabarismo em uma corda bamba, e ninguém estava mais ciente do que ele de que um passo em falso poderia fazer tudo desmoronar.

Washington tinha uma noção clara de sua própria missão e grande confiança em suas habilidades. Ele escreveu em sua autobiografia intitulada *Up from Slavery* [Superando a escravidão]: "Quanto a meu eu individual, parecia-me razoavelmente certo que eu poderia ter sucesso na vida política, mas eu tinha a sensação de que seria um tipo de sucesso um tanto egoísta — o sucesso individual à custa de falhar em cumprir meu dever de ajudar a estabelecer uma base para as massas."

Ele parece ter sido um homem em paz consigo mesmo. Como assinala seu biógrafo Louis R. Harlan, a maioria das fotografias de Booker T. Washington o mostra relaxado, mesmo quando os outros na imagem estão em poses rígidas. Nas palavras do professor Harlan, a postura geral dele era "modesta, mas nobre demais para ser humilde".

Washington não sorria nem se comportava de maneira submissa para agradar os brancos, e era odiado por fanáticos racistas do Sul. Quando ele jantou na Casa Branca com o presidente Theodore Roosevelt, houve manifestações de indignação em diversas regiões do Sul, e os ecos reverberaram durante anos.

Em algumas ocasiões, um agente da Pinkerton, uma das primeiras agências de segurança privada norte-americana, acompanhava Washington por territórios hostis, e certa vez dois negros que tinham ido ouvi-lo falar foram linchados e seus corpos pendurados onde os brancos achavam que Washington certamente os veria. Ele teve que enfrentar uma situação difícil e lidou com ela como um mestre.

Washington e Du Bois eram muito mais próximos do que suas posturas públicas indicavam, ainda que Du Bois possa não ter sabido o quanto de consenso havia entre eles. Assim como o Booker T. Washington privado deve ser levado em conta junto com a imagem pública que ele projetava, deve-se notar que W. E. B. Du Bois, durante o período de vida de Washington, ainda não era o radical de extrema esquerda de seus anos posteriores sob a influência do stalinismo.

No entanto, a rivalidade entre os dois — e entre seus partidários — era tanto real quanto às vezes amarga. Em parte, isso refletia a divisão social dentro da comunidade negra entre os escravos libertos das fazendas e seus descendentes, por um lado, e os descendentes mais refinados das "pessoas de cor livres" que haviam sido educadas durante gerações. Uma parcela desproporcional da liderança negra veio dessa pequena elite e continuou a vir dela até depois de meados do século XX. Além disso, havia diferenças na cor da pele entre os dois grupos, das quais ambos tinham plena consciência, pois muitas das "pessoas de cor livres" se tornaram livres porque eram descendentes de senhores de escravos brancos e mulheres escravas negras.

O esnobismo social dessa elite de tom de pele mais claro era tão real quanto o racismo dos brancos. E às vezes gerava um ressentimento mais profundo nas massas negras, algumas das quais se referiam à NAACP [National Association for the Advancement of *Colored* People — Associação Nacional para o Progresso de Pessoas *de Cor*] como National Association for the Advancement of *Certain* People [Associação nacional para o progresso de *determinadas* pessoas]. Em certo sentido, Du Bois e Washington simbolizavam essas diferenças. Du Bois, com seu diploma de doutorado de Harvard, era altivo, possuía maneiras aristocráticas e tinha pouco contato social com as massas negras em nome das quais ele falava. Isso também não era uma característica puramente pessoal. Washington descreveu outros contemporâneos como membros da "alta sociedade", que "muito raramente se misturam com as massas".

O próprio Washington tinha muito mais da afinidade comum e se misturava com facilidade com outros negros nas cidades e nas áreas rurais do Sul. Seus discursos e seus textos eram simples e diretos, desprovidos da erudição e dos floreios retóricos de Du Bois, mas repletos de senso prático.

Ao passo que Du Bois era um intelectual, Washington era astuto, talvez o mais astuto de todos os líderes negros da história norte-americana. Enquanto Du Bois discutia questões raciais em um elevado plano moral de direitos abstratos, Washington enfatizava o desenvolvimento de habilidades na comunidade negra por uma razão muito prática: "A longo prazo, o mundo acabará tendo o melhor, e nenhuma diferença de raça, religião ou história prévia impedirá por muito tempo o mundo de conseguir o que deseja."

BOOKER T. WASHINGTON DEPOIS DE CEM ANOS

O interesse próprio dos brancos, e não qualquer compromisso moral da parte deles com os direitos dos negros, era do que Washington dependia para o progresso de sua gente. Embora caricaturado como um Pai Tomás por alguns, esse homem complexo era visto de maneira muito diferente por aqueles que realmente o conheciam. Foi ninguém menos que W. E. B. Du Bois quem afirmou sobre Booker T. Washington: "Ele não tinha fé nas pessoas brancas, nem um pouco." No entanto, Washington usou seu dinheiro para promover as causas nas quais acreditava e tirou proveito de sua influência para conseguir apoio não só para o Instituto Tuskegee, mas também para instituições negras rivais como a Faculdade de Talladega e a Universidade de Atlanta, e fez parte do conselho de curadores das Universidades Howard e Fisk, cujas missões educacionais eram muito diferentes da sua.

A rivalidade entre Du Bois e Washington não se baseava apenas em abordagens educacionais ou políticas diferentes, nem sequer em diferenças nas classes sociais de onde se originaram. Eles tinham graus muito distintos de poder e influência. Como Booker T. Washington era o líder negro para muitos brancos ricos e poderosos, ele se tornou o árbitro dos destinos de outros negros que buscavam acesso a financiamento para seus projetos ou influência em círculos políticos. Du Bois, por exemplo, deixou seu cargo de docente na Universidade de Atlanta quando sua oposição a Booker T. Washington o tornou um risco financeiro para a instituição.

A "máquina de Tuskegee" de Washington era uma força a ser considerada no âmbito da comunidade negra e uma força a ser temida e alvo de rancor por aqueles negros que buscavam um papel maior para si mesmos. A influência — e o dinheiro — de Washington alcançava jornais da comunidade negra em todo o país, e seus seguidores eram ativos, tanto publicamente quanto nos bastidores, no Norte e no Sul do país.

Ninguém tinha mais consciência dos limites rigorosos no âmbito em que ele atuava, sobretudo quando atuava publicamente, do que Booker T. Washington. Ele escreveu para Oswald Garrison Villard, um dos fundadores da NAACP: "Há trabalho a ser feito que ninguém em minha posição pode fazer." Ele percebia a natureza atrelada ao tempo de sua missão. Washington afirmou: "Estamos fazendo o trabalho que precisa ser feito nesta geração e nesta parte de nosso país." Ele também disse: "Nunca tentei estabelecer nenhum limite ao desenvolvimento de nossa raça"; e comentou sobre aquela geração de negros que "seus filhos terão vantagens que a primeira geração não possuía". Ele via sua tarefa como sendo "estabelecer a base" em sua própria época, não para fornecer um modelo educacional — ou uma camisa de força — para sempre.

O que foi realizado por esse homem e pelo movimento que ele liderou? Sem dúvida, o Instituto Tuskegee foi seu legado mais tangível, com seus primeiros edifícios construídos pelos próprios alunos, usando as habilidades aprendidas por eles. O maior legado — as pessoas que aprenderam lições práticas sobre finanças, saúde e comportamento em público — são aspectos difíceis de avaliar e impossíveis de quantificar. Nem o desenvolvimento pessoal enfatizado por Booker T. Washington, nem a busca pelos direitos civis que preocupou W. E. B. Du Bois estiveram totalmente fora da agenda dos negros norte-americanos, ainda que suas prioridades relativas variassem de uma época para outra e de uma organização ou movimento de uma determinada época.

No final das contas, não havia motivo para que a formação profissional e a educação acadêmica não pudessem coexistir, como coexistiram — aliás, como coexistiram no Instituto Tuskegee, inclusive em aulas ministradas por Booker T. Washington. A dissipação desnecessária de energias em conflitos internos entre os seguidores de Du Bois e os seguidores de Washington era um luxo extravagante em uma época em que os negros poderiam ter necessitado facilmente de mais dez de cada.

Apesar das exigências insaciáveis atuais por "soluções" para problemas raciais e sociais, seria quase uma contradição em termos de tentar "aplicar" Booker T. Washington diretamente a nossos tempos. Conscientemente e acima de tudo, ele era um homem de *seu* tempo. Washington enxergava seu papel de forma bastante clara como preparatório e seu trabalho como a construção de uma base, não para fornecer modelos para o futuro. Apenas o caráter e a força do homem são o modelo para os dias de hoje.

AÇÃO AFIRMATIVA AO REDOR DO MUNDO

Enquanto controvérsias se intensificam em relação às políticas de "ação afirmativa" nos Estados Unidos, poucos norte-americanos parecem notar a existência ou importância de políticas semelhantes em outros países mundo afora. Em vez disso, os argumentos a favor e contra tendem a recorrer a histórias e tradições distintivamente norte-americanas. No entanto, preferências grupais e cotas existem em outros países com histórias e tradições completamente diferentes — e, em alguns países, tais políticas existem há muito mais tempo do que nos Estados Unidos.

O que as experiências desses outros países podem nos dizer? Existem padrões comuns, fundamentos lógicos comuns, resultados comuns? Ou a realidade norte-americana é única?

Curiosamente, uma alegação ou suposição de singularidade nacional é um dos padrões mais comuns encontrados em diversos países onde as preferências grupais e as cotas existem sob diversos nomes. Na Nova Zelândia, a situação especial dos maoris, baseada no Tratado de Waitangi de 1840, é invocada com tanta paixão em defesa do tratamento preferencial ali quanto a posição singular dos intocáveis na Índia ou dos negros nos Estados Unidos.

Fundamentos lógicos bastante díspares têm sido usados em diferentes sociedades para programas que compartilham características

AÇÃO AFIRMATIVA AO REDOR DO MUNDO

muito semelhantes e costumam levar a resultados muito parecidos. Algumas preferências grupais foram destinadas a minorias, outras a maiorias, algumas aos menos favorecidos e outras aos mais favorecidos que se sentem no direito de manter suas vantagens existentes em detrimento dos outros membros da mesma sociedade. Atualmente, são os programas para os menos favorecidos que são chamados de ação afirmativa nos Estados Unidos ou por outros nomes como "discriminação positiva" na Grã-Bretanha e na Índia, "padronização" no Sri Lanka, "refletindo o caráter federativo do país" na Nigéria, e preferências aos "filhos da terra" na Malásia e Indonésia, assim como em alguns Estados na Índia. As preferências grupais e as cotas também existem em Israel, China, Austrália, Brasil, Fiji, Canadá, Paquistão, Nova Zelândia e União Soviética e seus Estados sucessores.[1]

Apesar da disseminação generalizada dos programas de ação afirmativa, mesmo os defensores desses programas raramente foram ousados o suficiente para proclamar as preferências e as cotas como desejáveis por princípio ou como características permanentes da sociedade. Pelo contrário, foram feitos esforços consideráveis para apresentar tais políticas como "temporárias", mesmo quando, na realidade, essas preferências acabam não só persistindo, mas também crescendo.

As políticas oficiais de ação afirmativa ou preferência grupal devem ser diferenciadas de quaisquer preferências ou preconceitos puramente subjetivos que possam existir entre indivíduos ou grupos. Claro que esses sentimentos subjetivos podem influenciar as políticas, mas o foco principal aqui está nas políticas governamentais concretas e suas consequências empíricas, e não em fundamentos lógicos, esperanças ou promessas, ainda que essas últimas considerações não sejam totalmente ignoradas. Basicamente, porém, trata-se de um estudo sobre o que de fato acontece, e não uma investigação filosófica de questões que foram amplamente — se não mais do que amplamente — investigadas em outros lugares.

THOMAS SOWELL · ESSENCIAL

PREFERÊNCIAS LIMITADAS E TEMPORÁRIAS

O ressurgimento de preferências grupais em sociedades comprometidas com a igualdade dos indivíduos perante a lei tem sido acompanhado por afirmações não apenas de que essas preferências seriam temporárias, mas também de que seriam limitadas, em vez de abrangentes. Ou seja, esses programas supostamente seriam limitados não só no tempo, mas também no escopo, com políticas de tratamento igual prevalecendo fora do domínio limitado em que membros de grupos específicos receberiam ajuda especial.

Na Índia, por exemplo, um ministro do governo que recomendava padrões de admissão nas universidades mais baixos para intocáveis e membros de tribos desfavorecidas incluiu a cláusula de que estava recomendando "relaxamento para admissões, e não para aprovação ou avaliação".[2] Assim como ele era a favor da limitação do escopo do tratamento preferencial, outros eram a favor da limitação de sua duração. Como afirmou um defensor da reserva de determinada quantidade de empregos para membros de grupos específicos na Índia: "Até os defensores mais ferrenhos da reserva admitem que é uma disposição temporária."[3] Foram os próprios líderes dos intocáveis que propuseram um limite de dez anos para as reservas, a fim de evitar oposição política e conflitos sociais.[4] Isso foi em 1949 — e ainda hoje as reservas estão em vigor.

Nos Estados Unidos, raciocínio análogo foi aplicado tanto para o emprego quanto para a admissão em faculdades e universidades. Inicialmente, foi proposto que haveria esforços especiais de "divulgação" para contatar indivíduos de minorias com informações e incentivos para se candidatar a empregos ou admissões em faculdades em lugares onde eles talvez não se sentissem bem-vindos anteriormente, mas com a condição de que não recebessem preferências especiais durante todos os processos subsequentes de aceitação e progressão.

AÇÃO AFIRMATIVA AO REDOR DO MUNDO

Justificativa bastante semelhante surgiu na Malásia, e também a extensão adicional do tratamento preferencial que se desenvolveu apesar dessa justificativa: "Embora a pontuação devesse ser sem referência à etnia, todas as notas devem ser submetidas a um comitê de revisão de avaliações que possui uma expressiva representação malaia. Os membros individuais do corpo docente relatam diversos casos em que as notas foram unilateralmente aumentadas, ao que tudo indica para fins de 'equilíbrio étnico'."[5]

Políticas e resultados parecidos também foram alcançados de maneiras menos evidentes. Na época da União Soviética, os professores foram pressionados para dar notas preferenciais aos estudantes da Ásia Central,[6] e o que tem sido chamado de "avaliação afirmativa" também ocorreu nos Estados Unidos, para evitar excessivas taxas de insucesso entre estudantes de minorias admitidos segundo padrões acadêmicos mais baixos.[7] Na Índia, tais práticas são chamadas de "notas de cortesia".[8] Resultados semelhantes podem ser alcançados indiretamente ao oferecer cursos de estudos étnicos que dão notas mais generosas e atraem desproporcionalmente membros de um grupo étnico. Isso também não é peculiar aos Estados Unidos. Há programas de estudos maori na Nova Zelândia e estudos especiais para malaios em Singapura.

Também no mercado de trabalho, a crença de que preocupações específicas com determinados grupos poderiam ser limitadas a uma fase inicial se mostrou insustentável na prática. O termo "ação afirmativa" surgiu nos Estados Unidos a partir de uma ordem executiva do presidente John F. Kennedy, que pediu "ação afirmativa para garantir que os candidatos sejam contratados, e que os funcionários sejam tratados durante o emprego sem levar em conta a raça, a cor, o credo ou nacionalidade".[9] Em suma, não deveria haver preferências ou cotas, apenas uma preocupação especial para assegurar que aqueles que foram discriminados no passado não fossem mais discriminados no futuro, e que medidas concretas deveriam ser tomadas para que todos e quaisquer indivíduos fossem informados sobre isso.

Contudo, assim como as preferências acadêmicas inicialmente limitadas em escopo continuaram a se expandir, o conceito de ação afirmativa no mercado de trabalho também se expandiu. Em 1968, uma ordem executiva posterior do presidente Lyndon Johnson continha as expressões fatídicas "metas e cronogramas" e "representação". Essas ainda não eram cotas plenamente estabelecidas, pois as diretrizes de 1968 referiam-se a "metas e cronogramas para a rápida obtenção de oportunidade de emprego plena e equitativa". Em um momento posterior, em 1970, outra ordem executiva, do presidente Richard Nixon, referiu-se a "procedimentos orientados por resultados", e finalmente, em dezembro de 1971, mais uma ordem executiva de Nixon especificou que "metas e cronogramas" destinavam-se a "aumentar materialmente a utilização de minorias e mulheres", com a "subutilização" sendo definida como "tendo menor número de minorias ou mulheres em uma determinada função profissional do que seria razoavelmente esperado por sua disponibilidade". A ação afirmativa era agora um conceito numérico, fosse ele chamado de "metas" ou "cotas".

Em uma sociedade e sistema governamental diferentes, do outro lado do mundo — no Paquistão — as tentativas de limitar as políticas de ação afirmativa a seus limites iniciais se mostraram igualmente inúteis.

No caso, as políticas preferenciais começaram em 1949 como uma medida explicitamente "temporária", a serem descontinuadas em um período de cinco a dez anos.[10] Os principais beneficiários deveriam ser os bengalis muito pobres do Paquistão Oriental, que estavam "sub-representados" no comércio, nas profissões e no exército, embora até mesmo a administração do Paquistão Oriental estivesse em grande medida nas mãos dos paquistaneses ocidentais.[11] No entanto, as políticas preferenciais continuaram por décadas além do prazo limite inicialmente especificado por meio de prorrogações frequentes.[12] Em

AÇÃO AFIRMATIVA AO REDOR DO MUNDO

1971, mesmo após a secessão do Paquistão Oriental para se tornar a nação independente de Bangladesh, as políticas preferenciais no Paquistão ainda tinham outros grupos políticos suficientes para seguir em frente mesmo depois do desaparecimento de seus principais beneficiários iniciais previstos.

O britânico lorde Scarman expressou uma opinião amplamente compartilhada por aqueles que introduziram a ação afirmativa em diversos países ao dizer: "Podemos e, por enquanto, devemos aceitar o favorecimento da lei em prol de um grupo em detrimento de outros, defendendo isso como uma medida temporária no processo de equilíbrio que deve ser realizado quando e onde existir desigualdade social e econômica."[13]

Contudo, essa declaração presunçosa pressupunha um grau de controle que se revelou ilusório em país após país. Além do mais, "quando e onde existir desigualdade social e econômica" abrange praticamente o mundo inteiro e praticamente toda a história da raça humana. Um programa "temporário" para eliminar uma condição secular é quase uma contradição em termos. A igualdade de oportunidades talvez seja alcançada dentro de um prazo viável, mas isso é completamente diferente de eliminar desigualdades de resultados.

Mesmo uma igualdade aproximada de "representação" de diferentes grupos em diferentes profissões, instituições ou níveis de renda tem sido um fenômeno muito raro — ou inexistente —, exceto onde tais resultados numéricos foram impostos artificialmente por cotas. Como revelou um grande estudo acadêmico sobre grupos étnicos ao redor do mundo, ao discutir a "representação proporcional" dos grupos étnicos, "poucas sociedades, caso haja alguma, já se aproximaram dessa descrição".[14] Outro estudo internacional de sociedades multiétnicas referiu-se à "universalidade da desigualdade étnica" e destacou que essas desigualdades são multidimensionais: "Todas as sociedades multiétnicas manifestam uma tendência de que os grupos étnicos se envolvam em diferentes profissões, tenham níveis distintos (e, muitas vezes, tipos) de educação, recebam diferentes rendas e ocupem uma posição distinta na hierarquia social."[15]

Um estudo mundial sobre forças militares também concluiu que "as Forças Armadas ficam muito aquém de refletir, mesmo que de maneira aproximada, as sociedades multiétnicas" das quais provêm.[16] Em certa época, quase metade dos pilotos da força aérea da Malásia era oriunda da minoria chinesa.[17] Na Rússia czarista, 40% do alto comando do exército provinha da minoria étnica alemã, que representava apenas 1% da população do país.[18] Disparidades gritantes semelhantes na representação étnica em profissões, indústrias e instituições podem ser encontradas em todos os países ao redor do mundo e ao longo dos séculos.[19] Frequentemente, aqueles super-representados em ocupações de alto nível têm sido minorias sem poder para excluir outros, mas que simplesmente possuem habilidades especiais. Por exemplo, os alemães predominaram entre aqueles que criaram as principais cervejarias dos Estados Unidos, assim como criaram a famosa cerveja chinesa Tsingtao e estabeleceram cervejarias na Argentina, na Austrália, no Brasil e em outros países. Da mesma forma, os judeus predominaram na confecção de roupas na Espanha medieval, no Império Otomano, na Argentina, nos Estados Unidos e em outros países.

Em resumo, a representação equitativa de grupos que é tida como norma é difícil ou impossível de ser encontrada em qualquer lugar, enquanto a representação desigual, que é tida como um desvio especial a ser corrigido, é generalizada nas sociedades mais díspares. As pessoas são diferentes, e assim têm sido por séculos. É difícil imaginar como poderiam não ser diferentes, considerando a enorme variedade de fatores históricos, culturais, geográficos, demográficos e outros que moldam as habilidades, os hábitos e as atitudes específicos de distintos grupos. Qualquer política "temporária", cuja duração é definida pelo objetivo de alcançar algo que nunca foi alcançado antes, em

AÇÃO AFIRMATIVA AO REDOR DO MUNDO

nenhum lugar do mundo, poderia ser mais apropriadamente caracterizada como eterna.

GRUPOS PREFERENCIAIS E NÃO PREFERENCIAIS

Assim como não podemos pressupor controle contínuo sobre o escopo e a duração das políticas preferenciais, também não podemos simplesmente presumir o que de fato acontecerá com os grupos designados como preferenciais. Nem eles nem os grupos não preferenciais são blocos de madeira inertes a serem movidos de um lugar para outro segundo o grande plano de outrem. Ambos confrontam leis e políticas como incentivos e restrições, e não como predestinação, e reagem de forma própria. Entre essas reações, incluem-se redesignar a si mesmos, alterar suas próprias iniciativas e atitudes em relação ao sucesso e modificar suas atitudes em relação aos membros de outros grupos.

Designação e redesignação

Uma das reações dos membros dos grupos não preferenciais tem sido a de se redesignar como membros do grupo preferencial. Isso pode ser feito de modo individual ou coletivo.

Alguns indivíduos de origem mista, que foram considerados e se autoidentificam como membros do grupo A podem optar por se redesignar como membros do grupo B, quando o grupo B tem direito a tratamento preferencial, e os membros do grupo A não. Nos Estados Unidos, na era Jim Crow, alguns negros de pele mais clara simplesmente se "passaram" por brancos, a fim de escapar das desvantagens legais e sociais associadas à designação de negro. Mais tarde, durante a era da ação afirmativa, os brancos com traços de origem indígena norte-americana ou de outras minorias também se redesignaram, a fim de aproveitar as políticas preferenciais para grupos desfavorecidos. Isso incluiu indivíduos de cabelo loiro e olhos azuis com documentos oficiais mostrando algum ancestral distante de outra raça.

Na era da ação afirmativa, no censo norte-americano, o número de indivíduos que se identificavam como indígenas cresceu a uma taxa que superou todas as estimativas de crescimento biológico dessa população. Além disso, uma análise dos dados do censo por faixa etária mostra que o número de indígenas norte-americanos aumentou ao longo do tempo *na mesma faixa etária* — uma impossibilidade biológica viabilizada no papel por meio das redesignações dos mesmos indivíduos. Por exemplo, em 1960, o número de indígenas com idades entre quinze e dezenove anos era ligeiramente inferior a 50 mil. Porém, 20 anos depois, quando esses mesmos indivíduos deveriam estar na faixa etária de trinta e cinco a trinta e nove anos, havia mais de 80 mil indígenas nesse grupo.[20] Em outras palavras, mais de 30 mil pessoas do mesmo grupo que não tinham se designado como indígenas em 1960 fizeram isso em 1980, o que resultou em um aumento de 60% no número de indígenas nesse grupo.

Um padrão semelhante surgiu entre os aborígenes na Austrália. Um estudo nesse país descobriu que houve "um aumento de 42% no tamanho da população aborígene entre os censos de 1981 e 1986",[21] praticamente uma impossibilidade demográfica em cinco anos, exceto pela redesignação dos mesmos indivíduos com rótulos étnicos distintos. Como registrou um acadêmico australiano:

> O aumento drástico nos números tem muito a ver com o registro de dados, o incremento dos casamentos interétnicos e a crescente disponibilidade de subsídios substanciais para pessoas de origem aborígene [...] A definição de "aborígene" inclui muitas pessoas de origem predominantemente não aborígene, que poderiam se designar como não aborígenes com igual ou maior justificativa genética.[22]

AÇÃO AFIRMATIVA AO REDOR DO MUNDO

A situação era bastante parecida na China, onde, na década de 1990, mais de 10 milhões de chineses declararam seu status de minoria étnica, a fim de obter tratamento preferencial, como vagas em universidade. Mesmo as draconianas restrições da China em ter mais de um filho não se aplicavam às minorias étnicas como se aplicavam à maioria han chinesa:

O Artigo 44 estabelece que, "de acordo com as disposições legais", as áreas autônomas podem elaborar suas próprias medidas de planejamento familiar. Como resultado, geralmente, os casais urbanos de minorias podem ter dois filhos, enquanto os da etnia han urbana só podem ter um. As minorias rurais podem ter dois, três, quatro ou até mais filhos, dependendo de sua etnia e localização.[23]

Um servidor do Comitê de Assuntos de Nacionalidade chinês comentou: "Alguns tentariam todos os meios para mudar sua nacionalidade porque queriam se tornar elegíveis para ingressar em uma universidade com notas mais baixas ou ter uma melhor chance que seus colegas no caso de promoções." Assim como em outros países, as pessoas com origem mista tinham a opção de escolher como se designar. Alguns "rastrearam sua ascendência centenas de anos para provar a existência de sangue de minorias" e reivindicar os benefícios.[24]

Outra reação individual às políticas preferenciais tem sido utilizar alguém realmente de origem qualificada como "fachada" para empresas que buscam tratamento preferencial na concessão de contratos governamentais ou outros benefícios desejados. Essa prática tem sido tão comum na Indonésia e na Malásia que ganhou um nome: "empresas Ali Babá", onde Ali é o indivíduo autóctone que supostamente é dono da empresa e tem direito legal aos benefícios governamentais, enquanto Babá é a pessoa não autóctone (em geral, chineses nesses países) que realmente controla a empresa e, basicamente, paga a Ali pelo uso de seu nome e origem.[25] Arranjos parecidos foram descobertos nos Estados Unidos e em outros países. Na Polônia, as políticas antissemitas durante os anos entre as duas guerras mundiais também levaram algumas empresas de propriedade de judeus a funcionar sob a fachada de intermediários gentios.[26] Décadas depois, segundo políticas preferenciais no Quênia, africanos serviram de fachada para empresas de propriedade de asiáticos, assim como serviram de fachada para empresas de propriedade de libaneses em Serra Leoa.[27]

Membros de alguns grupos não preferenciais também podem ser redesignados coletivamente. A Décima Quarta Emenda da Constituição indiana, como a Décima Quarta Emenda da Constituição norte-americana, prevê igualdade de tratamento para os indivíduos, mas a Constituição indiana prevê exceções explícitas de benefícios aos intocáveis, aos grupos tribais desfavorecidos fora do sistema de castas hindu e a "outras classes atrasadas". Essa última provisão, em especial, criou oportunidades para diversos outros grupos se autodesignarem coletivamente como pertencentes a "outras classes atrasadas". Com o tempo, essa classificação heterogênea proporcionou os direitos cobiçados a um número maior de indivíduos do que foram concedidos aos membros dos intocáveis e dos grupos tribais para os quais as preferências foram inicialmente criadas. Em 1997, esforços organizados também tiveram início para buscar tratamento preferencial para 15 milhões de eunucos na Índia,[28] ainda que evidentemente eles não fossem descendentes de outros eunucos e, portanto, não pudessem herdar desvantagens históricas grupais.

Redesignações de indivíduos e grupos, assim como a disseminação de preferências de determinados grupos para outros grupos, distanciam cada vez mais as políticas preferenciais das justificativas iniciais em que se basearam. Nos Estados Unidos, nenhum sofrimento histórico dos negros justifica benefícios preferenciais para mulheres brancas ou para imigrantes recém-chegados da Ásia ou América

AÇÃO AFIRMATIVA AO REDOR DO MUNDO

Latina que por acaso não são brancos, mas cujos ancestrais evidentemente nunca sofreram discriminação nos Estados Unidos. Da mesma forma, dificilmente a história dolorosa e a opressão contínua dos intocáveis na Índia pode justificar benefícios preferenciais para as maiorias locais de determinados Estados, como Assão, Maarastra e Andra Pradexe. No entanto, essas maiorias locais e membros de "outras classes atrasadas" são mais numerosos que os intocáveis e costumam estar em melhor posição para aproveitar as preferências. Assim, cotas para empregos públicos ou vagas em universidades permanecem muitas vezes não preenchidas por intocáveis, enquanto isso raramente ocorre com membros de "outras classes atrasadas".[29]

A disseminação de benefícios de grupo para grupo não só dilui esses benefícios — sobretudo quando mais da metade da população do país passa a ter direito a eles, como acontece tanto na Índia quanto nos Estados Unidos — como também pode piorar a situação dos beneficiários iniciais após as condições da competição serem alteradas. Por exemplo, nos Estados Unidos, onde as decisões de contratação e promoção passam por revisão das agências governamentais que investigam discriminação, os critérios objetivos podem ser cada vez mais utilizados pelos empregadores para proteção legal, mesmo que a relevância desses critérios para o trabalho seja questionável. Se esses critérios forem satisfeitos com mais frequência por um dos grupos preferenciais do que por outro — por exemplo, se mulheres brancas apresentarem diplomas universitários com mais frequência do que homens negros —, então um grupo preferencial pode não estar em situação melhor, no balanço geral, do que se as preferências não existissem. É possível que esteja em situação pior.

Essa situação não é exclusiva dos Estados Unidos. Na Índia, em 1980, um relatório oficial observou que o progresso de um grupo preferencial tendia a "empurrar para trás" outro, criando "maior tensão entre vizinhos estruturais nessa hierarquia do que entre o nível superior e o nível inferior". Na década de 1990, isso continuou a ocorrer, com confrontos violentos em diversos Estados indianos se revelando mais frequentes entre grupos mais pobres concorrentes do que entre esses grupos e as castas mais privilegiadas.[30] Em 2001, uma manifestação foi realizada no Estado do Rajastão, que protestava contra a inclusão de novos grupos entre as classes atrasadas e exigindo "cotas fixas distintas para os atrasados originais", para que os "novos entrantes" não pudessem reduzir os benefícios existentes desfrutados por aqueles para os quais as preferências foram criadas.[31] Exortações foram feitas em favor de uma "cota dentro da cota" para lidar com tais situações.[32]

Uma vez que as políticas de ação afirmativa visam sobretudo compensar desvantagens econômicas existentes, sua justificativa é solapada quando os benefícios dessas políticas vão desproporcionalmente para os indivíduos dentro dos grupos designados que são os menos desfavorecidos — ou talvez estejam em posições mais favoráveis do que os membros da população geral do país.

Por exemplo, no Estado indiano de Tamil Nadu, a classe mais alta das chamadas "classes atrasadas" com direito legal a preferências, que constitui 11% da população total das "classes atrasadas" nesse Estado, recebeu quase metade de todos os empregos públicos e vagas em universidades destinados a essas classes.[33] Na Malásia, onde há preferências para a maioria autóctone dos "filhos da terra", os estudantes malaios cujas famílias se situam entre os 17% mais ricos na distribuição de renda do país receberam pouco mais da metade de todas as bolsas de estudo concedidas aos malaios.[34] No Sri Lanka, as vagas universitárias preferenciais para pessoas de regiões atrasadas do país também parecer ter beneficiado principalmente estudantes de famílias abastadas dessas regiões.[35]

Isso não é surpreendente, nem é necessariamente uma questão de corrupção. O acesso preferencial à educação ou aos empregos é apenas

AÇÃO AFIRMATIVA AO REDOR DO MUNDO

um fator para conseguir a educação ou o emprego. Sem dúvida, as pessoas que possuem mais dos outros fatores necessários são mais capazes de transformar o acesso preferencial em sucesso real. A prosperidade preexistente propicia mais desses outros fatores.

As empresas norte-americanas cujos proprietários pertencem a grupos minoritários e que participam do programa preferencial denominado "reservas" conforme a Seção 8(a) da Lei de Pequenas Empresas têm um patrimônio líquido pessoal médio que não é apenas maior do que o patrimônio líquido médio dos grupos de sua origem, mas também maior do que o patrimônio líquido pessoal médio dos norte-americanos em geral.[36] Na Índia, um estudo acadêmico sobre preferências grupais apontou que as preferências que beneficiam membros mais favorecidos de grupos menos favorecidos "buscam legitimidade do compromisso nacional de melhorar a condição dos mais humildes", enquanto, ao mesmo tempo, "prejudicam esse compromisso ao divulgar uma imagem de preferência irrestrita para aqueles que não estão significativamente em pior situação do que os não beneficiários".[37]

Do mesmo modo que a especificação do escopo e da duração das políticas de ação afirmativa tem se mostrado ilusória, assim também tem sido a designação dos beneficiários em conformidade com as justificativas dessas políticas. Ambas as tentativas sofrem ao presumir um conhecimento e um controle muito mais abrangentes do que qualquer um tem sido capaz de exercer, em qualquer um dos países em que foram instituídos os programas preferenciais. O que também foi superestimado é até que ponto as atitudes resultantes desses programas podem ser consideradas benéficas para os grupos em questão ou para o país em geral. Essas atitudes tendem a responder a incentivos, e não a justificativas.

Incentivos

Tanto os grupos preferenciais quanto os não preferenciais modificaram seu próprio comportamento e suas atitudes em resposta às políticas preferenciais e às justificativas para tais políticas. Enquanto os membros dos grupos oficialmente preferenciais que já possuem os fatores complementares necessários para tirar a máxima vantagem das preferências podem fazer isso, aqueles que carecem desses fatores costumam sentir menos incentivo para adquiri-los, agora que os direitos estão disponíveis como substitutos para conquistas. O desenvolvimento de habilidades profissionais, por exemplo, pode ser deixado em segundo plano. Como disse um líder em uma campanha a favor das políticas preferenciais no Estado indiano de Andra Pradexe: "Não temos direito a empregos só porque não somos tão qualificados?"[38] Um nigeriano também escreveu sobre "a tirania das habilidades".[39] Na Malásia, onde existem preferências grupais para a população majoritária, "os estudantes malaios, que acham que seu futuro está assegurado, sentem menos pressão para ter bom desempenho".[40] Nos Estados Unidos, um estudo acerca das faculdades para negros descobriu que mesmo aqueles estudantes que estavam planejando seguir para a pós-graduação mostraram pouca preocupação em estar preparados "porque acreditam que certas regras simplesmente seriam deixadas de lado para eles".[41]

Os grupos preferenciais e não preferenciais podem relaxar seus esforços — os primeiros porque trabalhar em plena capacidade é desnecessário, e os segundos porque trabalhar em plena capacidade pode se revelar inútil. Após a Jamaica conquistar sua independência do domínio britânico, muitos brancos que lá viviam deixaram de se preocupar em concorrer a cargos públicos porque "sentiam que o dia do homem negro tinha chegado e questionavam por que deveriam se esforçar se o emprego cobiçado ou a honra nacional iria para os negros, apesar das qualificações deles".[42] Embora as políticas de ação afirmativa sejam muitas vezes consideradas, por defensores e críticos, como uma transferência de benefícios de um grupo para outro, também podem existir perdas líquidas de benefícios quando ambos os grupos não dão o melhor de si. O que poderia ser um jogo de soma zero pode, portanto, tornar-se um jogo de soma negativa.

Em alguns países, ocorreu uma saída física completa do país por parte dos grupos não preferenciais em decorrência de políticas preferenciais que reduziram suas perspectivas. O êxodo dos chineses da Malásia, de indianos de Fiji, dos russos da Ásia Central, dos judeus de grande parte da Europa antes da guerra e dos huguenotes da França no século XVII em reação à discriminação privou todos esses países de habilidades e talentos indispensáveis. Em suma, as políticas preferenciais representam não só uma transferência de benefícios de um grupo para outro, mas também podem representar uma perda líquida, já que ambos os grupos respondem contribuindo menos do que poderiam para a sociedade como um todo.

Nem todos os incentivos são econômicos ou mesmo tangíveis. As honras estão entre os incentivos mais poderosos em muitas situações, sobretudo quando perigos e morte precisam ser enfrentados, e onde o dinheiro é menos eficaz do que um senso de honra, como nas Forças Armadas. Também em circunstâncias menos graves, a honra e o respeito dos pares desempenham papéis importantes, não só como recompensas por conquistas, mas também como fatores que ajudam a tornar possíveis as conquistas individuais.

A cooperação e colaboração entre colegas podem ser importantes em diversas profissões, variando de acadêmicos a policiais, e essa cooperação e colaboração podem ficar comprometidas pelas preferências grupais. Por exemplo, nos *campi* norte-americanos, professores de grupos minoritários se queixaram de que serem considerados como professores beneficiários de "ação afirmativa"[43] por seus colegas levou a uma menor interação intelectual e científica, o que, por sua vez, reduz o desenvolvimento do corpo docente pertencente a minorias como acadêmicos.[44] Isso pode ser um sério obstáculo na concretização do potencial pessoal. Em situações de vida ou morte, como as enfrentadas por policiais, bombeiros e soldados, a confiança mútua é ainda mais importante. No entanto, em Chicago, sargentos negros da polícia promovidos em detrimento de policiais brancos com pontuações mais altas em provas, como resultado de uma ordem judicial, foram alvo de zombarias, sendo chamados de "sargentos de cota" quando cometiam erros.[45]

Relações intergrupais

Mesmo além das perdas para a economia em geral, devido aos desincentivos criados tanto para grupos preferenciais quanto para grupos não preferenciais, há perdas sociais resultantes de ressentimentos intergrupais, que podem ser ainda mais graves. Esses ressentimentos tampouco são decorrentes simplesmente de transferências de benefícios.

Quando uma séria reação política contra a ação afirmativa começou nos Estados Unidos, muitos na mídia foram rápidos em caracterizá-la com desdém atribuindo a "homens brancos zangados", ressentidos com as perdas de diversos benefícios para negros e outras minorias — ou seja, apenas uma reação emocional por parte de pessoas irritadas por perderem algumas de suas muitas vantagens. Porém, esse ressentimento não era de forma alguma proporcional às transferências de benefícios intergrupais, ou teria sido muito maior contra asiático-americanos, que tomaram o lugar de mais brancos em universidades de prestígio e em muitas profissões de alto nível, sobretudo nas áreas de ciência e tecnologia. Em muitas das principais universidades dos Estados Unidos, os brancos "perderam" mais vagas

AÇÃO AFIRMATIVA AO REDOR DO MUNDO

para asiático-americanos do que para negros, e ainda assim raramente houve alguma reação contra os asiático-americanos. As notáveis realizações acadêmicas e outras conquistas dos asiático-americanos foram amplamente reconhecidas e respeitadas. Não era a transferência de benefícios intergrupais que gerava ressentimento, mas sim a base para essas transferências.

Principalmente entre os norte-americanos, a ideia de que alguns devem ser tratados como "mais iguais do que outros" é ofensiva. Foi esse sentimento na população em geral que os líderes do movimento pelos direitos civis na década de 1960 conseguiram mobilizar em apoio a seus esforços para abolir as leis Jim Crow no Sul, de modo que a maioria dos membros de ambas as Casas do Congresso, de ambos os partidos políticos, votou a favor das importantes Lei dos Direitos Civis de 1964 e Lei dos Direitos de Voto de 1965. Foi esse mesmo ressentimento norte-americano contra privilégios especiais que respondeu de maneira tão contundente às palavras históricas do reverendo Martin Luther King Jr., no Lincoln Memorial, em 1963, de que seu sonho era um país onde as pessoas fossem julgadas "não pela cor da pele, mas pelo conteúdo de seu caráter".

Foi após o movimento pelos direitos civis começar a se distanciar desse conceito de tratamento igualitário para todos os indivíduos e se mover em direção ao conceito de resultados equalizados para grupos que teve início e cresceu uma reação contra a ação afirmativa ao longo dos anos.

Ainda há outro aspecto em que os ressentimentos contra as preferências para outros grupos não são proporcionais aos benefícios transferidos. Na Índia, um analista de políticas preferenciais notou o ressentimento desproporcional relativo às vagas reservadas para "castas programadas", o eufemismo oficial para os intocáveis:

THOMAS SOWELL • ESSENCIAL

[...] ouvimos muitas histórias de pessoas sendo privadas de nomeações em favor de outras que tiveram desempenho pior nas avaliações pertinentes. Sem dúvida isso acontece, mas se todas essas pessoas estivessem, de fato, pagando o preço pelas nomeações das Castas Programadas (CP), haveria muito mais pessoas das CP nomeadas do que realmente existem. Para exemplificar: vamos supor que 300 pessoas se qualificam para dez vagas disponíveis. As nove primeiras são nomeadas por mérito, mas a décima é por reserva, de modo que as autoridades consultam a lista para encontrar um candidato das CP. Encontram um na posição 140 e ele é nomeado. Em consequência, todos os 131 entre ele e a lista de mérito se sentem prejudicados. Ele não ocupou 131 vagas; ele ocupou apenas uma, mas 131 pessoas consideram terem pago o preço por isso. Além do mais, os 159 candidatos restantes também costumam se sentir prejudicados pela situação, pois acreditam que suas chances foram, de alguma forma, reduzidas pela existência das reservas para as CP.[46]

Também nos Estados Unidos, aqueles que se sentem prejudicados pelas preferências grupais podem ser várias vezes mais do que aqueles que, de fato, perderam algo que teriam obtido na ausência dessas preferências. Em 1978, no marcante caso apresentado à Suprema Corte contra a ação afirmativa por Allan Bakke, um estudante branco que teve o ingresso negado na faculdade de medicina da Universidade da Califórnia, nenhum dos lados da disputa conseguiu afirmar com convicção que Bakke teria ou não sido admitido na ausência das políticas de ação afirmativa, que admitiram estudantes de minorias com qualificações acadêmicas inferiores às dele. O processo de admissão era suficientemente complicado para que não estivesse claro se outros estudantes brancos ou asiático-americanos poderiam ter sido admitidos em vez de Bakke.

Ou seja, não se sabia com certeza se Bakke, de fato, tinha perdido algo como resultado da ação afirmativa, e ainda assim seu sentimento

AÇÃO AFIRMATIVA AO REDOR DO MUNDO

de ter sido injustiçado bastou para que ele levasse o caso até a mais alta corte do país. Uma das coisas que impedem a ação afirmativa de ser um processo de soma zero é que mínimas transferências de benefícios podem causar grandes ressentimentos entre muito mais pessoas do que aquelas que realmente perderam algo. Além disso, esses ressentimentos não terminam com ações políticas ou jurídicas.

Na Índia, onde as políticas preferenciais têm uma história mais longa do que nos Estados Unidos, elas também tiveram consequências amargas. Quarenta e duas pessoas morreram em distúrbios relativos a vagas reservadas para os intocáveis em uma faculdade de medicina no Estado de Gujarate — apenas sete vagas.[47] Isso fez parte de uma tendência nacional de aumento da violência contra os intocáveis em meio a reações adversas contra políticas preferenciais em geral.[48] Enquanto isso, menos de 5% das vagas na faculdade de medicina reservadas para os intocáveis em Gujarate tinham sido preenchidas ao longo de vários anos. Alguns estudos a respeito de admissões em universidades em geral, em diversas regiões da Índia, mostraram um padrão semelhante de muitas vagas reservadas para intocáveis ficando por preencher.[49] Não obstante, transferências mínimas de benefícios levaram a grandes ressentimentos, incluindo ressentimentos eclodindo repetidas vezes com violência letal.

Em nenhum lugar esse ressentimento causou mais violência do que no Sri Lanka, país vizinho da Índia, que foi sacudido por décadas de guerra civil, no qual o grupo não preferencial — os tâmeis — procurou se separar e se tornar um país independente. É evidente que, no Sri Lanka, a ação afirmativa não foi um processo de soma zero. A devastação material, política, econômica e social criada pela longa guerra civil deixou indubitavelmente todos os segmentos da população em situação pior do que estariam na ausência das preferências grupais e das reações causadas por essas preferências.

TENDÊNCIAS

Mesmo onde há dados estatísticos adequados sobre o progresso de grupos que receberam tratamento preferencial — e frequentemente não há —, continua sendo um desafio determinar quanto desse progresso se deveu a políticas preferenciais, e não a outros fatores em ação ao mesmo tempo. Comparações simples entre antes e depois não são suficientes, já que isso estaria pressupondo que nada mais tinha mudado, quando, na verdade, a própria dinâmica do estabelecimento de programas de ação afirmativa costumam refletir mudanças que já estavam em curso antes do início das preferências grupais. Raramente se trata de uma situação estática à qual se adiciona uma determinada "mudança".

Muitas vezes, foi exatamente o surgimento de grupos recém-educados e em ascensão que levou a demandas por políticas preferenciais. Por exemplo, um estudo em Bombaim descobriu que um "progresso acentuado da população de Maarastra ocorreu antes da adoção de medidas políticas rigorosas pelo governo estadual" para promover a contratação preferencial de maarastrianos autóctones.[50] Em parte, isso refletiu um prévio "crescimento enorme em matrículas escolares em Maarastra" e uma "expansão acelerada em matrículas universitárias" — também anterior às políticas preferenciais.[51] Na Malásia, da mesma forma, o número de crianças frequentando as escolas públicas do ensino médio aumentou em 73% em apenas cinco anos imediatamente anteriores à Nova Política Econômica, que expandiu preferências e cotas para os malaios.[52] No Sri Lanka também houve uma "expansão acelerada das oportunidades educacionais nas regiões cingalesas" após a independência,[53] e antes das demandas por tratamento preferencial para os cingaleses.

Um crescimento semelhante de uma classe autóctone e recém-educada na Polônia, Checoslováquia e Lituânia ao longo dos anos entre as duas guerras mundiais gerou demandas por políticas preferenciais sob a forma de cotas para grupos, a fim de livrá-los de terem que competir em igualdade de condições com os judeus,[54] que já eram educados, experientes e estabelecidos nas posições almejadas pelas classes recém-educadas. Da mesma forma, na Nigéria, foi o recente crescimento de uma classe educada no norte do país que gerou demandas por políticas preferenciais para livrá-los de terem que competir com os nigerianos do sul, que predominavam nas universidades e em diversas atividades profissionais almejadas.[55] Esse mesmo padrão de uma crescente classe educada *antes* da adoção de políticas preferenciais que promoveram também pode ser encontrado na Indonésia, na província canadense de Quebec e em grande parte da África subsaariana.[56]

Nos Estados Unidos, a proporção da população negra que ingressava no ensino superior dobrou nas duas décadas que precederam a revolução dos direitos civis da década de 1960,[57] e isso se refletiu na ascensão profissional dos negros. Embora seja um fato muitas vezes citado que a proporção de negros em ocupações profissionais e outras de alto nível aumentou significativamente nos anos subsequentes à aprovação da Lei dos Direitos Civis de 1964, é um fato quase totalmente ignorado que a proporção de negros nessas ocupações aumentou ainda mais significativamente nos anos que *precederam* a aprovação da Lei dos Direitos Civis de 1964.[58]

O progresso impressionante também se evidenciou durante essas mesmas décadas nos níveis socioeconômicos mais baixos da população negra norte-americana. A porcentagem de famílias negras com renda abaixo da linha oficial de pobreza caiu de 87% em 1940 para 47% em 1960 — tudo isso antes da legislação dos direitos civis daquela década, e muito antes ainda das políticas de ação afirmativa da década de 1970. Entre 1960 e 1970, a taxa de pobreza entre famílias negras diminuiu mais 17 pontos percentuais e, após a década de 1970, na qual se estabeleceu a ação afirmativa, a taxa de pobreza entre os negros caiu mais um ponto porcentual.[59]

Essa diferença marcante entre o mito político e a realidade econômica possui muitas implicações. Entre elas, inclui-se o fato de que aquilo que poderia ser visto como uma conquista notável dos negros norte-americanos é, em vez disso, considerado um exemplo de benemerência e generosidade governamental — e uma razão pela qual a ação afirmativa é uma necessidade absoluta para o progresso dos negros. Os efeitos dessa percepção equivocada incluem ressentimentos por parte dos brancos e o questionamento deles de por que os negros não conseguem progredir como os outros grupos, quando na verdade foi isso o que a maioria dos negros fez. Aliás, um fato igualmente ignorado é que a renda dos norte-americanos de origem asiática e mexicana aumentou significativamente — tanto absoluta quanto relativamente em comparação com a população em geral — nos anos que precederam a aprovação da Lei dos Direitos Civis de 1964 e sua evolução em políticas preferenciais.[60]

Qualquer avaliação de políticas preferenciais deve levar em conta as tendências preexistentes, em vez de presumir um mundo estático ao qual se adicionou uma "mudança".

RESUMO E IMPLICAÇÕES

Apesar das justificativas muito variadas quanto às preferências grupais e cotas oficiais em países específicos ao redor do mundo, a lógica de seus incentivos e restrições tende a gerar consequências semelhantes em sociedades muito díspares. Além disso, tanto os incentivos quanto as consequências tendem a ser ignorados nas discussões políticas a respeito dessas diretrizes, que se concentram em suas justificativas e supostos benefícios, enquanto ignoram os resultados empíricos reais. Nos

AÇÃO AFIRMATIVA AO REDOR DO MUNDO

Estados Unidos, os resultados míticos — como a ação afirmativa como base para a ascensão econômica dos negros, por exemplo — suplantaram tão completamente os fatos que poucos dos que discutem essa diretriz acham necessário verificar as evidências históricas.

Para alguns defensores da ação afirmativa, trata-se apenas de uma questão de ser a favor de ajudar os menos favorecidos, com os "detalhes" sendo deixados para os outros considerarem e resolverem. No entanto, mesmo uma análise superficial do que os programas de ação afirmativa de fato realizaram em diversos países revela que o fracasso em alcançar seus objetivos pode ser o menor dos problemas criados por esses programas. As relações intergrupais tóxicas e os perigos reais para o tecido social também foram gerados pela ação afirmativa em algumas sociedades.

A INFLUÊNCIA DA GEOGRAFIA

Poucas ideias não fundamentadas causaram tanto dano social — às vezes desintegrando sociedades inteiras — quanto a suposição de que há algo estranho, se não sinistro, quando grupos raciais, étnicos ou de outro tipo não estão distribuídos de forma uniforme ou aleatória em empreendimentos, instituições, atividades profissionais ou níveis de renda específicos. Por mais plausível que essa suposição possa parecer quando pensamos em termos de pessoas abstratas em um mundo abstrato, quando se trata de pessoas reais no mundo real essa suposição não é só infundada como também desafia montanhas de evidências em contrário em países ao redor do mundo e remontando a séculos. A geografia por si só é suficiente para tornar os povos distintos, ainda que a geografia seja apenas uma das muitas influências que diferem de um lugar para outro, e, portanto, de um povo para outro.

GEOGRAFIA, ECONOMIA E CULTURA

A geografia do mundo mediterrâneo é bem diferente da geografia do Sudeste Asiático, não só em termos de coisas óbvias como solos e minérios, mas também no que diz respeito a rios, montanhas, climas, ambientes patológicos e outros fatores cujas influências expandem ou limitam as possibilidades de diferentes povos de maneiras diversas. A sensação de abundância garantida — "peixe na água, arroz na terra", como diz um provérbio tailandês[1] — tinha pouca chance de que fosse comum no mundo mediterrâneo, onde colinas áridas, chuvas insuficientes e solos pobres tornavam a sobrevivência uma luta e faziam com que os povos da região fossem conhecidos por sua frugalidade.[2] Além disso, a geografia não pode ser considerada em duas dimensões, como se estivéssemos olhando para um mapa ou um globo. Embora toda uma região possa ser dominada por uma determinada cultura, como o Oriente Médio e o Norte da África foram pela cultura islâmica, os povos que vivem em áreas montanhosas da mesma região — na Armênia ou na Abissínia, por exemplo — podem preservar uma religião e uma cultura muito diferentes daquelas nas altitudes mais baixas.

Montanhas

Mesmo quando o Islã se tornou a religião nas montanhas marroquinas do Rife, isso aconteceu séculos depois de os marroquinos nas terras baixas terem se tornado muçulmanos.[3] Da mesma forma, a língua inglesa prevaleceu nas Terras Baixas escocesas, enquanto o gaélico continuou sobrevivendo nas Terras Altas por gerações, assim como a língua valáquia sobreviveu nos Montes Pindos, na Grécia, muito depois de o grego ter prevalecido nas altitudes mais baixas.[4] De fato, montanhas e terras altas isolaram povos cultural e economicamente, desde as Terras Altas escocesas até as Terras Altas do Ceilão colonial, que em ambos os casos mantivera sua independência por muitos anos após suas respectivas terras baixas terem sido conquistadas e incorporadas a outro universo cultural. Mesmo regiões montanhosas teoricamente sob o controle de uma nação ou império maior nem sempre e nem em todos os lugares estiveram na prática sob tal controle: por exemplo, as montanhas de Montenegro sob o Império Otomano, as montanhas do Rife sob os sultões marroquinos e as Terras Altas da Índia sob os governantes mongóis.[5] O isolamento tem sido um fator importante tanto na autonomia política quanto no separatismo cultural, assim como a pobreza duradoura de muitas regiões montanhosas. Nos Apeninos do sul da Itália, 91 dos 123 vilarejos lucanos não tinham nenhuma estrada em 1860.[6] Em partes dos Montes Pindos, na Grécia, mesmo no século XX, havia lugares mais acessíveis a mulas e pessoas a pé do que a veículos com rodas, e um vilarejo passou a ter eletricidade só em 1956.[7] Nas montanhas marroquinas do Rife, a neve continuava a isolar algumas comunidades completamente durante o inverno, mesmo no final do século XX.[8]

O isolamento cultural das comunidades montanhosas foi parcialmente mitigado por migrações temporárias de seus homens para altitudes mais baixas em busca de trabalho, que retornavam com pelo menos um vislumbre de outro estilo de vida, ainda que as mulheres que ficaram para trás não tivessem nem isso.[9] Além do mais, poucas pessoas de outros lugares vieram viver nesses vilarejos montanhosos, para apresentar um ponto de vista distinto. Frequentemente, a grande maioria dos casamentos envolvia mulheres e homens não só das mesmas montanhas, mas também do mesmo vilarejo.[10] Finalmente, a pobreza de diversos povos montanheses costumava levá-los a utilizar o trabalho de seus filhos desde uma idade precoce, mesmo à custa da educação deles,[11] o que, desse modo, impedia outra fonte de uma exposição maior ao mundo exterior.

Em diversas partes do mundo, pelo menos nos últimos séculos, outro padrão encontrado entre os povos montanheses tem sido a produção de uma grande variedade de artes e ofícios caseiros durante os longos meses de inverno, quando há tempo disponível. Por exemplo, esculturas de madeira suíças têm seus equivalentes do outro lado do mundo, na Caxemira, assim como mais perto, na Noruega.[12] Inúmeros outros produtos de artesanato caseiro, desde tecelagem até

A INFLUÊNCIA DA GEOGRAFIA

trabalho em metal, provêm de comunidades montanhosas e são vendidos em mercados internacionais como itens de grande valor em um tamanho físico pequeno, capazes de arcar com os altos custos de transporte das regiões montanhosas.

A resistência necessária para sobreviver em muitas regiões montanhosas áridas e subdesenvolvidas gerou guerreiros renomados em várias partes do mundo, incluindo os escoceses das Terras Altas,[13] os gurcas indianos,[14] os albaneses,[15] os rifenhos marroquinos,[16] o povo degar vietnamita[17] e os turcomanos[18] — todos formidáveis não só em suas próprias terras natais, mas também a serviço de países estrangeiros. Os regimentos de elite das Terras Altas escocesas e as unidades gurcas das forças armadas britânicas tinham como equivalentes os albaneses e os rifenhos que combatiam nos exércitos otomanos, assim como os 50 mil a 60 mil rifenhos que combateram ao lado de Franco durante a Guerra Civil Espanhola na década de 1930.[19] Estima-se que cerca de um milhão de soldados suíços tenha morrido em guerras de outros povos entre os séculos XV e XVIII.[20]

As qualidades de combate dos homens montanheses também assumiram a forma de banditismo local e vendetas em suas terras natais. Os saqueadores das terras altas atacaram comunidades mais prósperas nas terras baixas por séculos, fossem curdos saqueando vilarejos armênios, escoceses das Terras Altas saqueando escoceses das Terras Baixas, ou atividades semelhantes na Itália, na Espanha, nos Bálcãs, na Índia e no Tibete.[21] As rixas também foram um meio de expressar a habilidade de combate dos homens montanheses. A célebre rixa entre as famílias Hatfield e McCoy da região dos Apalaches norte-americanos não foi só um exemplo de um costume que remontava a áreas da Grã-Bretanha de onde muitos sulistas vieram,[22] mas também tinha seus equivalentes em rixas tribais ou de clãs nas montanhas marroquinas do Rife, nas montanhas balcânicas de Montenegro, nas montanhas do Cáucaso e nas montanhas de Taiwan.[23]

Os recursos minerais encontrados em algumas montanhas representam oportunidades para mineração e para o desenvolvimento de habilidades relacionadas à mineração. Assim, os alemães que habitavam as montanhas do Harz se tornaram renomados como mineiros, o que gerou uma demanda por alemães para trabalhar nas minas de outros países e regiões, quer na Boêmia, na Noruega, na Espanha, nos Bálcãs ou no México.[24] No entanto, o próprio fato de alemães terem ido para todos esses países sugere que a geografia oferece oportunidades que as pessoas não estão predestinadas a aproveitar, pois do contrário todas as montanhas e outras fontes de jazidas minerais em todos esses outros países teriam levado ao desenvolvimento de mineiros locais, o que eliminaria a necessidade de trazer alemães.

Em termos geográficos, as montanhas e as terras altas geralmente são importantes não só como obstáculos por si só, mas também como características como efeitos positivos e negativos em outras partes do meio ambiente. Os rios e os riachos fluem de maneira mais constante por causa das neves derretidas nas encostas das montanhas, enquanto o volume de água varia de maneira muito mais ampla e errática onde não há cadeias de montanhas, como na África tropical, onde apenas as chuvas têm que alimentar esses cursos d'água — ou deixam de mantê-los. A Serra Nevada espanhola e os Montes Tauro turcos fornecem a água que possibilita uma agricultura irrigada florescente nas planícies abaixo,[25] onde apenas a água da chuva não seria suficiente. Em outro sentido, no entanto, as terras altas têm um efeito negativo nos rios, que precisam descer de maneira mais acentuada, frequentemente com corredeiras e cachoeiras, quando os riachos se originam em altitudes mais elevadas, quer em planaltos, montanhas ou sopés. Os rios com gradientes acentuados tendem a ser menos navegáveis, ou totalmente não navegáveis.

As cadeias de montanhas também afetam drasticamente os padrões pluviométricos. Quando o ar rico em umidade sopra através de

A INFLUÊNCIA DA GEOGRAFIA

uma cadeia montanhosa, não é incomum que a chuva no lado onde a umidade se origina seja muito mais volumosa do que na "sombra de chuva", no outro lado da montanha, aonde o ar vai após ter perdido grande parte de sua umidade durante a ascensão sobre o cume. O resultado final é que as pessoas situadas em lados diferentes de uma cadeia de montanhas ou contrafortes podem ter oportunidades agrícolas muito diferentes. Em algumas encostas ocidentais dos Apeninos no sul da Itália, por exemplo, a precipitação anual alcança 2 mil milímetros, enquanto em partes das encostas orientais chove apenas de 300 a 500 milímetros.[26] Da mesma forma, no Noroeste Pacífico norte-americano, a precipitação em partes do lado oeste das Cordilheiras das Cascatas chega a ser até dez vezes mais volumosa do que em partes do Planalto de Colúmbia do lado leste.[27]

Os diferentes lados de uma cadeia de montanhas costumam ter não só volumes diferentes de precipitação como também inclinações diferentes. Isso teve importantes implicações militares, já que os soldados de um lado achavam mais fácil subir a encosta menos íngreme e depois descer pelo outro lado para invadir seus vizinhos.[28] As localizações e as formas de desfiladeiros também tiveram impactos militares e, consequentemente, culturais. A maior facilidade de entrada dos soldados romanos através dos desfiladeiros na Gália, em comparação com a rota montanhosa mais difícil para as regiões germânicas, significou que a cultura romana alcançou a Gália primeiro e só depois se disseminou de maneira secundária nas terras habitadas pelos germânicos.[29]

Regiões costeiras

As populações costeiras também tendem a ser culturalmente singulares. Com mais contato com o resto do mundo, geralmente são mais bem-informadas e mais avançadas em termos tecnológicos e sociais do que as populações do interior.[30] Assim como outros padrões sociais relacionados à geografia, esses não são raciais, mas sim locais. Às vezes, as populações costeiras são racial ou etnicamente diferentes — por exemplo, alemães sendo particularmente representados nas faixas costeiras da Rússia numa época[31] —, mas as diferenças entre as populações do interior e costeiras permanecem, mesmo quando ambas são da mesma origem racial. Assim, na Idade Média, a população predominantemente eslava da cidade portuária adriática de Dubrovnik era culturalmente mais avançada em literatura, arquitetura e pintura, como também em métodos empresariais modernos, do que os eslavos da hinterlândia.[32] Da mesma forma, na África tropical, as populações costeiras, mais em contato com influências externas, eram suficientemente mais avançadas em termos tecnológicos e organizacionais, chegando mesmo a se tornarem escravizadoras de africanos mais ao interior.[33] Um sintoma da importância das regiões costeiras como encruzilhadas culturais é que muitas das línguas francas do mundo se originaram nesses contextos, quer no Levante*, na Costa Suaíli da África, ou nos portos da China e do Sudeste Asiático.[34]

Terra, clima e vias navegáveis

Certamente, o solo apresenta efeitos profundos sobre o tipo de agricultura que é possível e, portanto, sobre os tipos de sociedades que são possíveis. Um padrão de fazendas que são legadas pela mesma família por gerações é possível em regiões férteis, mas não em lugares onde o solo se esgota em poucos anos e tem que ser abandonado, e um novo local encontrado enquanto a primeira terra recupera sua fertilidade. Sociedades inteiras podem ter que se deslocar quando a terra em um

---

* Termo geográfico geralmente usado para agrupar Síria, Líbano, Jordânia, Israel e Palestina, mas também pode incluir o Iraque, a Arábia Saudita e o Egito.

A INFLUÊNCIA DA GEOGRAFIA

determinado lugar não pode sustentá-las permanentemente. Isso significa que não podem existir cidades e todos os desenvolvimentos culturais facilitados pelas cidades. A agricultura itinerante de corte e queima tem sido comum nas regiões da África tropical e da Ásia onde grandes cidades não conseguiram se desenvolver e onde os povos nativos permaneceram por muito tempo vulneráveis a conquistas ou escravizações por povos de sociedades mais urbanizadas e estados-nação maiores em outros lugares. Na Europa da Alta Idade Média, os eslavos da Europa Centro-Oriental também praticaram a agricultura de corte e queima, que exigia formas muito distintas de organização social em relação àquelas que surgiram após o uso do arado permitir a criação de sociedades sedentárias.[35] Além disso, assim como a natureza da agricultura influencia onde a vida urbana é ou não factível, os avanços econômicos e tecnológicos associados às cidades também influenciam a agricultura. Desse modo, no século xvi, a hinterlândia de cidades florescentes como Veneza, Milão e Gênova experimentou grandes melhorias nos métodos agrícolas introduzidos.[36]

Desertos e estepes, como os do Norte da África, do Oriente Médio e da Ásia Central, costumavam gerar sociedades em movimento. Entre esses povos nômades, destacaram-se alguns dos grandes conquistadores de todos os tempos. Ondas sucessivas de conquistadores da Ásia Central e do Cáucaso forçaram outros povos a sua frente a se deslocarem para a Europa Oriental e Meridional ao longo dos séculos, criando um efeito dominó de conquistas nas planícies ucranianas, polonesas e húngaras, e nos Bálcãs, conforme os deslocados se moviam para tirar do lugar outros povos.[37] Menos drásticos e menos extremos foram os movimentos sazonais em regiões onde ovelhas, cabras e outros animais eram pastoreados em diferentes lugares e em diferentes épocas do ano, em vez de exaurir a vegetação em um único local. Nesses casos, é possível existir moradias permanentes onde ficam as mulheres e as crianças, enquanto os homens migram de forma sazonal com seus rebanhos, como nos Bálcãs, por exemplo.

A importância de características geográficas específicas — montanhas, rios, clima, solo etc. — é ainda maior quando essas características são vistas em combinação. Por exemplo, o impacto da chuva na agricultura depende não só do volume da chuva como também da capacidade do solo de retê-la. Assim, um volume modesto de chuva pode ser suficiente para uma agricultura próspera em solos menos absorventes do norte da China, enquanto a chuva que cai sobre os solos calcários dos Bálcãs pode desaparecer rapidamente no subsolo. Da mesma forma, o valor econômico das vias navegáveis depende das terras adjacentes a elas. Os rios navegáveis que atravessam terras sem recursos para a indústria ou agricultura — o Rio Amazonas, por exemplo — têm pouco valor econômico,[38] ainda que vias navegáveis, em geral, tenham sido fundamentais para o desenvolvimento econômico e cultural de outras regiões mais bem providas de outros recursos. Na Rússia, as vias navegáveis isoladas dos principais recursos naturais do país, assim como umas das outras,[39] não conseguem igualar o papel econômico dos rios que se interligam e desaguam no mar após passar por regiões produtivas agrícolas e industriais. Por outro lado, portos que não são tão profundos, amplos ou bem abrigados quanto outros portos podem, apesar disso, tornar-se movimentados se representarem as únicas saídas para regiões produtivas nas proximidades, como foi o caso de Gênova no noroeste da Itália ou Mombaça na África Oriental.[40] De forma semelhante, o porto de Dubrovnik, na costa da Dalmácia, localizado estrategicamente para as rotas comerciais internacionais da Idade Média, prosperou apesar de um porto que não era particularmente impressionante por si só.[41]

Às vezes, uma variedade de características geográficas favoráveis existe em combinação em uma região específica, como no noroeste da Europa, e outras vezes, quase todas estão ausentes, como em partes da

A INFLUÊNCIA DA GEOGRAFIA

África tropical, embora ainda outras áreas do mundo apresentem algumas dessas características favoráveis, mas não outras. Entre as consequências, incluem-se não só variações no bem-estar econômico, mas, de modo mais fundamental, variações nas habilidades e experiências — o capital humano — das próprias pessoas. Considerando a enorme gama de combinações de características geográficas, as populações de diferentes regiões do planeta tiveram oportunidades muito díspares para desenvolver habilidades e experiências de trabalho específicas. As migrações internacionais, então, colocaram essas populações com habilidades, aptidões e perspectivas díspares em proximidade mútua e em competição entre si em outras terras.

Embora as influências geográficas possam distinguir um universo cultural de outro, mesmo quando localizados próximos, a existência de influências geográficas semelhantes e padrões sociais semelhantes em regiões distantes do mundo — por exemplo, pilhagens e rixas entre montanheses — significa que tais padrões não têm "caráter nacional" ou "traços raciais", mas são internacionais em alcance e geográficos em sua origem. Nem esses padrões são necessariamente características raciais, mesmo no sentido limitado de características que diferem de uma raça para outra por razões não genéticas. Alguns universos culturais específicos podem ser compatíveis em grande medida com determinadas raças — por exemplo, a cultura japonesa —, mas isso não é sempre ou inerentemente o caso. Em suma, as influências geográficas atravessam fronteiras nacionais e linhas raciais, gerando efeitos parecidos em países diferentes e efeitos distintos em diversas regiões do mesmo país ou entre membros culturalmente diferentes da mesma raça. Isso não quer dizer que não existem influências culturais nacionais. É claro que existem. A língua, a religião e as tradições políticas são apenas alguns dos valores culturais que mantêm unidos países compostos por pessoas sujeitas a outras influências díspares. A questão aqui é simplesmente que o reconhecimento de padrões culturais distintos, quer originados da geografia, da história ou de outra maneira, não é o mesmo que a crença no "caráter nacional" ou "traços raciais". Essas coisas podem se sobrepor ou até ser congruentes em alguns casos, mas também podem ser bastante distintas.

Embora continentes ou outras regiões do mundo possam não ser geograficamente únicos, nem homogêneos em si mesmos, o conjunto de influências geográficas atuando em uma região do mundo difere significativamente das influências geográficas (e outras) atuando em outros lugares. Essas diferenças não se limitam a suas localidades originais, mas também estão incorporadas nas culturas das populações migratórias dessas distintas regiões do mundo.

Entre as regiões do mundo mais geograficamente afortunadas, em termos de possuir recursos naturais necessários para o desenvolvimento de uma economia industrial moderna, temos o norte e o oeste da Europa. As jazidas de minério de ferro e carvão, os insumos principais da siderurgia e da indústria pesada dependente do aço, estão concentradas no Vale do Ruhr, no País de Gales, na Suécia e na região tão amargamente disputada pela França e Alemanha, a Alsácia-Lorena. As vastas planícies costeiras do norte da Europa também dotaram as populações dessa região de quantidade significativa de terras agrícolas férteis e rios navegáveis que cruzam essas terras, unindo grandes áreas econômica e culturalmente. O fato de a Europa dispor de muitas penínsulas, ilhas e portos proporciona ao continente excelente acesso ao mar. A Corrente do Golfo aquece a Europa Ocidental, conferindo invernos mais brandos do que os de locais em latitudes semelhantes no Hemisfério Ocidental ou na Ásia. Por exemplo, Londres se situa mais ao norte do que qualquer lugar nos 48 estados contíguos dos Estados Unidos, mas apresenta invernos mais amenos do que a cidade de Nova York, mais ainda do que cidades em Minnesota ou Wisconsin.

A INFLUÊNCIA DA GEOGRAFIA

A Europa Oriental, Central e Mediterrânea não compartilha todas essas vantagens. A influência da Corrente do Golfo sobre o clima dos países europeus às margens do Atlântico diminui gradualmente nas regiões mais distantes do centro e do leste do continente, onde os rios ficam congelados por mais dias no ano e onde os invernos são mais longos e mais gelados. Os recursos naturais necessários para a indústria moderna também são menos abundantes e, em muitos lugares, quase inexistem na Europa Central e Oriental. As vastas planícies costeiras do norte da Europa não têm equivalentes nos Bálcãs, onde colinas e montanhas estão próximas do mar e os portos costeiros costumam não ter rios navegáveis para ligá-los à hinterlândia. A Espanha também carece de rios navegáveis[42] e a Sicília carece tanto de rios quanto de chuva.[43]

Essas diferenças significativas nas vantagens geográficas se refletiram não só em grandes disparidades de riqueza entre as diferentes regiões europeias como também em diferenças igualmente grandes em habilidades, experiências industriais e estilos de vida entre as populações dessas regiões. Assim, quando os povos mediterrâneos migraram para os Estados Unidos ou para a Austrália, por exemplo, eles não trouxeram consigo as habilidades industriais ou o estilo de vida modernos encontrados entre imigrantes alemães ou ingleses. O que eles trouxeram consigo foi uma frugalidade decorrente de séculos de luta pela sobrevivência nas terras e águas menos produtivas do Mediterrâneo, e uma força de resistência e persistência derivada das mesmas circunstâncias. A capacidade dos imigrantes italianos de suportar condições de vida precárias e limitadas e de poupar a partir de salários muito baixos, o que chamou a atenção entre aqueles a seu redor, quer em outros países europeus, no Hemisfério Ocidental ou na Austrália, tinha raízes tanto geográficas quanto históricas. Características semelhantes marcaram diversos outros povos mediterrâneos, mas os italianos são um grupo de estudo particularmente interessante porque incluem não só as populações mediterrâneas do sul, mas também as pessoas do mundo industrial do vale do Rio Pó, no norte, cujas características geográficas, econômicas e culturais são muito mais parecidas com as encontradas entre os europeus do norte e do oeste.

As consequências duradouras das diferentes habilidades e experiências possuídas por pessoas de diferentes partes da Europa podem ser percebidas no fato de que a renda média dos imigrantes do sul e do leste da Europa nos Estados Unidos no início do século XX era igual à renda dos 15% mais baixos entre os imigrantes da Inglaterra, Escócia, Holanda ou Noruega.[44] O analfabetismo era mais alto entre os imigrantes do sul e do leste da Europa.[45] Na escola, seus filhos tendiam a ficar atrás dos filhos de norte-americanos nativos ou dos filhos de imigrantes do norte e do oeste da Europa,[46] e seus resultados de quociente de inteligência costumavam ser muito semelhantes aos dos negros norte-americanos, e às vezes eram até mais baixos.[47] E tudo isso não era exclusivo da sociedade norte-americana. Na Austrália, antes da Segunda Guerra Mundial, os imigrantes do sul da Itália, da Dalmácia, da Macedônia e do interior da Grécia eram habitualmente analfabetos e falavam basicamente seus dialetos locais em vez das línguas oficiais de seus respectivos países de origem.[48]

Mais de três quartos desses imigrantes do sul da Europa para a Austrália eram das colinas ou montanhas escarpadas, das costas íngremes ou das ilhas da região, e não de áreas urbanas ou planícies.[49] Embora essas áreas remotas terminassem sendo integradas ao mundo moderno, as habilidades de seus habitantes continuaram a ficar atrás das habilidades das pessoas de outras partes da Europa que eram mais industrialmente avançadas, e isso se refletiu em suas rendas na Austrália, assim como nos Estados Unidos. Até a década de 1970, a renda média dos imigrantes para a Austrália provenientes da Grécia, Itália ou Iugoslávia eram inferiores à renda dos imigrantes da Alemanha Ocidental ou dos países anglófonos.[50] Na Austrália, os

A INFLUÊNCIA DA GEOGRAFIA

europeus do sul permaneceram sub-representados em trabalhos profissionais e técnicos,[51] e quase metade dos imigrantes italianos e uma maioria absoluta de imigrantes gregos e iugoslavos eram trabalhadores não qualificados.[52]

A Ásia também teve divisões culturais acentuadas, muitas das quais por causa de sua geografia. A cadeia montanhosa mais alta do mundo — o Himalaia — separou as duas grandes civilizações antigas asiáticas, as da China e da Índia, que se desenvolveram de forma independente uma da outra, em maior grau do que qualquer uma das civilizações da Europa ou do Oriente Médio. Em particular, a China era um mundo por si só e claramente a nação mais avançada do planeta por muitos séculos. Um sinal de sua proeminência era que os produtos chineses estiveram em grande demanda na Europa durante muito tempo, enquanto a Europa não tinha nada a oferecer em troca, exceto ouro e prata. No comércio marítimo chinês, a bússola estava em uso décadas antes de ser apresentada aos europeus pelos árabes, e os livros foram impressos na China séculos antes de a Bíblia de Gutenberg ser impressa na Europa. As sedas e as porcelanas chinesas tinham grande demanda na Ásia, Europa e África.[53] Enquanto a cultura chinesa teve um impacto significativo nas culturas da Coreia e do Japão, e uma influência sentida até mesmo na Pérsia e na Rússia, houve poucas influências culturais externas sobre a própria China entre os séculos VIII e XIII.[54] Contudo, muito pouco da cultura chinesa se espalhou por meio da migração — certamente nada comparável à posterior disseminação em larga escala da cultura europeia para o Hemisfério Ocidental, não só pela europeização das populações indígenas do Hemisfério Ocidental quanto dos milhões de descendentes de africanos trazidos para o Novo Mundo.

Os japoneses são um lembrete de que uma base de recursos naturais escassa não é suficiente para impedir o desenvolvimento industrial, ainda que possa impedir que tal desenvolvimento surja espontaneamente no âmbito da sociedade em questão. A industrialização do Japão foi transplantada da Europa Ocidental — sobretudo da Inglaterra e da Escócia — e dos Estados Unidos, como resultado de decisões deliberadas tomadas pelo governo japonês em meio a um fervor nacional para alcançar o Ocidente. Por que isso aconteceu no Japão, mas não na Índia, Abissínia ou nos Bálcãs, é uma questão importante com poucas respostas ou mesmo investigações sistemáticas. Muitos séculos antes, o Japão também era muito receptivo a importações culturais e tecnológicas da China, que na época representava a cultura mais avançada do mundo. Em suma, a geografia é uma influência importante, mas não é uma predestinação. Caso contrário, países como o Japão e a Suíça estariam entre os países mais pobres do mundo, e não entre os mais prósperos.

Mesmo depois que um grande número de chineses, japoneses e indianos migraram para outros países, as culturas que levaram consigo tiveram pouco ou nenhum impacto sobre os demais fora de seus respectivos grupos. Em maior ou menor grau, esses migrantes da Ásia tendiam a assimilar pelo menos a aparência externa das sociedades ocidentais em que se estabeleceram, embora mantendo seus próprios padrões de trabalho e disciplina que lhes permitiram alcançar a prosperidade nesses países.

O sudoeste asiático, também conhecido como Oriente Médio, também enviou migrantes para o exterior cujos legados culturais refletem as circunstâncias geográficas nas quais suas sociedades evoluíram. Desprovidos tanto da abundância espontânea de alimentos encontrada em partes dos trópicos quanto dos recursos naturais para a indústria moderna encontrados no norte europeu, os povos do Oriente Médio historicamente tiveram que lutar para ganhar a vida, quer no padrão nômade dos beduínos do deserto, na agricultura irrigada dos outros ou — talvez o mais notável de todos — nos comerciantes intermediários que se originaram nessa região e se espalharam pelo mundo. A localização economicamente estratégica do Oriente Médio, durante séculos uma encruzilhada de comércio entre a Europa e a Ásia, fomentou o desenvolvimento de diversos portos comerciais e muitos povos comerciantes,[55] dos quais os judeus, os armênios e os libaneses têm sido particularmente proeminentes, não só no próprio Oriente Médio como também em outros países de todos os continentes habitados. Esses tipos de imigrantes — minorias intermediárias — dessa parte do mundo tiveram padrões de habilidades e aptidões muito semelhantes aos dos chineses no exterior que se originaram em regiões igualmente demandantes do sul da China, onde o comércio fazia parte das habilidades de sobrevivência em uma região geograficamente pouco promissora para a indústria, mas que possuía portos comerciais.

A GEOGRAFIA DA ÁFRICA

> *Para entendermos a África negra, a geografia é mais importante do que a história.*
>
> — Fernand Braudel[56]

Em um sentido estritamente geográfico, todos os povos do continente africano são africanos — desde os brancos da África do Sul até os árabes dos Estados mediterrâneos —, mas o termo, na prática, passou a se referir principalmente aos povos autóctones da África abaixo do Saara, ou seja, aos negros africanos. A base para esse foco não é simplesmente racial, mas também histórica, cultural e geográfica. Assim como os britânicos, os eslavos e outros povos, a influência da geografia na África não foi apenas em seus impactos principalmente sobre as *coisas* — recursos naturais ou prosperidade econômica, por exemplo —, mas sobre as *pessoas*. Em particular, o impacto da geografia em tornar as interações culturais mais difíceis tem sido particularmente notável entre os povos da África subsaariana e o mundo exterior, assim como entre eles mesmos.

Ao norte, há um deserto mais vasto do que os Estados Unidos continentais, e ao leste, oeste e sul estão o Oceano Índico, o Atlântico e o Antártico. Além disso, a costa regular e contínua da África subsaariana proporcionou poucos portos acessíveis a navios oceânicos e, em muitos lugares, as vias navegáveis costeiras pouco profundas significavam que grandes navios não podiam se aproximar das margens. Curiosamente, durante séculos, grande parte do comércio internacional era transportado em navios que passavam pela África Ocidental em seu trajeto entre a Europa e a Ásia ao redor da extremo sul do continente. Raramente os navios paravam. Em parte, isso se devia aos ventos e corrente marítimas que tornavam as viagens de ida e volta entre a Europa e a África subsaariana difíceis ou economicamente inviáveis na era dos navios a vela, pelo menos até que um conhecimento muito maior dessas correntes e de rotas alternativas fosse desenvolvido.[57] Relativamente pouco do comércio da África entrou no comércio internacional.[58]

Na era anterior à revolução dos transportes modernos com ferrovias, automóveis e aviões — ou seja, durante grande parte da história humana —, as barreiras geográficas em torno da África tropical foram desafiadoras, ainda que não absolutamente impenetráveis. As consequências não foram só econômicas, mas também culturais. Como disse o eminente historiador francês Fernand Braudel, "a influência externa se infiltrou muito lentamente, gota a gota, no vasto continente africano ao sul do Saara".[59] As barreiras geográficas para as trocas econômicas e culturais no âmbito de diversas regiões da África subsaariana também eram desafiadoras. A mais relevante dessas barreiras era a falta de rios ou riachos navegáveis, embora a própria região também apresente terrenos difíceis em muitos lugares sob a forma de escarpas e vales tectônicos.

A INFLUÊNCIA DA GEOGRAFIA

O efeito final foi que os povos da África subsaariana ficaram historicamente isolados não só de povos e culturas do resto do mundo, mas também entre si. Entre as consequências culturais, destacou-se a fragmentação linguística da África tropical, que fez com que as línguas africanas representassem um terço de todas as línguas do mundo,[60] ainda que os povos africanos constituam apenas cerca de 10% da população mundial. Essa fragmentação linguística foi apenas um aspecto da fragmentação cultural em geral, incluindo o tribalismo e diversas diferenças religiosas.

Em grande parte da África subsaariana, uma combinação de características geográficas teve consequências desfavoráveis — se não devastadoras — para o desenvolvimento econômico e cultural, e consequências trágicas para a vulnerabilidade dos africanos negros a conquistadores externos.

O ambiente natural

Um dos fatos notáveis a respeito da África subsaariana é que, apesar de ser muito maior do que o continente europeu, sua costa é menos extensa do que a costa europeia — aliás, menos extensa do que a costa de qualquer outro continente,[61] ainda que a África seja o segundo maior continente em tamanho, atrás apenas da Ásia. Essa anomalia reflete a falta de numerosas reentrâncias costeiras na África, que formam portos naturais na Europa, proporcionando locais onde os navios podem atracar, protegidos das águas agitadas dos mares abertos, o que permitiu que os países europeus se tornassem nações marítimas cedo em sua história. Além da escassez de portos, partes da África subsaariana possuem águas costeiras pouco profundas, de modo que o comércio marítimo teve muitas vezes que ser realizado pelo método dispendioso de ancorar os navios em alto-mar, com suas cargas sendo descarregadas em embarcações menores que podiam então navegar até a terra através dessas águas pouco profundas.

Em geral, os africanos não eram povos marítimos, exceto no Mediterrâneo, ou em regiões da África Oriental onde essas restrições geográficas não eram tão severas. Grande parte da África, e sobretudo a África subsaariana, desenvolveu-se sem os benefícios de um grande comércio marítimo e o consequente estímulo dos intercâmbios econômicos e culturais em larga escala com diversos e distintos povos. Embora tenha existido algum comércio ao longo dos séculos entre a África subsaariana e a Europa, ou com povos do Norte da África e do Oriente Médio, o comércio internacional, em geral, desempenhou um papel relativamente reduzido no comércio total da África, em comparação com outros continentes, não só devido à escassez de portos, mas também por causa da escassez de rios navegáveis que chegassem ao interior do continente a partir do mar. Em alguns lugares, as desembocaduras de rios que desaguam no mar foram bloqueadas por bancos de areia e, em outros lugares, os poucos portos de qualidade tinham sido conectados a hinterlândias que não eram muito produtivas e, portanto, tinham pouco a oferecer em termos de comércio. As planícies costeiras estreitas — com uma largura média de apenas 30 quilômetros e frequentemente limitadas por escarpas íngremes — também proporcionaram pouca base para o comércio internacional em grande escala, mesmo quando outras condições pudessem permitir.[62]

A baixa e irregular precipitação pluviométrica em muitas regiões da África abastece rios e riachos até uma profundidade navegável apenas de modo intermitente[63] — e mesmo quando cheios, muitos rios e riachos são navegáveis apenas por barcos menores ou barcaças, e não por navios oceânicos.[64] Quando o volume de água é suficiente para navegação de embarcações de grande porte, as diversas corredeiras e cachoeiras da África impedem o comércio internacional. Por exemplo, o Rio Zaire possui uma extensão de cerca de 4,7 mil quilômetros e um

A INFLUÊNCIA DA GEOGRAFIA

volume de água só inferior ao do Rio Amazonas, mas suas corredeiras e cachoeiras perto do mar impedem os navios oceânicos de alcançar o interior.[65] Assim, o papel desempenhado por outros grandes rios do mundo na facilitação do desenvolvimento de portos que se tornaram grandes cidades, contribuindo para o progresso econômico e cultural das terras e dos povos ao redor, foi negado ao Zaire por condições geográficas difíceis de solucionar. O Zaire não é um caso único entre os rios africanos. Nenhum rio da África subsaariana se estende do mar aberto até o interior profundo.[66] Na costa mediterrânea, apenas o rio Nilo alcança grandes distâncias no interior. Significativamente, o Nilo gerou a mais conhecida das civilizações desenvolvidas no continente africano, assim como as duas maiores cidades do continente: Cairo e Alexandria.

Exceto pelo Nilo, os rios da África que são navegáveis, mesmo que sazonalmente, tendem a se concentrar na África Ocidental equatorial,[67] que deu origem a sociedades maiores e mais avançadas do que em muitas outras regiões tropicais do continente. Em suma, os povos africanos, assim como os povos europeus e asiáticos, tenderam a desenvolver centros urbanos e universos culturais maiores ao longo das vias navegáveis. Simplesmente houve muito menos deles na África, que foi e continua sendo o continente menos urbanizado do mundo.[68] Entre as relativamente poucas coisas que tiveram valor suficientemente concentrado em uma dimensão física relativamente pequena, de modo a poder compensar os altos custos de transporte a partir da África, historicamente incluíram-se o ouro, o marfim e os escravos. Todos os três itens se converteram em importantes produtos de exportação. A costa do que agora é a Nigéria ficou conhecida como "a costa dos escravos", assim como a costa da vizinha Gana, ao oeste, era chamada de "a costa do ouro", e a costa a oeste de Gana era (e ainda é) chamada de "a costa do marfim".

Um indicador das diferenças no acesso a vias navegáveis é que, enquanto mais de um terço da superfície terrestre da Europa compõe-se de ilhas e penínsulas, apenas 2% da superfície terrestre da África compõe-se de ilhas e penínsulas.[69] Tais disparidades no acesso a vias navegáveis são acentuadas quando se leva em conta a navegabilidade dessas vias. Mesmo o rio Níger — o centro de um importante sistema hidrográfico na África Ocidental, que drena uma área quase duas vezes o tamanho do Texas[70] — não é navegável em toda a sua extensão por grandes embarcações, e não é navegável de forma alguma em alguns lugares por causa das corredeiras.[71] No auge da estação chuvosa, o Níger pode se converter em "um lago móvel de 32 quilômetros de largura",[72] mas, durante a estação seca, a profundidade média do rio pode, em alguns trechos, cair abaixo de 4 metros.[73] Apesar de suas sérias limitações, o Níger se compara favoravelmente a outros rios africanos com limitações ainda mais graves. O Níger é caracterizado como "o mais fácil de navegar em toda a África tropical".[74] Navegar pelo afluente principal do Níger, o rio Benue, por exemplo, é mais problemático. Devido aos padrões pluviométricos sazonais, o curso superior do Benue é navegável apenas dois meses do ano, o que resulta em padrões de navegação febris e complicados:

> Se deixarem as embarcações subirem o Benue um dia a mais, elas ficarão presas nos bancos de areia por dez meses! Porém, se por precaução ou desinformação retirarem a frota cedo demais, grande quantidade de mercadoria valiosa ficará para trás e só poderá ser retirada por terra a um custo muito maior [...] Os primeiros barcos a entrar são as canoas comerciais, depois seguidas pelas embarcações maiores e, finalmente, quando existe água suficiente em Lokoja, os maiores barcos a motor e suas barcaças navegam rio acima o mais rápido possível. Perto do fim da curta estação, as grandes embarcações precisam sair primeiro devido à queda do nível da água; as embarcações de tamanho médio saem em seguida; e as pequenas canoas podem continuar por algum tempo retirando pequenas quantidades de produtos.[75]

A INFLUÊNCIA DA GEOGRAFIA

As variações drásticas nos níveis de água são comuns em outros rios e riachos da África Ocidental.[76] O rio Senegal foi caracterizado como "navegável de forma precária", e somente durante alguns meses.[77] Assim como o Níger, o Senegal não está somente sujeito a grandes variações sazonais no fluxo hídrico, mas também contém pedras e corredeiras.[78] Na África Oriental, rios como o Zambeze são navegáveis apenas em trechos relativamente curtos.[79] Uma razão para as drásticas variações sazonais nos níveis de água dos rios africanos é que a África tropical é uma das poucas grandes regiões do mundo sem uma única cadeia montanhosa para acumular neve, cujo derretimento posterior complementaria as chuvas na manutenção do fluxo dos rios e riachos. Na África tropical, os rios dependem totalmente das chuvas, e essas chuvas são, por si só, extremamente imprevisíveis, não apenas de uma estação para outra, mas também de um ano para o próximo.[80]

Naturalmente, o termo "navegável" pode significar muitas coisas. Em alguns rios de Angola, por exemplo, significa navegável para barcos que não precisam de mais do que 2,4 metros de água,[81] e em regiões da África Ocidental durante a estação seca, mesmo o Níger pode receber barcaças com peso de 8 toneladas, no máximo.[82] Em contraste, navios pesando 10 mil toneladas podem navegar centenas de quilômetros rio acima no Yangtzé, na China, e embarcações menores podem seguir, aproximadamente, mais 1,5 mil quilômetros além disso.[83] Porta-aviões podem navegar pelo rio Hudson e atracar em um cais no meio de Manhattan. Na África, rios navegáveis raramente significam algo próximo a isso. Mesmo o Nilo não era capaz de receber as maiores embarcações na época romana.[84] Ademais, como grande parte da África tropical consiste em planaltos elevados — quase todo o continente está a mais de 300 metros acima do nível do mar e metade do continente está a mais de 750 metros acima do nível do mar[85] —, os rios precisam descer distâncias verticais maiores para alcançar o mar, o que os torna menos navegáveis ao longo do percurso. Enquanto o rio

Amazonas desce apenas cerca de 6 metros durante seus últimos 800 quilômetros até o mar,[86] o rio Zaire cai cerca de 300 metros em 400 quilômetros ao se aproximar do mar.[87] Como um geógrafo afirmou, o continente africano é "amaldiçoado com uma forma de mesa que converte quase todos os rios em torrentes verticais".[88]

Por mais impenetrável que grande parte do interior da África subsaariana fosse para grandes navios oceânicos, as águas costeiras do continente eram navegáveis para embarcações menores, que podiam e de fato seguiam para o interior, sendo descarregadas e carregadas em torno das cachoeiras. As cargas dos navios oceânicos também podiam ser transferidas para embarcações menores para transporte rio adentro. O tráfego local por água entre locais no interior também era possível levando os barcos e suas cargas ao redor de corredeiras e cachoeiras. Às vezes, esses barcos e suas cargas eram transportados de um rio para outro, ampliando assim o alcance do comércio. Por exemplo, uma rota terrestre que requeria 25 dias de transporte conectava o rio Níger e rio Senegal em séculos passados.[89] Além disso, mesmo os rios com cascatas e cachoeiras podem ter trechos navegáveis que somam distâncias consideráveis — centenas de quilômetros no Senegal e quase 2,5 mil quilômetros no Zaire, ainda que não sejam distâncias contínuas.[90] Dessa maneira, as diversas regiões da África não estavam hermeticamente isoladas umas das outras ou do mundo exterior, mas tanto o volume e a variedade do comércio como as distâncias envolvidas eram significativamente limitados, em comparação com regiões mais geograficamente favorecidas do mundo, onde cargas volumosas e pesadas de carvão, minérios e grãos podiam ser transportadas por longas distâncias em viagens ininterruptas por rios e mares.

No final do século XX, uma comparação realizada dos custos de transporte de grãos em diversos países asiáticos e africanos revelou que esses custos representavam uma proporção maior do preço total pago pelos consumidores de grãos na África.[91] Outrossim, essas estatísticas não captam o impacto dos custos de transporte sobre grãos que jamais foram enviados, exatamente porque os custos mais altos de remessa teriam tornado a operação extremamente dispendiosa. Os custos de transporte contemporâneos também não conseguem captar as desvantagens criadas por custos de transporte ainda maiores na África antes que muitos dos progressos no transporte do resto do mundo fossem introduzidos no século XIX e início do século XX, e antes que os portos africanos pudessem ser dragados com equipamentos europeus modernos e ferrovias ocidentais fossem construídas.

Embora seja verdade, como um historiador afirmou, que "uma parte considerável da África Ocidental" faz parte de "um sistema hidrográfico que está, em última análise, ligado ao Atlântico",[92] as limitações desse sistema são uma parte da história que não pode ser omitida sem causar uma distorção séria. Além disso, as distâncias entre a hinterlândia e os mares abertos são maiores na África do que na Europa, por exemplo, enquanto os meios para percorrer essas distâncias são muito mais limitados pela geografia africana. Na Europa, nenhuma parte do continente fora da Rússia está a mais de 800 quilômetros do mar,[93] mas uma parte significativa da África tropical está a mais de 800 quilômetros do mar, e uma porção está a mais de 1,6 mil quilômetros do mar.[94] Apenas a Ásia possui uma hinterlândia maior e mais distante do mar,[95] ainda que tenha mais rios navegáveis ligando seu interior à costa. As posições geográficas dos rios africanos também devem ser levadas em consideração. Embora o rio Níger se origine a apenas 320 quilômetros do oceano Atlântico, ele se afasta para o interior antes de acabar retornando em direção ao mar, e percorre 4,2 mil quilômetros antes de desembocar no oceano.[96] Em geral, a ligação tênue do interior africano com o mar tem sido uma das principais barreiras geográficas para o desenvolvimento econômico, cultural e político do continente ao sul do Saara.

O transporte terrestre em regiões extensas da África subsaariana também foi dificultado pela prevalência da mosca tsé-tsé, que transmite uma doença fatal que afeta animais e seres humanos, tornando o uso de animais de carga e animais de tração impraticável em muitos lugares. Privados desse auxílio ao transporte terrestre, os africanos costumavam carregar pacotes na cabeça em caravanas coloridas, que eram reflexos das alternativas sombrias deixadas a eles sem a ajuda das vias navegáveis ou da tração animal disponíveis para outros povos em outros continentes. O transporte oneroso realizado por seres humanos limitava o que podia ser transportado, a distância que podia ser percorrida e a velocidade. Além das limitações físicas, havia restrições mais rigorosas impostas pela economia, quanto aos itens que tinham valor suficiente em um espaço relativamente pequeno para compensar os custos desse método de transporte dispendioso.

A falta de força muscular dos animais na África tropical foi sentida não só no transporte, mas também na agricultura. Frequentemente, a escassez de animais de tração na agricultura significava não apenas a perda de força muscular como também uma falta de fertilizantes. Este último problema tem sido bastante importante nas regiões do continente onde os solos precisavam muito de fertilizantes, pois seu baixo teor de nutrientes e a propensão à erosão significavam que sua fertilidade era facilmente exaurida pelo cultivo.[97] Em partes da África, os padrões pluviométricos — longos períodos de seca seguidos por chuvas torrenciais — aumentam a erosão, visto que o solo seco e endurecido é mais facilmente arrastado.[98] Além disso, essas chuvas tropicais torrenciais tendem a lixiviar os nutrientes do solo na África, assim como em diversas outras regiões tropicais. Finalmente, os trópicos oferecem um ambiente propício para que muitas doenças mortais prosperem mais do que nas zonas temperadas ou em regiões tropicais montanhosas, que têm climas mais temperados devido a sua altitude. Por exemplo, 90% de todas as mortes por malária no mundo ocorrem na África subsaariana.[99]

A INFLUÊNCIA DA GEOGRAFIA

Mesmo uma lista de desvantagens geográficas individuais na África pode subestimar a desvantagem que elas representam em conjunto. Por exemplo, o problema do transporte fluvial precário, embora sério por si só, é ainda mais sério em conjunto com o transporte terrestre precário através de terrenos muito difíceis sem a ajuda de animais de carga. Os padrões pluviométricos extremamente variáveis se tornam mais sérios considerando onde a chuva cai. Um estudo geográfico da África encontrou abundância de água "onde não pode ser utilizada" e escassez "onde é mais necessária".[100]

Nem todas as partes da África subsaariana sofreram todas essas deficiências simultaneamente. No entanto, a fertilidade frágil em algumas regiões da África tropical significou que um determinado território não seria capaz de alimentar de forma permanente as pessoas em um lugar específico. Isso, por sua vez, significava que essas pessoas tinham que se deslocar a cada poucos anos para encontrar novas terras que pudessem alimentá-las, enquanto a terra que deixavam para trás recuperava sua fertilidade. Portanto, sociedades inteiras tinham que ser móveis, abdicando das oportunidades de construir comunidades baseadas em território com estruturas permanentes, como outras sociedades africanas construíram em regiões mais favorecidas geograficamente do continente, e que eram comuns na Europa, na Ásia e no Hemisfério Ocidental.[101]

O provincianismo dos povos isolados não é específico da África. O que é peculiar à África são as barreiras geográficas contra a mobilidade que permeiam grandes áreas ao sul do Saara. As vias navegáveis ampliam as fronteiras do intercâmbio cultural, mas, em grande parte da África subsaariana, não expandiram muito essas fronteiras culturais. Assim como outros lugares relativamente isolados dos avanços culturais mais amplos — as Terras Altas escocesas, partes dos Bálcãs ou as ilhas do Pacífico Sul, por exemplo —, grande parte da África subsaariana tendeu a não acompanhar o progresso tecnológico, organizacional e econômico em outras partes do mundo. A falta de alfabetização na maior parte da África subsaariana limitou ainda mais tanto o desenvolvimento interno quanto o estímulo advindo de contatos com épocas e lugares distantes por meio da palavra escrita. Embora retardo semelhante tenha afligido regiões específicas da Europa, da Ásia ou de comunidades insulares isoladas ao redor do mundo, na África esse isolamento cultural caracterizou grandes áreas e muitos povos.

O grau dessas desvantagens culturais variou em áreas distintas do continente, mudando ao longo do tempo. Ferrovias, veículos motorizados e aviões ampliaram as possibilidades de transporte, e os meios de comunicação eletrônica, incluindo rádios baratos e aparelhos de tevê, romperam o isolamento cultural. No entanto, tudo isso aconteceu em uma fração recente e mínima da história humana, muito depois de grandes diferenças culturais terem se desenvolvido entre povos com culturas geograficamente restritas e entre eles e outros com maior acesso amplo a mundos culturais mais amplos. Além disso, mesmo nos tempos modernos, as mudanças bruscas de altitude na paisagem africana continuaram a dificultar a construção de rodovias e ferrovias. A ferrovia entre Djibuti e Addis Abeba, por exemplo, sobe mais de 600 metros nos primeiros 100 quilômetros e mais de 1,4 mil metros nos últimos 290 quilômetros.[102]

Considerando os diversos e desafiadores obstáculos geográficos a seu desenvolvimento econômico e cultural, a pobreza da África não é surpreendente. Essa pobreza, em grande parte da África subsaariana, manifesta-se de várias maneiras. Renda *per capita* mais baixa é um indicador óbvio, ainda que as complexidades das taxas de câmbio internacionais tornem essas estatísticas questionáveis como medidas de padrões de vida relativos. No entanto, quando o valor monetário do produto *per capita* na Nigéria é inferior a 2% do valor nos Estados Unidos — e na Tanzânia, inferior a 1%[103] —, isso evidentemente não pode ser atribuído apenas às taxas de câmbio. Uma imagem mais significativa

A INFLUÊNCIA DA GEOGRAFIA

das diferenças nos padrões de vida é que a expectativa de vida média é geralmente superior a setenta anos na Europa, Austrália, Estados Unidos, Canadá e Japão, ao passo que a expectativa de vida média na África subsaariana tende a ficar na faixa dos cinquenta anos ou até mesmo nos quarenta anos.[104] Ademais, mesmo essas expectativas de vida na África foram alcançadas somente com a ajuda de medidas médicas e de saúde pública originadas em outras partes do mundo.

No âmbito desse quadro geral de atraso no desenvolvimento econômico em grande parte da África, observam-se variações históricas e contínuas no desenvolvimento econômico e na organização política entre as diversas regiões do continente. Uma das regiões mais favorecidas da África subsaariana, sob diversas perspectivas, foi a África Ocidental equatorial, onde hoje estão Nigéria, Gana e seus estados vizinhos. Essa região dispõe de alguns dos solos mais férteis do continente, chuva abundante e a bacia hidrográfica do Níger.[105] Nesse lugar surgiram alguns dos maiores reinos africanos. No entanto, mesmo nessa região relativamente mais favorecida da África, os estados e mesmo os impérios que surgiram eram frequentemente pequenos segundo padrões mundiais. O Império de Oyo, situado no que é hoje a Nigéria, abrangia uma área estimada de 150 mil quilômetros quadrados, o que é menor que o estado norte-americano do Colorado. O Império Songai, que incluía os ricos vales fluviais do Sudão central e ocidental, tinha aproximadamente o tamanho da França, ou seja, menor que o Texas. No entanto, esses eram grandes estados para os padrões africanos, já que a maioria dos africanos vivia em entidades políticas apenas uma fração desse tamanho, com populações nacionais não maiores que as populações de cidades ou mesmo povoados no restante do mundo.[106]

Na África, assim como em outras partes do mundo, os povos que eram mais favorecidos costumavam usar suas vantagens para subjugar os outros. Na África Ocidental, essa subjugação assumiu a forma

THOMAS SOWELL • ESSENCIAL

tanto de conquista quanto de escravização de outros africanos. Pelo Saara, no Norte da África, as condições geográficas mais favoráveis, incluindo portos no Mediterrâneo, também levaram ao surgimento de sociedades maiores e mais avançadas. Essas sociedades também usaram suas vantagens para subjugar e escravizar africanos subsaarianos. Na África Oriental, entre as áreas geograficamente mais favorecidas, incluíam-se portos,[107] como o grande porto natural na ilha costeira de Zanzibar e portos no continente como Mombaça e Kilwa. Todos os três se tornaram centros importantes para o comércio e transporte de escravos, geralmente capturados de tribos do interior menos favorecidas.[108] Aqui, os escravizadores eram normalmente árabes ou pessoas de origem e cultura mista árabe e africana, conhecidas como suaílis.[109]

A GEOGRAFIA DA EUROPA ORIENTAL E DA EUROPA OCIDENTAL

Entre as vantagens geográficas da Europa Ocidental que faltam na Europa Oriental está o acesso fácil aos oceanos do mundo. Enquanto nenhum ponto da Europa Ocidental está a mais de 350 quilômetros do mar, há regiões da Europa Oriental que estão a mais de 1.000 quilômetros do mar.[110] A influência do aquecimento da Corrente do Golfo, que modera os invernos na Europa Ocidental, tornando-os muito mais amenos do que em latitudes correspondentes na Ásia ou na América do Norte, é sentida cada vez menos ao leste, onde o clima continental é mais intensamente frio no inverno e os rios permanecem congelados por períodos mais longos do que os rios da Europa Ocidental.[111] O Mar Báltico também fica congelado durante meses.[112]

Nos Bálcãs, o ar subtropical ameno do Mediterrâneo é bloqueado por cadeias de montanhas que o impedem de alcançar grande parte da

A INFLUÊNCIA DA GEOGRAFIA

Europa Oriental e Europa do Sudeste, incluindo a hinterlândia da costa dálmata. Devido ao efeito de isolamento das montanhas costeiras ao longo da costa adriática, as temperaturas de inverno no interior, em Sarajevo, podem ser quase 10 graus Celsius mais baixas do que na costa, situada a pouco mais de 160 quilômetros de distância.[113] Muitos dos rios da Europa Oriental desaguam em lagos ou mares interiores, e não em águas abertas dos oceanos, com suas rotas comerciais internacionais, de modo que os benefícios do acesso de baixo custo por via marítima aos mercados do mundo — e às ideias do mundo — têm sido historicamente muito menos fácil de alcançar na parte oriental do continente. Nas áreas acidentadas dos Bálcãs, predominantemente desprovidas de rios navegáveis e isoladas do acesso à costa por montanhas que se estendem até perto do litoral, estima-se que, no período otomano, o custo de transporte terrestre de trigo por apenas 100 quilômetros superava o valor do próprio trigo.[114]

As penosas implicações econômicas de custos de transporte tão altos se estenderam muito além do trigo, atingindo o comércio e a indústria em geral, e também ajudam a explicar a insularidade cultural que assolava a região havia muito tempo. Enquanto os países da Europa Ocidental se tornaram o centro de redes comerciais que alcançavam todas as partes do mundo, grande parte da Europa Oriental, e sobretudo os Bálcãs, continuaram sendo regiões de "autossuficiência"[115] — ou seja, isolamento, atraso e pobreza. O comércio exterior que tinham se baseava no fornecimento de insumos básicos como lã, grãos e madeira para os países da Europa Ocidental, dos quais compravam bens manufaturados.[116] O clima e o solo também são menos favoráveis nos Bálcãs, que carecem de chuvas mais regulares e solos mais férteis do noroeste da Europa.[117] O fato de que regiões capazes de sustentar a vida humana ocorrem muitas vezes em áreas isoladas de vales montanhosos implicou que os povoados balcânicos frequentemente se desenvolvessem isolados uns dos outros, assim como do mundo exterior.

195

Para a Rússia, o clima de inverno mais frio da Europa Oriental, em comparação com a Europa Ocidental, significa que, embora o país tenha uma abundância de rios, eles não estão disponíveis de forma plena para uso o ano todo, assim como os portos marítimos do norte, cujas águas também ficam congeladas por uma parte significativa do ano. Situados no clima mais quente do sul da Rússia, os portos do Mar Negro se ligam ao mundo exterior através dos estreitos apertados de Bósforo e Dardanelos, controlados pelos turcos, e antes deles, pelos bizantinos. Somente após o tratado de 1829 é que os navios russos foram autorizados a passar por esses estreitos, o que tornou economicamente viável o transporte de grãos em grande escala da Rússia.[118] O impacto disso é evidenciado pelo fato de que o grão russo podia então ser vendido por preço inferior ao grão croata da costa dálmata, já que o grão russo era transportado a baixo custo por via aquática e o grão croata por terra,[119] mesmo que este último fosse transportado por distâncias menores.

Embora muitas das regiões eslavas careçam da abundância de recursos naturais da Europa Ocidental, as ricas jazidas de carvão, petróleo e outros recursos da Rússia tornam esse país um dos mais afortunados do mundo nesse aspecto.[120] No entanto, só há relativamente pouco tempo em sua história é que os recursos humanos da Rússia possibilitaram que o país tirasse proveito de grande parte do potencial de seus recursos naturais, pois, até o final do século XIX, a grande maioria dos russos ainda era analfabeta. Como em outras regiões do mundo, os recursos físicos por si só significavam pouco quando o capital humano complementar estava em falta.

A GEOGRAFIA DO HEMISFÉRIO OCIDENTAL

Embora, em termos estritamente físicos, as terras e águas do Hemisfério Ocidental fossem as mesmas para os povos indígenas como

A INFLUÊNCIA DA GEOGRAFIA

seriam no futuro para as populações transplantadas da Europa, a ausência completa de cavalos, bois, gado e ovelhas no Hemisfério Ocidental antes da chegada dos europeus teve implicações significativas para o abastecimento de alimentos em geral, para a agricultura em particular e, acima de tudo, para o tamanho do universo cultural disponível para qualquer tribo, nação ou civilização indígena. Os cavalos e os camelos transformaram a Rota da Seda em uma estrada que se estendia por milhares de quilômetros através da superfície terrestre eurasiana, ligando a China à Europa, mas nada comparável foi possível no Hemisfério Ocidental para ligar os iroqueses do litoral Atlântico da América do Norte aos astecas da América Central. Os italianos podiam obter macarrão da China, mas os iroqueses não podiam obter nada dos astecas, ou mesmo saber de sua existência.

No Hemisfério Ocidental, a agricultura era basicamente limitada ao que podia ser executado sem a força muscular dos animais para carregar ou puxar cargas, ou para arar a terra, assim como para fornecer esterco para manter a fertilidade das terras. Em geral, o transporte terrestre era bastante limitado em termos de cargas e distância que eram possíveis sem animais. Mesmo as vias navegáveis eram limitadas em sua capacidade de transportar cargas devido à ausência de animais de carga e animais de tração para desembarcar essas mercadorias depois que chegavam a terra. As canoas dos indígenas percorriam as vias navegáveis do interior e da costa do hemisfério muito antes da chegada do homem branco, mas embarcações maiores com maior capacidade de carga teriam excedido os rigorosos limites físicos e econômicos de uma terra sem os tipos de animais necessários para tornar carregamentos maiores economicamente viáveis. As lhamas estavam disponíveis como animais de carga em regiões limitadas da América do Sul, e cães eram usados pelos esquimós e por alguns índios das planícies da América do Norte para puxar cargas, mas esses animais não se comparavam com cavalos ou bois em termos de capacidade de transporte.

Assim como em grande parte da África subsaariana, não só havia uma limitação física no Hemisfério Ocidental em termos de cargas e distâncias devido à ausência dos animais necessários, mas os tipos específicos de mercadorias que seriam economicamente viáveis para transacionar a grandes distâncias eram ainda mais restritos economicamente àquelas coisas cujo valor concentrado pudesse compensar os altos custos de transporte, muitas vezes envolvendo carregadores humanos. Por exemplo, toneladas de grãos poderiam ser transportadas por centenas de quilômetros na Europa, mas não no Hemisfério Ocidental antes da chegada dos europeus, que trouxeram animais de carga e animas de tração. Mesmo nas regiões do Hemisfério Ocidental que possuíam redes de vias navegáveis comparáveis às da Europa Ocidental, as limitações no transporte terrestre restringiam as mercadorias transportadas por via aquática. Além disso, as limitações no alcance e na extensão do comércio também eram limitações no alcance e na extensão dos intercâmbios culturais.

Barreiras geográficas específicas — como a selva amazônica, as Montanhas Rochosas ou o vasto deserto que hoje corresponde ao sudoeste dos Estados Unidos — eram, é claro, obstáculos importantes para interações culturais em grande escala na era pré-colombiana, mas a ausência de animais para transporte era um obstáculo mais geral para interações culturais de longo alcance em todo o continente americano. Embora essas barreiras não fossem tão severas quanto as barreiras geográficas em partes da África subsaariana, eram mais intimidadoras do que aquelas em grande parte da Europa e da Ásia.

A ausência de animais de rebanho, como ovelhas e gado, e também a falta de animais de carga ou de tração, como cavalos e bois, tiveram outra consequência: a ausência de diversas doenças transmitidas por esses animais e frequentemente adquiridas por seres humanos

A INFLUÊNCIA DA GEOGRAFIA

vivendo em estreita proximidade com eles. Embora, de certa forma, a ausência dessas doenças fosse um benefício, ela também significava uma falta de resistência biológica a muitas doenças potencialmente devastadoras, como a varíola. Enquanto tais doenças não existiram no Hemisfério Ocidental, a falta de resistência biológica dos indígenas a elas não teve importância. Porém, depois que os europeus começaram a chegar com essas doenças, as consequências foram graves, não só para as populações indígenas afetadas e devastadas por essas doenças na época, mas também para a transferência histórica da América do Norte e do Sul dos povos indígenas para os invasores europeus. Os invasores mais invencíveis acabaram por ser não os europeus em si, mas os portadores invisíveis de suas doenças, de cuja existência nem eles nem os indígenas suspeitavam.

O fato de que a superfície terrestre eurasiana se estende predominantemente de leste a oeste, enquanto as superfícies terrestres do Hemisfério Ocidental se estendem predominantemente de norte a sul, significa que os avanços na agricultura e na pecuária podiam se disseminar mais facilmente por distâncias muito maiores no Velho Mundo do que no Novo. As plantas e os animais são mais parecidos nas mesmas latitudes, ao passo que mudanças climáticas mais drásticas acompanham o movimento de norte a sul. Assim, a rizicultura podia se espalhar por toda a Ásia e até a Europa e, por fim, até a América do Norte, mas a bananicultura não podia se espalhar da América Central para o Canadá. E muitos dos animais adaptados aos trópicos também não sobreviveriam em climas mais frios ao norte ou ao sul, de modo que o conhecimento de caçar ou domesticar esses animais também era restrito a quão distante seria aplicável, mesmo que esse conhecimento pudesse ser transmitido por longas distâncias. Ademais, a zona temperada setentrional e a zona temperada meridional do Hemisfério Ocidental ficam distantes demais para viabilizar o compartilhamento de conhecimento entre elas na era pré-colombiana. Em suma, o clima, assim como outros aspectos geográficos, limitaram o tamanho dos universos culturais dos povos indígenas do Hemisfério Ocidental.

O ambiente geográfico do Hemisfério Ocidental mudou com a conquista europeia. Grandes rebanhos de novos animais foram transferidos da Europa, junto com a transferência invisível de todo um novo ambiente de doenças e toda uma nova tecnologia da Europa. Essas transferências mudaram a vida dos povos indígenas, além de permitirem que os colonizadores europeus trouxessem grande parte de seu mundo cultural para as Américas. Por exemplo, guerreiros indígenas a cavalo com rebanhos de gado se tornaram um estilo de vida "tradicional" nas planícies ocidentais dos Estados Unidos, enquanto os gaúchos que pastoreavam o gado para os proprietários de terras espanhóis nos pampas argentinos costumavam ser de origem indígena, em parte ou totalmente.

As características físicas do Hemisfério Ocidental, como portos naturais e rios que se estendem profundamente para o interior a partir do mar, tornaram-se muito mais importantes economicamente após a chegada dos invasores e colonizadores brancos em navios construídos na Europa e mais bem adaptados à exploração das condições do Novo Mundo do que as canoas dos indígenas. As regiões do Hemisfério Ocidental mais desenvolvidas pelos europeus não eram as mesmas que as que tinham sido mais desenvolvidas pelos povos indígenas. Enquanto as civilizações indígenas mais avançadas se desenvolveram na América Central e na Cordilheira dos Andes, as regiões mais avançadas desenvolvidas pelos europeus foram aquelas cuja geografia era mais semelhante à da Europa Ocidental — lugares com portos naturais e extensas planícies costeiras, atravessadas por rios profundos o suficiente para grandes navios e, eventualmente, locais com jazidas minerais necessárias para o desenvolvimento de uma sociedade industrial.

Apenas no sentido físico mais restrito o cenário geográfico do Hemisfério Ocidental era o mesmo para os povos indígenas e para os

A INFLUÊNCIA DA GEOGRAFIA

europeus. A flora, a fauna e os ambientes patológicos mudaram radicalmente, e as características naturais da terra e das águas adquiriram uma gama muito mais ampla de possibilidades em decorrência disso, assim como em função da nova tecnologia trazida da Europa. Não bastasse, a tecnologia que os europeus trouxeram para o Hemisfério Ocidental não era simplesmente a tecnologia da Europa. Devido à geografia da superfície terrestre eurasiana, os europeus conseguiram aplicar no Hemisfério Ocidental as características culturais das terras que se estendiam muito além da Europa, mas que foram incorporadas a sua civilização. Os europeus conseguiram atravessar o oceano Atlântico porque navegavam com lemes desenvolvidos na China e calculavam sua posição em alto-mar por meio da trigonometria inventada no Egito, usando números criados na Índia. O conhecimento que acumularam de todo o mundo foi preservado em letras concebidas pelos romanos e escritas em papel elaborado na China. O poder militar que trouxeram consigo dependia cada vez mais das armas que utilizavam pólvora, também inventada na Ásia. O confronto cultural no Hemisfério Ocidental foi, na verdade, um conflito unilateral entre culturas adquiridas de vastas regiões do planeta contra culturas de regiões muito mais restritas do Novo Mundo. Nunca as vantagens de um universo cultural maior foram demonstrados de maneira mais drástica ou devastadora do que nas conquistas que se seguiram.

QUESTÕES EDUCACIONAIS

"EDUCADORES" TRAGICÔMICOS

A educação norte-americana seria cômica se não fosse trágica em suas consequências.

Recentemente, um professor me enviou uma carta, com alguns erros crassos de ortografia, pedindo uma foto autografada para sua turma porque isso ajudaria finalmente seus alunos terem a mim como um exemplo a seguir. Erros atípicos? Tomara que sim. Porém, alguns anos atrás, um estudo revelou que a pontuação média na Prova de Aptidão Escolar verbal para aspirantes a professores era de 389 pontos em possíveis 800.

Com as crianças em idade escolar norte-americanas terminando repetidas vezes na última posição ou perto dela em provas internacionais comparativas, a resposta da comunidade de educação tem sido buscar cada vez mais aventuras não acadêmicas para se envolver.

Entre as mais recentes dessas "inovações" — uma palavra mágica no país das maravilhas da novilíngua educacional — está a chamada "educação baseada em resultados". Assim como muitos dos slogans que vão e vêm, isso significa algo bem diferente do que parece significar.

A educação baseada em resultados pode soar, para muitos, como a criação de um ponto principal para julgar escolas, professores e administradores. Nada disso. Trata-se de mais uma maneira de se afastar do trabalho acadêmico e se entregar à doutrinação psicológica e ideológica. Isso é chamado de avançar além do "aprendizado mecânico" e ensinar as crianças em idade escolar a "pensar". Muitos na mídia repetem ingenuamente tais expressões, sem a mínima investigação do que significam especificamente na prática.

Depois que detalhes concretos vazam, costuma haver um choque, como atualmente na Califórnia, onde provas estão invadindo a vida familiar e as experiências sexuais dos alunos, entre outras coisas. Os pais que inicialmente protestaram foram previsivelmente rotulados como "a direita religiosa", mas agora até mesmo alguns membros da comunidade educacional começaram a manifestar preocupação.

Pouco tempo antes, alguns pais em Connecticut que se opuseram à exibição de fotogramas de casais nus praticando sexo (tanto homossexual quanto heterossexual) na escola local da segunda etapa do ensino fundamental foram rotulados como "fundamentalistas" e "extremistas de direita", embora fossem, na verdade, episcopais abastados.

Existe toda a sorte de respostas prontas para os críticos das escolas públicas, das quais essa foi apenas uma. Recentemente, eu recebi uma dose pessoal dessas respostas estereotipadas ao me dirigir a uma turma de estudantes que estão sendo preparados para carreiras como professores. Eles pareceram desconcertados com as perguntas que eu lhes fiz: "E se você estiver errado? Como você saberia? Como você testaria essa possibilidade?"

A mera ideia de que os dogmas que eles estavam repetindo com tanto fervor poderiam ser passíveis de questionamentos ou sujeitos a evidências parecia nunca ter lhes ocorrido. Isso era um sinal muito mais preocupante do que simplesmente estarem errados em crenças específicas. Como eles podem ensinar qualquer outra pessoa a pensar se eles próprios não alcançaram esse nível elementar de lógica?

Para muitos educadores hoje, "pensar" significa ensinar as crianças a rejeitar tradições em favor de suas próprias respostas emocionais.

"EDUCADORES" TRAGICÔMICOS

Objeções a tais programas de propaganda são chamadas de objeções a deixar as crianças pensar. Qualquer coisa que não seja um cheque em branco para doutrinação é chamada de "censura".

Considerando tais atividades não acadêmicas em nossas escolas públicas, não causa surpresa que os jovens norte-americanos tenham um desempenho tão ruim em provas acadêmicas aplicadas a jovens de todo o mundo. Tampouco causa espanto que o trabalho acadêmico seja tão facilmente abandonado em favor de experimentos sociais, cruzadas ideológicas e manipulações psicológicas por educadores cujos próprios desempenhos acadêmicos têm demonstrado há muito tempo ser insatisfatórios.

Não surpreende que as poucas escolas com programas acadêmicos tradicionais tenham listas de espera de pais que desejam matricular seus filhos. Quando a matrícula é feita por ordem de chegada, não é raro que os pais acampem durante a noite na esperança de conseguir uma vaga para seus filhos em instituições que ensinarão conteúdo relevante em vez de superficialidades e propaganda politicamente correta.

Nesse contexto, as campanhas recentes por um dia escolar mais longo e um ano letivo mais longo são ridículas. Se a falta de tempo é o problema, por que as escolas estão desperdiçando tanto tempo em inúmeras atividades não acadêmicas? Além disso, não há quantidade de tempo adicional que não possa ser desperdiçada em atividades semelhantes.

Uma parte considerável dos problemas existentes nas escolas públicas é que o dia escolar já é muito longo e entediante, com muito pouco para desafiar os estudantes mais capazes. Ademais, muitos estudantes de desempenho médio e abaixo da média que perderam todo o interesse são retidos por leis de frequência obrigatória por anos além do ponto em que sua presença está apenas garantindo empregos para educadores.

THOMAS SOWELL • ESSENCIAL

Apesar da histeria orquestrada sobre "o problema da evasão escolar", o que muitos estudantes desinteressados mais precisam é de uma dura dose de realidade que só podem conseguir no mundo do trabalho, e não na terra do nunca das escolas públicas.

CIENTISTAS NÃO SÃO BEM-VINDOS

Não foi propriamente uma novidade quando alunos do último ano do ensino médio norte-americano ficaram em último lugar ou perto dele em recentes provas internacionais de matemática e ciências, mas diversos jornais deram manchetes sobre isso. A verdadeira história, porém, é que três ilustres cientistas norte-americanos, um dos quais laureado com o Prêmio Nobel, ofereceram-se para ajudar a elaborar o novo currículo de ciências da Califórnia no outono anterior. A oferta foi rejeitada.

O que esse breve episódio mostra é que criar um currículo em nossas escolas públicas não diz respeito a educar as crianças. Diz respeito, sim, a fazer coisas que os professores gostam e com as quais conseguem lidar. A última coisa que eles querem é um currículo de ciências elaborado por alguém com um Prêmio Nobel.

Em primeiro lugar, a comunidade de educação não está disposta a abrir mão de nenhuma parte de seu território, muito menos exigir que seus professores procurem fazer coisas que muitos deles simplesmente não conseguem fazer. Qualquer pessoa familiarizada com as desanimadoras pontuações das provas dos estudantes que cursam educação sabe que é utópico esperar que essas pessoas se tornem estudantes capazes de competir internacionalmente em matemática e ciências.

Aqueles que saem dos departamentos e faculdades de educação precisam de um currículo focado em atividades e objetivos não acadêmicos que os façam se sentir bem e importantes. Cumprem esse papel a engenharia social, a doutrinação com modismos e o envolvimento em diversas campanhas sobre ambientalismo e projetos de "serviço público".

Para esse tipo de professores, ensinar às crianças o teorema de Pitágoras não é prioridade. Não é razoável, sendo quase cruel, esperar que eles desempenhem esse papel. Se esse papel precisa ser desempenhado — e sem dúvida precisa —, então precisamos colocar pessoas diferentes para ensinar em nossas escolas públicas. Sem isso, todo o resto é cosmético e desperdício de dinheiro.

Onde podemos encontrar essas novas pessoas? Elas estão em todo lugar. As escolas particulares as encontram em abundância suficiente para que profissionais com formações sólidas — mas muitas vezes sem cursos de pedagogia — possam ser contratados com salários mais baixos do que os pagos pelas escolas públicas. Restrições elaboradas para o ingresso nas escolas públicas são necessárias para proteger os professores existentes da concorrência.

A Associação Nacional de Educação pode fazer muito barulho sobre não querer pessoas "não qualificadas" nas salas de aula. Porém, isso é novilíngua. O que querem dizer por "não qualificadas" são pessoas que não cumpriram as exigências das faculdades e dos departamentos de educação. Os contemplados com Prêmio Nobel são considerados não qualificados por essa definição.

Nossas escolas públicas não fracassaram. Elas tiveram um sucesso incrível em cumprir sua própria agenda, totalmente em desacordo com os objetivos daqueles que pagam as contas e daqueles que enviam seus filhos para serem educados.

Toda demanda por melhores resultados se transforma em uma demanda por mais dinheiro. Todo fracasso é atribuído aos pais, à televisão, à "sociedade". O maior sucesso dos educadores tem sido manter

CIENTISTAS NÃO SÃO BEM-VINDOS

seu próprio desempenho fora de discussão, as recompensas totalmente independentes do desempenho em sala de aula e as sanções praticamente nulas em um sistema de estabilidade no emprego em que demitir um professor pode custar centenas de milhares de dólares.

Em nenhum momento, a comunidade de educação precisa provar seu valor ou se calar. Mesmo nas escolas campeãs de ruindade, geralmente em bairros de baixa renda e minorias, os sindicatos de professores se opõem ferozmente a deixar que mesmo uma fração dos estudantes vá para escolas particulares com crédito educativo.

Não se trata de capricho ou racismo. É interesse próprio explícito. Todo o castelo de cartas poderia desmoronar se os estudantes fracassados das escolas em guetos fossem para outro lugar e tivessem sucesso.

Diversos estudos já mostraram isso. Porém, estudos são para acadêmicos e sabichões em políticas públicas. O que se mostraria politicamente devastador seria ver milhões de pessoas, em todos os Estados Unidos, vendo isso com seus próprios olhos.

Esta é apenas uma área onde impedir que a retórica pomposa seja submetida a testes empíricos é fundamental para a comunidade de educação. O dinheiro federal desempenha um papel-chave nisso.

Esse dinheiro e os controles que o acompanham significam que a "língua integrada", a "matemática integrada", a educação bilíngue e o resto da agenda da moda podem ser impostos por Washington, de modo que os resultados que produzirem simplesmente não terão importância.

A sobrevivência do sistema existente depende de os resultados não terem importância.

ENSINO SUPERIOR E HUMOR INFERIOR

Se você gostou de *Alice no País das Maravilhas*, vai adorar *The Chronicle of Higher Education*, a publicação especializada do setor acadêmico. Apenas uma edição — de 13 de outubro (1993), para aqueles que são supersticiosos — trazia artigos sobre professores que fazem você se perguntar se os acadêmicos vão amadurecer algum dia.

Em tal edição, a Universidade de Nova York anunciou uma vaga para o cargo de professor em artes cênicas, para o que chamou de "Performance de Gênero". Entre as atribuições específicas do cargo, incluía-se "atuação *drag* e travestida, teorias *queer*". A universidade "incentiva candidaturas de mulheres e membros de grupos minoritários". Nada de referências habituais sobre ser um "empregador comprometido com a igualdade de oportunidade/ação afirmativa", com as quais nos acostumamos tanto que suas contradições internas já não nos incomodam.

Em um caso que literalmente se tornou uma questão federal, um professor da Universidade do Alabama inseriu suas opiniões religiosas em sua aula de educação física. Quando a universidade ordenou que parasse, ele processou a instituição. Posteriormente, o professor foi derrotado no processo, mas ganhou estabilidade no emprego. Então, talvez tenha sido um empate técnico.

ENSINO SUPERIOR E HUMOR INFERIOR

Se esse professor tivesse inserido ideologias de esquerda em disciplinas totalmente não relacionadas, como biologia ou inglês — como acontece habitualmente em muitos *campi* do país —, ele nunca teria recebido sequer uma advertência.

Outro caso federal surgiu porque um professor que ofendeu seus alunos em sala de aula ignorou os avisos para parar, e então processou a instituição quando acabou sendo demitido. Esse caso chegou até o Tribunal Federal de Apelações, onde o professor foi derrotado.

Isso não significa que o uso de palavrões em sala de aula seja motivo para demitir um professor. Foi apenas o fato de os palavrões terem sido dirigidos contra alunos que causou problemas ao professor. Em todo o país, e em todas as posições da hierarquia acadêmica, desde Harvard até universidades de esquina, os palavrões são aceitáveis na sala de aula sob a ampla proteção da "liberdade acadêmica".

Os professores que mantêm relacionamentos íntimos com seus alunos também estão protegidos pela "liberdade acadêmica", mesmo que não estejam protegidos por mais nada. A mesma edição do *Chronicle of Higher Education* inclui cartas de leitores reagindo a um ensaio de um professor da Universidade de Massachusetts que afirma ter resolvido o problema das alunas cuja virgindade estava sendo "prolongada de modo antinatural".

Novamente, não precisamos temer pelo emprego desse professor, tanto por suas ações quanto por suas subsequentes vanglórias sobre elas. É pouco provável que seu desvirginamento de alunas agrave o congestionamento dos tribunais federais.

Em Stanford, a propósito, os estudantes do sexo masculino podem enfrentar uma série de problemas de acordo com um novo código de "assédio sexual" redigido de forma vaga, mas os professores de Stanford que mantêm relações íntimas com seus alunos são apenas advertidos.

A regra das turbas também está em pleno vigor na academia. A mesma edição do *Chronicle of Higher Education* relata um distúrbio na

Universidade da Califórnia em Los Angeles, em que os estudantes atacaram o clube dos professores. Eles "quebraram as janelas de vidro temperado do clube, destruíram móveis e picharam as paredes".

No devido tempo, eles foram recompensados pela promessa da administração da universidade de contratar dois novos professores de Estudos Chicanos e de isentar os programas de estudos étnicos de quaisquer cortes que pudessem atingir matérias não relevantes como matemática ou economia.

O *Chronicle* também relatou acontecimentos semelhantes em Berkeley: "Centenas de manifestantes passaram por dois edifícios do *campus* e acionaram os alarmes de incêndio. Ninguém foi preso."

Repare que "manifestantes" é o termo politicamente correto para desordeiros, vândalos ou tropas de choque no *campus*.

Embora esses "manifestantes" sejam habitualmente descritos como expressando sua "raiva" ou sua "angústia", um dos líderes estudantis de Cornell pode ter captado o verdadeiro espírito com maior exatidão quando disse, após diversos atos organizados de vandalismo ali: "Isso é excitante demais."

Um dos motivos pelos quais não ouvimos falar muito sobre tais manifestações no *campus* na mídia em geral, como acontecia na década de 1960, é que elas ocorrem com muita frequência para serem notícia, e são aceitas com tanta indiferença que perdem o drama do conflito.

Os administradores acadêmicos experientes também aprenderam a minimizar a quantidade de tais episódios por meio de diversas técnicas de rendição preventiva. Ao se manterem constantemente atentos ao que tem mais probabilidade de desencadear os elementos mais voláteis entre os estudantes e o corpo docente, os administradores sabem como ajustar a política acadêmica e quais condutas impróprias ou crimes flagrantes devem ser ignorados.

ENSINO SUPERIOR E HUMOR INFERIOR

Esse jogo só funciona porque muita gente fora da academia nem sequer está ciente de que o jogo está em andamento. Porém, antes de decidir se deve contribuir para a querida e antiga *alma mater*, pode valer a pena assinar o *Chronicle of Higher Education*. Você pode acabar decidindo doar para pesquisas médicas ou investir o dinheiro no mercado, onde ajudará a criar empregos.

SUCESSO EM OCULTAR FRACASSOS

Entre as diversas defesas engenhosas e enganosas de nosso deficiente sistema educacional incluem-se as afirmações de que as universidades norte-americanas estão entre as mais bem avaliadas no mundo e que os norte-americanos constantemente ganham uma quantidade desproporcional de Prêmios Nobel. Ambas as afirmações são corretas. E irrelevantes.

Embora os norte-americanos tenham conquistado a maior parte dos Prêmios Nobel em 1999, nenhum dos ganhadores nasceu realmente nos Estados Unidos. Se pessoas nascidas e criadas em outros países optam por vir aqui e usar seus talentos, tudo bem. Porém, não considere as conquistas deles como uma validação do sistema educacional norte-americano.

Pelo contrário, a questão incômoda deve ser encarada: por que um quarto de bilhão de norte-americanos natos não foi capaz de ganhar um único Prêmio Nobel em 1999, quando um número relativamente pequeno de norte-americanos naturalizados conquistou tantos? Isso não é uma validação, mas sim uma acusação contra nosso sistema educacional.

As universidades norte-americanas mais bem avaliadas devem muito à generosidade de doadores norte-americanos e à contribuição do governo dos Estados Unidos, que lhes permitem atrair os melhores acadêmicos de todo o mundo. É a pesquisa, e não o ensino, que

SUCESSO EM OCULTAR FRACASSOS

determina as classificações mundiais, e nossas universidades devidamente financiadas, que concedem doutorados, estão entre as melhores em pesquisa de modo inquestionável.

No entanto, ao analisarmos quem obtém diplomas e em quais áreas, o quadro é novamente muito preocupante quanto ao histórico das escolas e faculdades que preparam os alunos para ingressar nessas instituições de alto nível.

Menos da metade dos doutorados em engenharia e matemática concedidos por universidades norte-americanas é recebida por norte-americanos. Ainda mais revelador, há uma relação sistemática entre a dificuldade da disciplina e a porcentagem de doutorados norte-americanos que são concedidos a norte-americanos.

Em um campo nebuloso e pouco exigente como educação, mais de quatro em cada cinco doutorados são concedidos a norte-americanos. É ao começarmos a nos aprofundar nas ciências físicas que a proporção cai para pouco mais da metade, e ao entrarmos em engenharia e matemática, os norte-americanos se tornam uma minoria entre os doutorados de universidades norte-americanas.

Os estudantes estrangeiros de pós-graduação predominam tanto em disciplinas difíceis que uma queixa comum em todo o país é que os cursos de matemática de graduação estão sendo dados por pessoas cujo inglês é difícil de entender, sem contar a dificuldade de aprender a matéria em si.

Sim, as melhores universidades dos Estados Unidos são a nata da nata. Elas são tão boas que as pessoas educadas em escolas e faculdades norte-americanas não conseguem competir com os estudantes estrangeiros que lá estudam.

O período durante o qual as escolas públicas norte-americanas tiveram as pontuações das provas em queda coincidiu com o período em que os norte-americanos foram cada vez mais substituídos por estrangeiros nos programas de pós-graduação das melhores universidades dos Estados Unidos.

Em todos os campos avaliados pelo Conselho de Escolas de Pós-Graduação, a proporção de diplomas de pós-graduação nos Estados Unidos concedidos a norte-americanos caiu ao longo de duas décadas, com as maiores quedas ocorrendo nas disciplinas mais exigentes.

Uma análise mais minuciosa dos norte-americanos que ainda se destacam em campos difíceis também é reveladora. Quase 22% de todos os doutorados em engenharia obtidos por norte-americanos são recebidos por asiático-americanos. Eis aqui o grupo que está mais em descompasso com a predominante educação pouco exigente, com sua ênfase em "autoestima" e outros modismos superficiais. Mais uma vez, isso não é uma justificação, mas uma acusação do que está sendo feito nas escolas públicas norte-americanas.

Curiosamente, aqueles que se enfurecem quando as minorias estão "sub-representadas" em relação a sua porcentagem da população, quer entre os portadores de diplomas universitários, quer em diversas profissões, permanecem estranhamente calados quando toda a população norte-americana está sub-representada entre os portadores de diplomas de pós-graduação em ciência, matemática e engenharia em seu próprio país.

Essa sub-representação talvez fosse compreensível se os Estados Unidos fossem algum país do Terceiro Mundo recém-ingressado no mundo da ciência e tecnologia modernas. É assombroso em um país cujas pessoas lideraram o mundo nessas áreas no passado recente. Sem dúvida, algo deu muito errado no sistema educacional do país.

Nossa atual liderança mundial em ciência e tecnologia, assim como nossa liderança em Prêmios Nobel, deve muito a pessoas que nunca passaram pela educação superficial em escolas e faculdades norte-americanas.

Muitos vêm de países que gastam muito menos por aluno do que os Estados Unidos, mas obtêm resultados muito melhores pelo dinheiro investido.

"SERVIÇO PÚBLICO" OU DESSERVIÇO?

De acordo com um dos manuais da Faculdade de Amherst, os estudantes que fazem o curso de Inglês 6 "devem se voluntariar" para atuar como tutores em uma escola do ensino médio local. A novilíngua orwelliana se tornou tão comum na academia que, ao que tudo indica, ninguém percebe a ironia na ideia de que um estudante "deve se voluntariar".

As faculdades e escolas do ensino médio da moda em todo o país estão exigindo "serviços à comunidade" como forma de ganhar créditos acadêmicos ou até mesmo como precondição para receber um diploma. Em Washington, o "serviço nacional" está agora na moda — outra ideia de "se sentir bem" financiada com o dinheiro de outras pessoas.

O que é verdadeiramente assustador é a facilidade com que tanta gente acredita que pode definir o que é e o que não é um "serviço" para a sociedade.

A faculdade de direito da Universidade de Stanford, por exemplo, envia estudantes e outras pessoas para o gueto nas proximidades, em East Palo Alto, para lutar contra a expulsão de criminosos do sistema local de escolas públicas. Seria difícil imaginar um maior desserviço para a comunidade negra do que permitir que a educação de suas crianças seja interrompida, solapada ou destruída por encrenqueiros, bandidos e jovens traficantes de drogas que querem permanecer classificados como "estudantes" apenas para poder ficar na escola e vender crack.

Todos nós sabemos qual é o caminho que está cheio de boas intenções. Se os estudantes que trabalham em uma cozinha comunitária ou em um abrigo para moradores de rua, ou que realizam qualquer um dos outros "serviços" para obtenção de crédito acadêmico, estão de fato tornando a sociedade melhor ou pior, no balanço geral, é uma questão em aberto, e não uma conclusão inevitável.

Ao ponderar os benefícios imediatos em relação à promoção da dependência e ao aumento de um exército de pessoas ociosas nas ruas, criando mais do que sua parte de desordem e criminalidade, o balanço geral é pelo menos discutível.

Porém, mesmo se assumimos que cada "serviço" prestado pelos estudantes é de fato um serviço, isso ainda deixa a grande questão quanto ao motivo pelo qual deveria ser realizada por estudantes.

Sem dúvida, resgatar pessoas de edifícios em chamas seria um serviço, mas queremos que os estudantes façam isso, ou é algo que preferimos deixar para bombeiros com formação profissional? Mesmo quando os estudantes possuem as habilidades necessárias, será que não há valor em seu tempo ao realizar aquilo para o qual eles estão em escolas e faculdades, ou seja, desenvolver suas mentes em preparação para uma vida inteira de contribuição para a sociedade de diversas maneiras?

Por que os pais estão fazendo sacrifícios financeiros para enviar seus filhos a faculdades e universidades se o tempo que eles passam lá tem tão pouco valor que pode ser usado para realizar tarefas de assistentes sociais amadores? Será que uma instituição acadêmica tem tão pouca dedicação a sua própria missão que precisa buscar atividades secundárias para justificar sua existência?

Muito do que é feito em nome do "serviço" não só não favorece o avanço do desenvolvimento das habilidades de pensamento como

"SERVIÇO PÚBLICO" OU DESSERVIÇO?

certamente o dificulta por meio da substituição por experiências emocionalmente inesquecíveis, mas superficiais.

Chamar essas atividades de uma experiência de "vida real" é enganoso, porque a vida real não é pré-arranjada para você por instituições acadêmicas. Nada é mais enganoso do que esse falso "realismo".

Assim como muito que é feito sob o pretexto de piedades acadêmicas, o "serviço" aos outros é, muitas vezes, um meio de propagandear ideologias "politicamente corretas" aos próprios estudantes, fazendo-os sentir pena dos supostamente negligenciados ou maltratados pela sociedade, e ver os donativos e a engenharia social como solução para os problemas sociais.

Não pode ser mera coincidência que aqueles que mais pressionam por exigências de "serviço" em escolas e faculdades costumem ser os mesmos que promovem a agenda "politicamente correta" da esquerda em geral. Essa é uma maneira barata de inocular suas ideologias em mentes jovens, vulneráveis e inexperientes, sem precisar apresentar um argumento sólido de modo aberto que poderia ser desafiado por outros.

Assim como tantas outras ações realizadas por aqueles que tratam a educação como a continuação da política por outros meios, o dano duradouro não é causado pela insinuação de uma ideologia específica, pois as ideologias das pessoas mudam ao longo do tempo, independentemente do que lhes foi ensinado. O dano duradouro é causado ao desenvolvimento do pensamento crítico.

Aprender a pensar e saber sobre o que se está falando é uma ocupação em tempo integral. Em nenhuma situação isso é mais verdadeiro do que nos anos de formação. Mesmo pessoas naturalmente brilhantes podem acabar se mostrando nada mais do que cabeças de vento inteligentes se a disciplina da lógica e a análise detalhada de evidências empíricas multifacetadas forem negligenciadas em prol de "experiências" emocionais.

Definir "serviço" e atribuí-lo a outros pode ser uma grande satisfação egocêntrica para alguns educadores, mas apenas na medida em que estão dispostos a sacrificar ou prostituir a própria educação.

"FORÇADO A SE VOLUNTARIAR"

Originalmente, o termo "liberal" se referia politicamente aos que queriam libertar as pessoas, sobretudo do poder opressivo do governo. Esse continua sendo o significado que ainda vigora em diversos países europeus ou na Austrália e Nova Zelândia. É o significado norte-americano que é incomum: pessoas que querem aumentar o poder do governo, a fim de alcançar diversos objetivos sociais.

Típico do que o liberalismo passou a significar nos Estados Unidos hoje é uma proposta de Gray Davis, governador da Califórnia, de que as faculdades e universidades estaduais tornem o "serviço comunitário" um requisito para a conclusão do curso. Imediatamente, seu plano ganhou o apoio incondicional do maior jornal do estado, o liberal *Los Angeles Times*. Em seu editorial, não havia nenhuma ironia ao sustentar efeitos benéficos para "estudantes que são forçados a se voluntariar".

Forçado a se voluntariar. Essa é a noção orwelliana na qual o liberalismo contemporâneo degenerou.

"O que poderia haver de errado em ensinar aos estudantes, como afirma o governador, que 'uma ética de serviço [...] [tem] valor duradouro na Califórnia'?", o *Los Angeles Times* pergunta. Um requisito de serviço comunitário "poderia trazer um retorno valioso para uma nova geração de cidadãos com consciência cívica".

Aqui chegamos ao cerne da ideia do chamado serviço comunitário. Seu propósito central é criar um determinado conjunto de atitudes nos estudantes. Trata-se de uma submissão compulsória à propaganda patrocinada pelo Estado para a visão de mundo dos liberais. Esse é o motivo pelo qual os estudantes devem ser "forçados a se voluntariar".

O que há de errado com a ideia de um povo livre, usando seu próprio tempo como achar melhor, para aquilo que mais importa para si, em vez de ser joguete em um programa de propaganda mais condizente com o que acontece em sociedades totalitárias? O que há de errado com cada indivíduo definindo para si mesmo o que significa consciência cívica, em vez de o governo definir e impor isso?

Em um país onde mais de 90 milhões de pessoas já se voluntariam para projetos cívicos de sua própria escola, por que os estudantes devem ser convocados para se tornarem "voluntários" para causas como ambientalismo ou outras que são caras ao *Los Angeles Times* ou ao governador Davis? A arrogância desinibida daqueles que definem para os outros o que é um "serviço comunitário" é impressionante.

O ambientalismo pode — e de fato o faz — chegar a extremos onde é um desserviço para a comunidade. Os programas que subsidiam o estilo de vida das pessoas sem moradia podem converter homens capazes em ociosos incômodos nas ruas dos Estados Unidos. Não precisamos tentar forçar os liberais a acreditar nisso. Porém, eles não têm o direito de usar o sistema educacional para forçar os jovens a se submeterem à propaganda favorável a sua visão.

A mentalidade totalitária por trás da visão liberal se revela de inúmeras maneiras. Nos Estados Unidos, não há instituições onde a liberdade de expressão é mais duramente restringida do que em nossas faculdades e universidades politicamente corretas, dominadas por liberais.

Os estudantes que discordam abertamente da visão esquerdista que estão aprendendo na sala de aula podem se ver enfrentando notas

"FORÇADO A SE VOLUNTARIAR"

mais baixas e insultos do professor na frente de seus colegas e amigos. Ofender as hipersensibilidades de qualquer um dos grupos sagrados no *campus* — mesmo que de forma não intencional — pode resultar em punições mais duras, como suspensão ou expulsão.

Por outro lado, se minorias, homossexuais ou feministas radicais quiserem calar palestrantes que não gostam de vandalismo ou outras ações de massa para promover suas agendas, isso é aceitável.

No *campus*, a obediência ideológica se estende à contratação de professores e até mesmo à escolha de palestrantes convidados para dar conferências na instituição. Há acadêmicos de destaque internacional que nunca receberiam uma oferta hoje para um cargo de professor na maioria das faculdades e universidades da Ivy League porque não seguem a mesma ideologia. É mais fácil achar uma agulha no palheiro do que achar um republicano na maioria dos departamentos de sociologia ou inglês.

Se os liberais estão ensinando alguma lição de civismo com tudo isso é que o que importa é o poder, incluindo o poder de forçar as pessoas a manterem seus pensamentos para si mesmas, se esses pensamentos não estiverem em conformidade com a visão liberal.

O trabalho comunitário "voluntário" é só o mais recente de uma série de usos das escolas e faculdades para propagandear o politicamente correto, em vez de ensinar os indivíduos a pensar por si mesmos. Se os liberais não entendem que isso é o oposto da libertação, isso torna mais urgente para o restante de nós reconhecer esse fato e esse perigo.

ADEUS A SARA E BENJAMIN?

Recentemente, um casal de amigos queridos nos visitou, e trouxe junto seus gêmeos de seis anos, Sara e Benjamin. Eles são algumas das crianças mais adoráveis que você poderia conhecer, não só pela aparência, mas também pelo comportamento. Os gêmeos são o tipo de crianças que você pode ver em pinturas de Normam Rockwell, mas cada vez menos no mundo real.

Agora, Sara e Benjamin estão indo para a escola pública, e é doloroso imaginar como eles poderão estar daqui a um ano. A maioria das pessoas desconhece quanto tempo e esforço as escolas públicas — e algumas escolas particulares — estão investindo para solapar os valores e a compreensão que as crianças aprenderam com os pais e para reorientá-las para a visão vanguardista do mundo que está na moda na comunidade educacional.

Os educadores atuais acreditam que é seu trabalho introduzir crianças como Sara e Benjamin ao sexo quando e da maneira que acharem conveniente, independentemente do que os pais das crianças possam pensar. Filmes explícitos de heterossexuais e homossexuais em ação são exibidos no ensino fundamental.

Em geral, desvincular as crianças da influência dos pais é uma alta prioridade em diversas escolas. As crianças se sentam em um chamado "círculo mágico" e falam sobre todo tipo de assuntos pessoais,

ADEUS A SARA E BENJAMIN?

segundo a regra de que não devem repetir nada daquilo para ninguém fora daquele círculo mágico. Às vezes, são explicitamente instruídas a não contar aos pais o que foi dito.

Alguns manuais para professores alertam contra deixar os pais saberem os detalhes do que está sendo feito e apresentam estratégias para contornar perguntas e preocupações parentais. Generalidades grandiosas e nomes grandiloquentes como programas para "superdotados e talentosos" ocultam o que não passa de atividades de doutrinação para converter as crianças dos valores dos pais para os valores preferidos pelos gurus educacionais.

Certo e errado estão entre os primeiros alvos desses programas. "Não há um jeito 'certo' ou uma idade 'certa' para ter experiências de vida", um livro didático muito utilizado afirma. Outro livro didático diz que as crianças podem ouvir os pais "se estiverem interessadas nas ideias deles". Porém, se existir uma diferença de opinião, pais e filhos devem ver o ponto de vista do outro "como diferente, e não como errado".

Sara e Benjamin têm apenas seis anos e estão entrando na primeira série. Será que isso se aplicará a eles? Sim. Há um livro didático criado para crianças da pré-escola até a terceira série que fala sobre os direitos delas e sobre reivindicar dos pais esses direitos. Sempre que "acontecer algo que você não gosta", você tem "o direito de ficar bravo sem ter medo de ser punido", o livro afirma.

Em outras palavras, não aceite desaforo da mamãe e do papai. Quem são eles? Como afirma outro livro didático, os pais são apenas "pessoas comuns com falhas, fraquezas, inseguranças e problemas como quaisquer outras". Em muitos livros didáticos, filmes e outros materiais usados nas escolas, os pais são retratados como pessoas antiquadas, desatualizadas e cheias de complexos.

O que esses presunçosos detratores dos pais não conseguem entender é que a relação de um filho com seus pais é a mais extraordinária que alguém provavelmente terá em relação a qualquer outro ser

THOMAS SOWELL · ESSENCIAL

humano. É improvável que alguém mais se sacrifique tanto pelo bem-estar de outro alguém. Se as ideias vanguardistas ensinadas às crianças nas escolas causarem problemas para elas, serão os pais que terão que lidar com as consequências, e não os gurus loquazes.

Grande parte dos professores em sala de aula que adotam essas modas e esses fetiches educacionais não fazem ideia de sua origem e qual é seu propósito subjacente. Na realidade, muitas das técnicas e estratégias usadas para desmantelar os valores, a personalidade e o recato da criança derivam diretamente de práticas totalitárias de lavagem cerebral da época de Stalin e Mao.

Essa é a origem, por exemplo, dos diários pessoais que as crianças são obrigadas a manter nas escolas dos Estados Unidos. Esses diários não são educativos. Erros grosseiros de ortografia, gramática e manejo da língua são ignorados, não recebendo correção. Esses diários são portões de entrada para a psique e o primeiro passo na manipulação das mentes infantis.

Quando nossos amigos se despediram e foram matricular seus filhos na escola pública, não pude deixar de me perguntar se eu tinha visto Sara e Benjamin pela última vez. Será que eles ainda seriam as mesmas crianças adoráveis depois que fossem usadas como cobaias por aqueles que dizem estar tentando educá-las?

ESCOLHENDO UMA FACULDADE

Recentemente, um aluno da Universidade de Nova York cometeu suicídio — foi o sexto suicídio na mesma instituição neste ano. O suicídio de alguém no auge da juventude, que está adquirindo conhecimento que promete um futuro brilhante, deveria ser algo muito mais raro do que é. Mas a Universidade de Nova York não é um caso isolado.

Quando eu lecionava na Universidade da Califórnia em Los Angeles, certa manhã, a caminho de meu escritório, vi uma jovem atraente e bem-vestida deitada tranquilamente entre os arbustos junto ao prédio, aparentemente adormecida. Porém, a presença de policiais próximos me alertou para o fato de que algo estava errado. Ela havia saltado para a morte do telhado do prédio.

Quando eu lecionava em Cornell, a média era de um suicídio por ano.

Selecionar uma faculdade para um jovem estudar é mais do que apenas consultar os *rankings* das instituições e verificar onde as chances de admissão parecem boas. O modo como a atmosfera da faculdade combina com a personalidade do indivíduo pode significar mais do que qualquer coisa no catálogo da faculdade ou nos folhetos vistosos.

Alguns jovens ainda não estão preparados para arranjos de moradia estudantil, e as pressões e os perigos que podem resultar disso. Alguns estão expostos a riscos em um *campus* onde existe o uso generalizado de drogas. Alguns alunos podem se sentir muito solitários quando não conseguem se integrar.

Às vezes, não há ninguém a quem recorrer e, às vezes, os adultos aos quais os jovens recorrem no *campus* só têm psicologismo barato a oferecer.

O final da adolescência e o início da vida adulta estão entre os períodos mais perigosos da vida das pessoas, quando uma decisão imprudente pode destruir tudo para o qual pais e filhos investiram tempo, esforços e esperanças durante anos.

Muitos sabichões em escolas do ensino médio e faculdades incentivam ou alertam os pais a se afastarem para permitir que o filho decida aonde ir e o que fazer. Certa vez, uma orientadora do ensino médio me disse que me "manteria informado" das decisões que ela e minha filha estavam tomando sobre para quais faculdades se candidatar.

Pelo visto, hoje em dia há uma quantidade suficiente de pais submissos para permitir que "especialistas" assumam o controle de seus filhos em um momento crítico de suas vidas. Porém, esses "especialistas" não sofrerão consequências se suas ideias brilhantes levarem algum jovem a uma situação desastrosa. São os pais que terão que lidar com as consequências.

Muitas vezes, os pais são postos de lado em nome da necessidade de liberdade e autonomia dos filhos. Todavia, o que é apresentado aos pais como uma necessidade de dar liberdade aos filhos como jovens adultos é, na verdade, quase sempre abandonar esses jovens ao controle dos outros. Os riscos são altos demais para deixar isso acontecer.

A partir do momento em que um aluno põe os pés em um *campus* universitário, todo um aparato de doutrinação começa a entrar em ação, em nome da "orientação", a fim de moldar cada mente jovem com atitudes politicamente corretas a respeito de tudo, desde sexo até "justiça social".

ESCOLHENDO UMA FACULDADE

No passado, as instituições de ensino superior afirmavam que seu papel era ensinar o aluno a pensar, e não o que pensar. Atualmente, a maioria das faculdades está no ramo de ensinar ao aluno o que pensar ou "sentir".

Diversas faculdades — até muitas das mais conceituadas — carecem de um currículo real, mas raramente carecem de uma agenda ideológica. Com frequência, usam os alunos como cobaias para ideias na moda sobre como viver suas próprias vidas.

Quanto à educação, os alunos podem passar por diversas faculdades selecionando cursos *à la carte*, e se formar sem saber nada de história, ciência, economia e muitos outros assuntos, mesmo quando seguram um diploma de alto custo com um nome de prestígio impresso nele.

Os alunos que fazem escolhas mais criteriosas no cardápio de cursos ainda podem obter uma boa educação nas mesmas faculdades em que seus colegas recebem um ensino insípido. Porém, raramente há um currículo que garanta uma boa educação, mesmo nas faculdades de renome.

Os pais precisam permanecer envolvidos no processo de escolha de uma faculdade. Eles devem visitar os *campi* universitários antes de tomar decisões sobre as inscrições, e lembrar de levar seu espírito crítico consigo. Também devem fazer perguntas incisivas e não aceitar frases genéricas como resposta.

Um guia indispensável para avaliar a atmosfera dos diversos *campi* universitários, e a presença ou ausência de um currículo real, é um livro volumoso intitulado *Choosing the Right College* [Como escolher a faculdade ideal]. Ele é incomparavelmente melhor do que todos os outros guias de faculdade.

Entre outras coisas, o livro informa quais faculdades possuem um currículo real, e não um cardápio de cursos, assim como o tipo de atmosfera de cada *campus*. A atmosfera é sempre importante e, às vezes, pode até ser uma questão de vida ou morte.

A IDIOTICE DA "RELEVÂNCIA"

Uma das muitas idiotices da moda que fazem com que as escolas norte-americanas apresentem resultados inferiores aos de outros países é a noção de que a educação deve ser "relevante" para os alunos — e sobretudo para os alunos de minorias com uma subcultura distinta.

É absurdo imaginar que os estudantes possam avaliar com antecedência o que acabará sendo relevante para seu progresso como adultos. Relevância não é algo que se possa prever. Trata-se de algo que se descobre depois — e depois de sair da escola e estar no mundo real.

Quando eu estava no ensino médio, fiquei intrigado quando uma garota que eu conhecia me disse que estava estudando economia, porque eu não fazia ideia do que era isso. Nunca me ocorreu estudar economia, portanto, certamente não era algo que parecia relevante para mim na época. Se tivessem me dito naquele instante que eu passaria mais de 30 anos como economista em um *think tank* [instituto de pesquisa], não saberia do que estavam falando, porque eu também não sabia o que era um *think tank*.

No momento em que os estudantes estão cursando a faculdade de medicina, eles talvez não percebam a relevância de todas as coisas que são ensinadas lá. Porém, algum dia, um deles pode ter um paciente à beira da morte, cuja vida talvez dependa de quão bem o médico se

A IDIOTICE DA "RELEVÂNCIA"

lembra de algo que foi ensinado na faculdade de medicina — e cuja relevância pode não ter ficado tão clara para ele na época.

Aqueles que já atuaram no mundo real, exercendo sua especialidade durante anos, têm alguma base para avaliar quais coisas são relevantes o suficiente para entrar em um currículo para ensinar os que virão depois. A ideia de que os alunos podem avaliar a relevância com antecedência é uma das muitas noções contraproducentes que surgiram na década de 1960.

O fetiche da "relevância" tem sido especialmente destrutivo na educação de estudantes de minorias em todos os níveis. Se os alunos não percebem imediatamente como o que estão estudando se aplica a suas vidas no gueto, então se presume que seja irrelevante.

Como esses estudantes vão escapar da pobreza do gueto se não aprenderem a atuar de maneiras mais economicamente produtivas? Mesmo que passem toda a vida no gueto, caso venham a exercer funções como médicos ou engenheiros, então precisarão estudar coisas que não são peculiares ("relevantes") ao gueto.

O mais preocupante é que os professores que lecionam aos alunos de minorias matérias como matemática e ciência, cuja relevância os alunos não enxergam, podem encontrar resistência e ressentimento, enquanto os professores que bajulam os alunos de minorais transformando seus cursos em sessões de rap e exercícios de narcisismo étnico captam seu interesse e lealdade.

Alguns educadores adotam a relevância por conveniência, e não por convicção ou confusão. Trata-se do caminho de menor resistência, ainda que esse caminho raramente leve a um progresso de verdade. No momento em que os alunos de minorias saem para o mundo real e descobrem a inutilidade do que aprenderam em cursos "relevantes", é tarde demais para eles, mas eles já não são mais responsabilidade dos professores.

Mesmo como aluno de pós-graduação em economia, eu não percebia a relevância de um pequeno artigo de Friedrich Hayek,

THOMAS SOWELL • ESSENCIAL

intitulado "The Use of Knowledge in Society" [O uso do conhecimento na sociedade], que foi indicado para leitura no curso de Milton Friedman na Universidade de Chicago. No entanto, alguns anos depois, eu começava minha carreira docente quando tive que dar um curso sobre a economia soviética, a respeito da qual eu nada sabia.

Conforme lia diversos estudos sobre a economia soviética na preparação para ministrar meu curso, eu ia ficando perplexo com todas as práticas econômicas estranhas e contraproducentes na União Soviética. Então, comecei a entender que o que Hayek escrevera se aplicava àquelas ações soviéticas inexplicáveis. Pela primeira vez, anos depois, eu percebi a relevância do que ele havia escrito.

Quinze anos mais tarde, eu estava escrevendo um livro que seria um marco em minha carreira. Dei-lhe o título *Knowledge and Decisions* [Conhecimento e decisões] — uma obra de 400 páginas baseada no que Hayek apresentara em um pequeno ensaio.

Há poucos anos, fui parado em uma rua de San Franciso por um rapaz negro que me cumprimentou com um aperto de mão e me disse que a leitura de *Knowledge and Decisions* mudara sua vida. Ele percebera a relevância dessas ideias — ainda mais jovem do que eu.

JULIAN STANLEY E AS CRIANÇAS BRILHANTES

As crianças brilhantes e seus pais perderam um amigo indispensável com a morte do professor Julian Stanley, da Universidade Johns Hopkins. Por décadas, ele não só pesquisou e dirigiu programas para alunos superdotados como também se tornou seu principal defensor em livros e artigos.

Suas iniciativas foram muito necessárias. As crianças excepcionalmente brilhantes costumam ser tratadas como enteadas pelo sistema educacional norte-americano.

Enquanto é criada toda espécie de turmas e escolas especiais para diversas categorias de alunos, há resistência e até hostilidade à ideia de criar turmas ou escolas especiais para alunos superdotados.

Não só escolas públicas de elite, como a Stuyvesant High School e a Bronx High School of Science, em Nova York, são raras, mas também estão sob pressão política para admitir alunos com base em critérios além do mero desempenho acadêmico. O mesmo acontece na Lowell High School, em San Francisco, onde o "equilíbrio étnico" afeta as decisões de admissões.

Embora seja notório que o estudante médio norte-americano tem um desempenho insatisfatório em provas internacionais, o que não é tão notório é que os estudantes superdotados norte-americanos ficam muito atrás em relação a seus colegas estrangeiros.

THOMAS SOWELL · ESSENCIAL

O professor Julian Stanley assinalou que o nível de desempenho dos estudantes superdotados norte-americanos "está bem abaixo tanto do nível de seu próprio potencial quanto dos níveis de realização das gerações anteriores dos Estados Unidos". Em outras palavras, as crianças norte-americanas mais brilhantes estão piorando ainda mais rápido do que as crianças médias.

Sem dúvida, parte da razão é a estupidificação geral da educação norte-americana desde a década de 1960, mas o que também tem acontecido desde então é uma preocupação com a "autoestima" de alunos medíocres e a hostilidade geral a qualquer coisa que possa ser interpretada como elitismo intelectual.

Até mesmo as aulas em programas denominados "superdotados e talentosos" incluem muitas vezes trabalhos apenas do mesmo nível que os outros alunos recebem, ou projetos da moda, mas não trabalhos com maior profundidade intelectual.

Às vezes, como o professor Stanley apontou, é apenas trabalho inútil, a fim de impedir que os alunos brilhantes fiquem entediados e nervosos quando as aulas estão sendo dadas em um ritmo muito lento para jovens muito inteligentes.

Não é incomum que os alunos mais brilhantes se tornem problemáticos por causa do desinteresse e frustração, e venham a desenvolver atitudes negativas relativamente à educação e à sociedade, deixando assim de aprimorar seus talentos inatos.

Julian Stanley não se limitou a criticar as práticas existentes. Ele criou programas especiais para alunos do ensino médio excepcionalmente brilhantes nos fins de semana e durante as férias de verão na Universidade Johns Hopkins. O sucesso desses programas inspirou programas semelhantes na Universidade Purdue e em outras instituições.

Esses programas não só produziram benefícios acadêmicos como também os alunos superdotados nesses programas expressaram uma gratidão quase comovente por, enfim, estarem em um ambiente onde

JULIAN STANLEY E AS CRIANÇAS BRILHANTES

se sentiam à vontade com seus colegas e eram vistos positivamente por seus professores.

Em salas de aula de escolas públicas normais, esses alunos superdotados muitas vezes foram hostilizados tanto por seus colegas como por seus professores. Alguns professores pareciam contentes por conseguir flagrá-los em erros ocasionais.

Considerando os históricos acadêmicos insatisfatórios da maioria dos professores de escolas públicas, é difícil imaginar que fiquem entusiasmados com crianças tão obviamente mais brilhantes do que eles foram um dia, e frequentemente mais brilhantes do que eles são. Uma parcela considerável da negligência grave em relação aos alunos superdotados nas escolas públicas norte-americanas é a velha história do desmancha-prazeres.

Julian Stanley deu uma contribuição única para o desenvolvimento de crianças superdotadas, tanto diretamente, por meio de seu programa na Johns Hopkins, quanto indiretamente, por meio de sua pesquisa e defesa. Felizmente, ele deixa colaboradores nessas iniciativas, como os professores Camilla Persson Benbow e David Lubinski da Universidade Vanderbilt.

O esforço deve continuar, tanto para pôr fim ao imenso desperdício de alunos superdotados, cujos talentos são muitos necessários na sociedade em geral, quanto para o propósito humano de aliviar a frustração e a alienação dos jovens cujo único "crime" é nascer com mais potencial intelectual do que a maioria das pessoas que os rodeiam.

"ANTIELITISMO" NA EDUCAÇÃO

Senti uma pontada de nostalgia ao ler sobre a reunião conjunta de 50 anos das turmas de 1947 e 1948 da Stuyvesant High School. Eu estudei nessa escola de Nova York, mas, em 1948, eu havia saído e estava sendo educado pela difícil escola da vida.

A parte mais surpreendente da notícia foi que a Stuyvesant High School agora tem uma piscina olímpica. O prédio antigo e degradado da escola em que estudei de jeito nenhum tinha algo assim. Aquela era uma nova e suntuosa Stuyvesant, em um novo local com vista para o rio Hudson. A escola onde estudei tinha vista para os cortiços do Lower East Side.

A Stuyvesant é e foi algo bastante incomum nas escolas públicas norte-americanas: uma escola do ensino médio para cuja admissão era necessário prestar exame. Na minha época, apenas cerca de um terço dos que prestavam exame conseguiam entrar. E nossa escola do ensino fundamental em Upper Manhattan limitava até mesmo quantos poderiam prestar exame.

A Bronx High School of Science usava o mesmo exame que a Stuyvesant, e o da Brooklyn Tech era ainda mais difícil. Embora tais escolas sempre tenham sido raras fora de Nova York, e tenham sofrido crescente pressão política para serem mais "abertas", mesmo dentro da cidade, elas propiciavam tanto aos pobres quanto à alta sociedade

"ANTIELITISMO" NA EDUCAÇÃO

oportunidades de ouro. O aluno podia vir da família mais pobre da cidade e mesmo assim receber uma educação de alta qualidade que permitiria que ele fosse a qualquer lugar e competisse com os formados em Exeter ou Andover, duas escolas particulares conhecidas por sua excelência acadêmica.

O conceito de "elitismo", imbuído de inveja, tem sido direcionado a essas e outras escolas de alta qualidade do país, e pressões políticas têm sido feitas para que elas admitam mais alunos sem habilidades acadêmicas tão elevadas. Raramente aqueles que defendem tais ideias param para pensar que não é possível permitir que todos frequentem a Stuyvesant sem que ela deixe de ser o tipo de escola que faz com que eles queiram estar lá.

Não é possível ensinar todos no mesmo ritmo, a menos que esse ritmo seja desacelerado para se adaptar ao nível mais baixo. Há alunos que conseguem lidar com cálculo na décima série, e outros que têm dificuldades com isso na faculdade.

Curiosamente, muitos dos ditos "líderes" de minorias têm liderado o movimento para que escolas públicas de alto nível admitam alunos com critérios distintos do desempenho acadêmico. No entanto, ninguém precisa mais dessas escolas do que as crianças pobres e desfavorecidas que desejam ascender a níveis mais altos na economia e na sociedade.

Pode não existir uma alta porcentagem de alunos de minorias que atualmente consiga aproveitar as melhores escolas de ensino médio. Porém, uma das razões é que as escolas do ensino fundamental em diversas comunidades de minorias se deterioraram muito desde os tempos em que eu estudei na Escola Pública Número 5 no Harlem. Na década de 1940, as crianças dessa escola tinham pontuações das provas iguais às das crianças brancas nos bairros de imigrantes no Lower East Side.

Uma estatística reveladora é que mais garotos negros estudavam na Stuyvesant em 1938 do que em 1983, ainda que a população negra de Nova York fosse muito menor em 1938. Além disso, os garotos negros que não queriam enfrentar o longo trajeto entre o Harlem e a Stuyvesant tinham algumas boas escolas do ensino médio disponíveis mais perto de casa.

Em Washington, D.C., o igualmente antigo e degradado prédio da Dunbar High School também foi substituído por um prédio moderno. Porém, a nova Dunbar não chega nem perto do nível da antiga escola, que já abrigou a melhor escola do ensino médio para negros do país. Na década de 1930, o corpo discente totalmente negro da Dunbar tinha pontuações nas provas acima da média nacional, enquanto estava em um prédio degradado com salas de aula superlotadas.

A antiga Dunbar formou o primeiro general negro, o primeiro juiz federal negro, o primeiro membro do gabinete negro, e assim por diante. Mais de um quarto dos formados na Dunbar que posteriormente se formaram na Faculdade de Amherst entre 1892 e 1954 se tornaram membros da Phi Beta Kappa, uma das sociedades de honra acadêmica mais antigas e prestigiadas dos Estados Unidos. Dos poucos militares negros de alta patente na Segunda Guerra Mundial, mais de duas dúzias, de major a general de brigada, eram formados na Dunbar.

Pode-se supor que os líderes políticos negros fariam tudo o que fosse necessário para preservar uma escola como essa. Mas isso seria um erro. Em Washington, a geração Marion Barry* de "líderes" negros promoveu a mesma inveja fomentada pelas lutas de classe encontrada na sociedade em geral e condenou a própria memória dessa escola "elitista", cuja qualidade foi destruída da noite para o dia na década de 1950, ao transformá-la em uma escola de bairro.

Que a Stuyvesant e outras escolas de ensino médio de alto nível como ela escapem do triste destino da Dunbar.

---

* Refere-se à geração de políticos ativos em Washington no período em que Marion Barry foi um político muito proeminente, que exerceu o cargo de prefeito da capital dos Estados Unidos de 1979 a 1991 e de 1995 a 1999. (N. do T.)

O VELHO BAIRRO

Recentemente, encontrei-me com um homem que cresceu em meu antigo bairro do Harlem, perto da rua 145 e a avenida St. Nicholas. Enquanto conversávamos sobre os velhos tempos, o mundo a respeito do qual discutíamos parecia algo de outro planeta, em comparação com o de hoje.

Houve muitas mudanças positivas, mas, no balanço geral, é duvidoso que as crianças que crescem em nosso antigo bairro hoje tenham tanta chance de sair da pobreza quanto nós tivemos.

Não porque a pobreza esteja pior hoje. Não está. Meu amigo se lembra de ocasiões em que seu pai garantia que os filhos fossem alimentados, mas ia para a cama sem jantar. Houve outras vezes em que seu pai ia a pé para o trabalho na área central de Manhattan — a muitos quilômetros de distância — em vez de gastar a moeda de cinco centavos necessária para andar de metrô naquele tempo.

A situação não era tão ruim para mim, mas minha família estava longe de ser de classe média. Nenhum dos adultos tinha chegado até a sétima série. No Sul, antes de nos mudarmos para Nova York, a maioria dos lugares onde moramos não tinha luxos como eletricidade ou água quente.

Algumas pessoas disseram que minha ascensão a partir de uma origem como essa foi única. Mas não foi. Muitos moradores do mesmo bairro acabaram por ter carreiras profissionais, e eu não sou nem de longe o mais conhecido ou mais bem-sucedido financeiramente entre eles.

O músico Harry Belafonte morava no mesmo prédio de meu antigo colega da escola. Um dos rapazes do bairro foi incluído na lista de uma revista de negócios por ter uma fortuna de 200 milhões de dólares hoje.

Se alguém me dissesse na época que um dos homens de nossa quadra iria se tornar multimilionário, eu teria me perguntado o que ele andaria bebendo.

Nem todo o mundo conseguiu. Um de meus velhos amigos foi encontrado morto a tiros alguns anos atrás, no que pareceu ser uma transação de drogas que deu errado. Porém, muitos dos que viveram naquele bairro se tornaram médicos, advogados e acadêmicos — pelo menos um deles se tornou reitor, e outro, diretor de faculdade.

Meu antigo colega de escola se aposentou como psiquiatra e estava vivendo no exterior, com empregados, até recentemente decidir voltar para casa. Porém, a casa agora não é mais no Harlem. Ele vive na região vinícola da Califórnia.

Por que as crianças que moram atualmente no Harlem têm menos chances de ter essas carreiras, sobretudo depois de todas as "vitórias" conquistadas pelos direitos civis e todos os bilhões de dólares investidos em programas para tirar as pessoas da pobreza?

O que os programas governamentais ofereceram foi efêmero e superficial. O que eles destruíram foi mais fundamental.

Meu antigo colega de escola se lembra de uma professora vendo-o comer seu almoço embalado em um saco de papel pardo na cantina de nossa escola. Uma precursora de uma geração posterior de intrometidos, ela o levou rapidamente para a fila onde as pessoas estavam comprando seus almoços e fez algum sinal para o caixa para que ele não precisasse pagar.

Confuso com a rápida sequência de eventos, meu amigo se sentou para comer, e então se deu conta do que havia acontecido. Ele tinha recebido caridade! Então, ele engasgou com a comida e foi ao banheiro para cuspir tudo. Naquele dia, meu amigo passou fome porque seu almoço embalado no saco de papel pardo havia sido jogado fora. Ele tinha seu orgulho, e esse orgulho seria mais benéfico para ele a longo prazo do que qualquer almoço grátis.

Seu pai também tinha seu orgulho. Ele rasgou em pedaços um questionário que a escola havia enviado para sua casa para descobrir as condições de vida dos alunos. Atualmente, até pais de classe média com doutorados aceitam passivamente essa espécie de intromissão. Além disso, pessoas como o pai dele foram tornadas supérfluas pelo Estado de bem-estar social, e são consideradas tolas se o recusam.

O que a escola que frequentamos nos deu foi mais precioso do que ouro. Foi uma educação. Isso era o que as escolas faziam naqueles tempos.

Não havia discursos místicos sobre a florestas tropicais, e ninguém nos dava camisinhas ou discorria sobre "diversidade". E ninguém tolerava que falássemos qualquer coisa na escola além de inglês correto.

Após concluir o ensino fundamental, meu amigo conseguiu ser aprovado no exame para entrar na Bronx High School of Science, onde o quociente de inteligência médio era 135, e eu mesmo fui aprovado no mesmo exame para entrar na Stuyvesant High School, outra escola pública de admissão rigorosa que os "líderes" comunitários atuais denunciam como "elitista".

O resto é história. Porém, é uma história que os jovens negros de hoje dificilmente ouvirão, e é ainda menos provável que repitam.

MENTES DESPERDIÇADAS

A Menlo-Atherton High School, situada em uma comunidade próspera da Califórnia, é considerada uma escola muito boa academicamente, pelo menos segundo os padrões atuais, em uma época de educação nivelada por baixo. No entanto, seus problemas são bastante típicos do que está errado com a educação norte-americana atual.

Recentemente, um relato efusivo do programa de café da manhã gratuito e outras doações para estudantes de baixa renda que estudam nessa escola do ensino médio apareceu no *San Francisco Chronicle*, enquanto o *Wall Street Journal* apresentou um relato favorável da tentativa da escola de lecionar ciências a alunos com capacidades muito díspares na mesma sala de aula.

Ainda mais revelador, os vilões dessa história — na visão dos educadores e do repórter do *Wall Street Journal* — são os pais que querem que seus filhos recebam a melhor educação possível, em vez de serem usados como cobaias de experimentos sociais e educacionais.

Criar uma aula de ciências incluindo alunos de níveis muito diferentes de capacidade e motivação foi um desses experimentos. Essas disparidades eram especialmente grandes nessa escola particular, já que os alunos se originam de famílias com alta escolaridade e de alta renda do Vale do Silício, e de famílias latinas e de outras minorias de baixa renda do lado desfavorecido da via expressa local. Além disso,

MENTES DESPERDIÇADAS

eles eram encaminhados para a escola do ensino médio a partir de suas respectivas escolas de bairro do ensino fundamental, com padrões muito diferentes.

A aula de ciências acabou sendo um desastre. Embora o diretor elogiasse as boas intenções por trás disso, ele também admitiu que "era quase impossível levar a cabo na vida real. A disparidade era grande demais". No entanto, o professor de ciências atribuiu o fracasso desse experimento aos pais endinheirados que "realmente não deram uma chance", e o diretor falou sobre a pressão que sofreu por parte desses pais, que "achavam que seus filhos estavam sendo prejudicados pelos outros alunos, que as chances de seus filhos irem para o MIT ou Stanford estavam sendo comprometidas".

Isso foi visto como um problema de relações públicas, e não como uma reclamação perfeitamente legítima de pais que levavam a sério suas responsabilidades pela educação dos filhos, mais a sério do que os "educadores" que tentavam ser assistentes sociais ou salvadores do mundo.

Em uma escola em que 40% dos alunos são latinos e 38% são brancos, as acentuadas divisões culturais e de renda se convertem em divisões raciais e étnicas plenamente visíveis a olho nu. Isso também suscita o fervor ideológico e as expressões emocionais de ressentimento, tanto dentro quanto fora da escola.

A faculdade de educação da Universidade de Stanford reluta em enviar seus graduados para lecionar na Menlo-Atherton High School porque esta última não faz esforço suficiente para superar as "desigualdades" e utiliza o "rastreamento" politicamente incorreto por capacidade "para manter os alunos ricos protegidos dos outros alunos".

Em outras palavras, uma escola que acolhe adolescentes de quinze anos com origens radicalmente diferentes deve engendrar um milagre que consiga igualar todos em capacidade, apesar de 15 anos de desigualdade prévia em educação e criação. De alguma forma, sempre existem soluções mágicas por aí, apenas esperando para serem encontradas, como tirar um coelho da cartola.

A igualdade fictícia no âmbito do ensino médio não engana ninguém, nem mesmo os estudantes. Os alunos brancos na Menlo-Atherton se referem aos cursos básicos como "cursos do gueto", ao passo que um aluno negro que se matriculou em um curso especializado ouviu de seus amigos a pergunta: "Por que você está fazendo esse curso de branco?"

Se estamos realmente comprometidos com a educação, então precisamos começar a dar a cada criança muito antes dos quinze anos uma oportunidade digna de vida no mundo real, em contraste com a igualdade fictícia enquanto está na escola. Agrupamento ou "rastreamento" por capacidade — tão odiada pelos igualitários ideológicos — é uma das melhores maneiras de fazer isso.

Se o aluno fosse um adolescente negro em uma escola do Harlem na década de 1940, e tivesse tanto o desejo quanto a capacidade para conseguir uma educação de alto nível, isso estaria disponível para ele na turma de maior capacidade. Os alunos que não estavam interessados em educação, ou que preferiam passar seu tempo brigando ou fazendo bagunça, estavam em outras turmas, e não impediam os que desejavam aprender.

Nossos dogmas igualitários impedem isso atualmente, comprometendo as oportunidades de igualdade de verdade para jovens de baixa renda e minorias. De fato, uma mente é algo terrível de desperdiçar, sobretudo quando é o único caminho para uma vida melhor.

OS FATOS IMPORTAM?

Recentemente, um jovem negro me enviou um e-mail ponderado. Entre seus comentários gentis, havia uma expressão de pesar pelo racismo que ele achava que os negros de minha geração deveriam ter enfrentado durante a faculdade.

Na realidade, é a geração dele de negros que tem deparado com mais hostilidade racial no *campus* do que a minha. Mas esse foi um erro compreensível por parte dele, considerando a pouca atenção dada à precisão na história e ao fato de que a história costuma ser usada apenas como ferramenta de propaganda em controvérsias atuais.

Minha educação universitária e pós-graduada ocorreu durante a década de 1950 — aquela década antes de a esquerda política trazer sua luz para a suposta escuridão do mundo. Na década de 1950, frequentei quatro instituições acadêmicas — um ano e meio na Universidade Howard, uma instituição voltada para negros; três anos em Harvard, onde me formei; nove meses em Colúmbia, onde obtive um mestrado; e um verão na Universidade de Nova York.

Não me recordo de uma única palavra ou ato racista em nenhuma dessas instituições. Algo mais próximo de um comentário racista foi feito sobre um aluno da Inglaterra, que foi chamado de "nojento, britânico e baixo". O comentário foi feito por mim.

THOMAS SOWELL · ESSENCIAL

Meu primeiro encontro com o racismo no *campus* veio no final de meus quatro anos de docência em Cornell, na década de 1960, e eclodiu após a admissão de estudantes negros com padrões mais baixos do que os estudantes brancos e a permissão para se envolver em distúrbios que teriam levado qualquer um à suspensão ou expulsão. Eu não fui o alvo de nenhum desses incidentes racistas, que foram direcionados contra os estudantes negros. Fui aplaudido de pé na última aula que dei em Cornell.

Uma das alunas negras em Cornell veio morar com minha mulher e comigo por um tempo, porque ela estava com medo tanto dos militantes negros quanto dos brancos que estavam cada vez mais ressentidos com os problemas causados pelos militantes e com a maneira como a administração vinha se curvando a eles. Essa reação não era peculiar a Cornell, mas se desenvolveu em diversos *campi* e se tornou tão conhecida ao longo dos anos que ganhou um nome: "o novo racismo".

No final da década de 1980, por exemplo, uma diretora acadêmica da Faculdade de Middlebury relatou que — pela primeira vez em seus 19 anos nessa instituição — estava recebendo pedidos de estudantes brancos para não serem alojados com colegas negros. Em Berkeley, pessoas que tinham lecionado em períodos iguais também relataram que estavam vendo pichações racistas e correspondências de ódio pela primeira vez. Em Stanford, mais de dois terços dos formandos disseram que as tensões raciais aumentaram durante seus anos no *campus*.

Tudo isso é o oposto direto do que você poderia ser levado a acreditar pela história politicamente correta ou teoria da raça nos Estados Unidos. O mantra repetido incessantemente de "diversidade" sugere que coisas como cotas de grupo e programas de identidade de grupo melhoram as relações raciais. As cotas costumam ser consideradas necessárias, a fim de criar uma "massa crítica" de estudantes negros no *campus*, para que eles possam se sentir bastante à vontade socialmente e fazer o melhor trabalho acadêmico possível.

OS FATOS IMPORTAM?

O fato de haver diversas opiniões sobre essas questões não é surpreendente. O que deveria ser surpreendente — aliás, chocante — é que esses dogmas sociais têm sido repetidos por décadas, sem uma iniciativa séria para testar se são verdadeiros ou não.

Quando instituições liberais de elite, como Stanford, Berkeley e as faculdades da Ivy League, têm sido cenários de *apartheid* racial e tensões raciais no *campus*, será que as instituições mais conservadoras que resistiram a cotas e preferências têm se saído melhor ou pior nesses aspectos? Minha impressão é de que elas têm se saído melhor. Porém, o verdadeiro problema é que temos que nos basear em impressões, pois todo o considerável dinheiro e tempo de pesquisa que foram investidos em questões raciais ainda nem sequer abordaram essa questão fundamental que vai ao cerne dos dogmas que permeiam a academia hoje em dia.

Ao longo de um período de mais de três décadas, durante a primeira metade do século XX, 34 estudantes da Dunbar High School, em Washington, exclusivamente para negros, foram admitidos na Faculdade de Amherst. Destes, cerca de três quartos se formaram e mais de um quarto desses formados eram membros da Phi Beta Kappa. Porém, nunca houve mais do que um pequeno número de estudantes negros na Amherst durante essa época — nada parecido com uma "massa crítica".

Essas evidências são conclusivas? Não. Mas são evidências — e a esquerda política evita evidências como se fossem uma praga.

PROBLEMA SÉRIO CAUSADO POR PESSOAS SUPERFICIAIS

Uma notícia recente descreveu a história de uma garota asiática-americana que se candidatou à Universidade Wesleyan com pontuações nas provas de 1.400 pontos e de uma garota dominicana que se candidatou à mesma instituição com pontuações na faixa dos 900 pontos. Um membro do comitê de admissões recomendou não admitir a garota asiático-americana, e sim a garota dominicana.

Por quê? A garota dominicana teve mais desvantagens para superar. Além disso, o membro do comitê de admissões acrescentou: "Estou disposto a correr o risco e dar uma chance a ela."

Na prática, ele não está correndo nenhum risco. Ele não perderá um centavo se essa garota fracassar completamente. Quem vai perder serão as pessoas que contribuíram com seu dinheiro para a Universidade Wesleyan, a fim de promover a educação e, em vez disso, verão suas contribuições usadas para fazer com que algum membro do comitê de admissões se sinta um pequeno deus.

A própria garota dominicana também perderá se entrar despreparada e fracassar, quando poderia ter recebido algum preparo adicional primeiro e depois se candidatar a uma universidade menos exigente, onde teria uma chance maior de sucesso. Acima de tudo, a sociedade norte-americana perde quando essas autoindulgências reconfortantes solapam a conexão entre desempenho e recompensas,

PROBLEMA SÉRIO CAUSADO POR PESSOAS SUPERFICIAIS

reduzindo os incentivos para estudantes de alta capacidade, média capacidade e baixa capacidade.

Infelizmente, esse membro do comitê de admissões não é único de forma alguma. Em todo o país, tanto em instituições de elite quanto em instituições não tão prestigiadas, os membros do comitê de admissões agem como se tivessem uma percepção profunda que lhes permite julgar as motivações internas dos indivíduos, em vez de avaliar seu histórico real, e escolher aqueles que se tornarão "líderes", conforme esse termo indefinido é concebido no psicologismo barato atual.

Isso seria uma arrogância inacreditável, mesmo se os comitês de admissões fossem compostos de pessoas mais qualificadas do que costumam ser. Levando em conta o tipo de pessoas medíocres que acabam conseguindo um lugar nos comitês de admissões, mesmo em universidades de elite, trata-se de uma farsa trágica. Afinal, alguém que se formou em Harvard ou no MIT com distinção máxima tende a ter opções de carreira muito melhores do que se tornar membro de um comitê de admissões em Harvard ou no MIT.

O mistério não é por que as pessoas superficiais fazem coisas superficiais. O mistério é por que concedemos tanto poder arbitrário nas mãos de pessoas superficiais, sobretudo quando esse poder seria perigoso em qualquer mão. Os comitês de admissões universitárias são apenas um exemplo.

Os assistentes sociais receberam poderes semelhantes aos da Gestapo para retirar crianças de seus lares familiares com base em acusações infundadas que nunca foram sequer ouvidas em um tribunal. Eles podem negar um lar decente a um órfão porque a família que deseja adotar não se encaixa em suas noções arbitrárias e teorias não comprovadas. As crianças de minorias têm sido especialmente privadas de lares com famílias brancas que as desejam e, em vez disso, foram relegadas a uma vida de mudança constante de um lar temporário para outro por anos a fio.

Nossas escolas públicas são os maiores exemplos de poder arbitrário nas mãos de pessoas superficiais. Enquanto a assistência social e os comitês de admissões universitárias geralmente não atraem indivíduos muito inteligentes, as escolas públicas repelem de maneira contundente muitas dessas pessoas ao exigir que passem por anos de cursos de educação incrivelmente estúpidos como precondição para uma carreira permanente.

O futuro dos estudantes depende de obter uma educação decente, mas seus professores podem preferir usá-los como cobaias para os modismos mais atuais, como manipulação psicológica, engenharia social e proselitismo de causas politicamente corretas. Se — que deus nos ajude — a criança for muito brilhante e estiver entediada ao máximo com os disparates apresentados por professores superficiais, a solução poderá ser tratar o aluno com medicamento para transtorno de déficit de atenção e hiperatividade, em vez de deixar que ele se torne agitado.

Já passou muito da hora de todos nós reconhecermos que existem tarefas e papéis além da capacidade mesmo dos mais inteligentes, e que apenas as menos inteligentes tendem a assumir esses papéis impossíveis. Há séculos sabe-se que é preciso agir com prudência.

Não há necessidade de abolir os comitês de admissões universitárias, os assistentes sociais ou os professores. Porém, seus papéis têm de ser mantidos dentro de limites muito mais restritos e específicos. Acima de tudo, o que eles fazem deve ser submetido a algum tipo de avaliação diferente do que os faz se sentir bem ou do que é bem visto por seus colegas com ideias semelhantes. Caso contrário, estaremos colocando os lunáticos no comando do hospício.

"BONS" PROFESSORES

Da próxima vez que alguém receber um prêmio como professor excepcional, analise com atenção as razões dadas para a escolha dessa pessoa em particular. Raramente é porque seus alunos realizaram trabalhos de melhor qualidade em matemática, falaram melhor inglês ou, de fato, conseguiram realizações tangíveis que superaram as de outros alunos de professores que não receberam o prêmio.

Um "bom" professor não é definido como um professor cujos alunos aprendem mais. Um "bom" professor é alguém que exemplifica os dogmas predominantes da comunidade de educação. Provavelmente, o grande público considera bons professores pessoas como Marva Collins ou Jaime Escalante, cujos alunos de minorias atingiram e superaram os padrões nacionais. Porém, esses critérios objetivos há muito desapareceram da maioria das escolas públicas.

Se seu critério para julgar professores é o quanto seus alunos aprendem, então você pode acabar com uma lista totalmente diferente de quem são os melhores professores. Alguns dos professores que parecem menos notáveis têm formado sistematicamente alunos que dominam sua matéria muito melhor do que os alunos de professores que impressionam mais na sala de aula e recebem mais elogios de seus alunos ou atenção da mídia.

Minha própria carreira docente começou na Faculdade Douglass, uma pequena faculdade exclusivamente para mulheres em Nova Jersey, substituindo um professor de economia que estava se aposentando, que era tão reverenciado que eu fiz questão de nunca dizer que o estava "substituindo", o que teria sido considerado um sacrilégio. Porém, ficou claro que as alunas que o veneravam estavam totalmente perdidas em relação à economia.

A história foi praticamente a mesma em meu próximo cargo docente, na Universidade Howard, em Washington. Um dos professores de nosso departamento era tão popular entre os alunos que o grande problema a cada semestre era encontrar uma sala grande o suficiente para acomodar todos os alunos que queriam se inscrever em suas aulas. Enquanto isso, outro economista desse departamento era tão impopular que a simples menção de seu nome fazia os alunos bufarem de descontentamento ou até expressar hostilidade.

No entanto, ao comparar as notas do alunos de minha turma de economia avançada, descobri que nenhum dos alunos que havia cursado economia introdutória com o senhor Popularidade tinha obtido nota superior a *B* em minha aula, ao passo que quase todos os alunos que haviam frequentado as aulas do senhor Pária vinham realizando trabalhos de pelo menos nível *B*. "Por seus frutos os conhecereis."

Minha própria experiência como estudante de graduação em Harvard foi completamente compatível com o que aprendi mais tarde como professor. Um de meus professores, Arthur Smithies, era um acadêmico muito respeitado, mas era considerado um professor medonho. No entanto, o que ele me ensinou permaneceu comigo por mais de 40 anos, e seu curso determinou o rumo de minha futura carreira.

Ninguém que observasse o professor Smithies na sala de aula ficaria particularmente impressionado com seu desempenho. Ele andava na sala de um lado para o outro como que estonteado, quase como se tivesse chegado lá por acaso. Durante as palestras — "aulas" seria uma

"BONS" PROFESSORES

palavra um pouco exagerada —, ele costumava fazer pausas para olhar pela janela e parecia ficar fascinado com o tráfego na Harvard Square.

Porém, Smithies não só nos ensinava coisas específicas. Ele nos fazia pensar — frequentemente nos questionando de uma maneira que nos forçava a seguir a lógica do que estávamos dizendo até sua conclusão final. Uma política que costumava parecer maravilhosa, ao se considerar apenas os resultados imediatos, acabava se revelando contraproducente ao se seguir sua própria lógica para além do estágio inicial.

Nos anos seguintes, eu perceberia que diversas políticas desastrosas foram criadas por não pensarmos para além do estágio inicial. Fazer com que os alunos pensassem sistematicamente para além do estágio inicial foi uma contribuição duradoura para o entendimento deles.

Outra contribuição duradoura foi uma lista de leituras recomendadas que nos apresentou aos textos de mentes de alto nível. Só os iguais se reconhecem, e Smithies tinha uma mente excepcional. Um dos artigos dessa lista — do professor George Stigler, da Universidade de Colúmbia — foi tão marcante que fui para a escola de pós-graduação em Colúmbia especificamente para estudar com ele. Após descobrir ao chegar lá que Stigler acabara de se transferir para a Universidade de Chicago, decidi ir para Chicago no ano seguinte e estudar com ele lá.

Arthur Smithies nunca receberia um prêmio de ensino pelos padrões atuais da comunidade de educação. Porém, ele merece um prêmio de excelência por um padrão muito mais antigo: por seus frutos os conhecereis.

POR TRÁS DO "PUBLICAR OU PERECER"

"Publicar ou perecer: um professor benquisto é demitido pela Rutgers." Essa foi a manchete no *New York Times*.

Talvez o mais surpreendente acerca da matéria seja que alguém ficou surpreso, ou até considerou isso uma notícia. A história era muito comum. O professor Richard L. Barr havia conquistado três prêmios de ensino durante seus seis anos na Universidade Rutgers e foi então informado que seu contrato não seria renovado.

Isso tem acontecido com tanta frequência, em inúmeras universidades pelo país, que muitos na academia consideram os prêmios de ensino como uma sentença de morte. Dois de meus colegas de faculdade ingressaram na carreira docente, e cada um conquistou prêmios de ensino, um em Harvard e o outro no MIT. Então, ambos foram informados que seus contratos não seriam renovados.

Há um quarto de século, um colega que passou pela mesma experiência na Universidade Brandeis se referiu ao prêmio de ensino como "dinheiro para viagens".

De vez em quando, os diretores de faculdades e universidades anunciam que vão restaurar o equilíbrio entre ensino e pesquisa, dando mais ênfase ao ensino. Isso também costuma ser tratado na mídia como se fosse uma notícia. O que realmente seria notícia seria se isso acontecesse. Poucos professores estão dispostos a arriscar suas

POR TRÁS DO "PUBLICAR OU PERECER"

carreiras dependendo dessas declarações, e aqueles que o fazem geralmente acabam pagando o preço por sua ingenuidade.

Embora a situação esteja desse modo há algumas décadas, as faculdades e universidades nem sempre foram assim desde tempos imemoriais. Como elas chegaram a esse ponto e o que pode ser feito a respeito?

Em grande medida, elas chegaram a esse ponto por causa das grandes somas de dinheiro disponibilizadas para pesquisa pelo governo federal e por governos estaduais. Ao contrário de outros problemas sociais cujas soluções são apontadas como necessitando de mais "financiamento", este é um problema que pode ser resolvido com cortes orçamentários.

As pesquisas médica, científica e de engenharia geram diversos benefícios para a sociedade em geral. Porém, professores de inglês escrevendo disparates excêntricos geram benefícios apenas para professores de inglês tentando publicar para não perecer. No balanço geral, é difícil imaginar como o mundo poderia estar pior se toda a produção da área de sociologia dos últimos 50 anos nunca tivesse sido publicada.

Infelizmente, as faculdades e universidades ficaram inchadas com o dinheiro para pesquisas, o que gerou toda sorte de extravagâncias dispendiosas e estruturas burocráticas para supervisioná-las. Para manter tudo isso funcionando, as instituições acadêmicas precisam ter professores que consigam continuar trazendo dinheiro para pesquisa. Assim, os meios se tornaram os fins em si mesmos — e sacrificaram os fins originais da educação.

Um dos poucos pontos legítimos apresentados em defesa dos requisitos de publicação é que é muito difícil fazer avaliações válidas da qualidade de ensino. Popularidade não é profundidade, e, assim, deve haver outra maneira de determinar se um professor tem a capacidade necessária. Sujeitar seu pensamento ao controle de qualidade por outros em sua profissão por meio do processo de publicação faz mais sentido do que depender de ele impressionar os alunos três manhãs por semana. Toda instituição de ensino superior possui seus cabeças-ocas flamejantes no corpo docente.

No entanto, não é necessário um fluxo de artigos e livros saindo um após o outro para dizer se a pessoa tem uma mente séria ou é apenas um orador sagaz. Na Rutgers, o argumento contra o professor Barr — pelo menos o que apareceu na notícia — não era que ele não tinha publicado nada ou que a qualidade era baixa, mas sim que o conjunto de publicações "não era tão volumoso quanto o pacote habitual para obtenção de estabilidade acadêmica".

Se a exigência de publicação for avaliada apenas em termos de quantidade, então precisamos admitir que Charles Darwin, Adam Smith e sir Isaac Newton nunca teriam conseguido estabilidade no emprego porque não publicavam com a mesma rapidez de um ambicioso professor assistente em uma universidade da Ivy League. Não há uma razão inerente para que as decisões sobre estabilidade acadêmica tenham que ser tomadas da mesma maneira para todos os indivíduos em todos os campos e em todas as instituições. De fato, antes de tudo, não há razão inerente para existir estabilidade acadêmica.

O argumento da "liberdade acadêmica" para a estabilidade acadêmica fica cada vez mais desgastado conforme um número crescente de acadêmicos trabalha em *think tanks* onde não há estabilidade no emprego. A pesquisa que emerge desses *think tanks* é pelo menos tão independente quanto a que vem à tona das universidades atuando sob a submissão estupidificante do politicamente correto.

Será que a academia pode abandonar o vício em pesquisa abruptamente? Apenas se aqueles que disponibilizam o dinheiro aprenderem a "simplesmente dizer não".

VISLUMBRES DO MUNDO ACADÊMICO

Recentemente, o *Chronicle of Higher Education* nos deu seu vislumbre anual das mentes dos professores universitários. Talvez o item mais relevante, para pais que estão se preparando para enviar seus filhos para a faculdade, foi a resposta dos professores à afirmação a seguir: "O corpo docente é recompensado por um bom ensino." Apenas 13% concordaram com essa afirmação. Não houve "diferença de gênero", pois foram apenas 13% de respostas afirmativas tanto para professores masculinos quanto femininos.

Os professores entrevistados não eram apenas de universidades de prestígio em pesquisa. A pesquisa se tornou o símbolo de veneração em grande parte do espectro acadêmico. Em muitos *campi*, trazer dinheiro para pesquisa é uma precondição para obtenção de estabilidade acadêmica. Não é só a pesquisa, mas é o dinheiro da pesquisa quem manda, sobretudo para a administração acadêmica, que recebe sua parte como reembolso por "despesas administrativas".

Embora menos professores declarassem que seu principal interesse fosse a pesquisa, em comparação com o ensino, eles também sabiam qual era o lado que o vento estava soprando e, assim, a maioria publicou em periódicos acadêmicos mais de uma vez, e 16% publicaram 20 vezes ou mais nesses periódicos, sem contar seus livros e monografias.

THOMAS SOWELL · ESSENCIAL

O levantamento do *Chronicle of Higher Education* não examinou a qualidade ou relevância do que foi publicado, mas os editores dos principais periódicos acadêmicos em diversos campos disseram que grande parte da pesquisa realizada era uma perda de tempo. No entanto, o dinheiro auferido para financiar pesquisas inúteis é tão valioso para uma faculdade ou universidade quanto o auferido para descobrir uma cura para doenças fatais.

Cerca de dois terços de todos os professores passam no máximo 12 horas por semana em sala de aula. Isso inclui 35% que passam no máximo nove horas por semana em sala de aula. Um período de tempo aproximadamente comparável é dedicado à preparação de aulas, mas essas duas atividades juntas somam o que a maioria das pessoas consideraria um emprego de meio período.

Nem todo o tempo restante é dedicado à pesquisa. Também há reuniões de comitê e trabalho para clientes, para aqueles que são consultores. Cerca de 40% das mulheres e 48% dos homens trabalhavam como consultores remunerados. Então, há reuniões fora do *campus* em diversos pontos de encontro sob o título geral de "atividades profissionais".

Um suplemento recente do *Chronicle of Higher Education* enumerou convenções, simpósios e conferências para acadêmicos para o próximo ano. Esse suplemento tinha o tamanho de um jornal tabloide, mas com uma fonte muito menor, de modo que grande parte de suas 40 páginas possuía cinco colunas de listagens desses encontros acadêmicos.

A maioria era em lugar como o Caribe ou o Havaí, e os hotéis eram geralmente das redes Hilton, Sheraton e Hyatt Regency. Não notei nenhuma reunião sendo realizada em Gary, em Indiana, ou Newark, em Nova Jersey, nem nenhuma reunião em hotéis da rede Motel 6.

Quanto à qualidade dos alunos que as faculdades estão recebendo atualmente, somente 24% dos professores concordaram com a

260

VISLUMBRES DO MUNDO ACADÊMICO

afirmação "O corpo docente considera que a maioria dos alunos está bem preparada academicamente", e apenas 12% concordam que a maioria dos alunos é "muito brilhante".

Esses professores não eram de forma alguma todos veteranos, nostálgicos de um mundo diferente. Menos de 10% desses membros do corpo docente receberam seu título acadêmico mais elevado antes da década de 1960. A maioria recebeu seu título mais elevado nos últimos 20 anos. Ou seja, os professores consideram os alunos mal preparados até mesmo para os padrões mais negligentes dos tempos recentes.

A descoberta menos surpreendente desse levantamento é que o liberalismo reina supremo no mundo acadêmico. Três quartos dos professores são a favor de um "plano nacional de saúde" para "cobrir os custos médicos de todos". No entanto, uma afirmação de que um currículo de graduação deveria se basear na civilização ocidental recebeu apenas 53% de concordância.

Apenas 28% consideravam fundamental ou muito importante ensinar aos alunos as obras clássicas da civilização ocidental, enquanto 80% achavam que as faculdades deveriam incentivar os alunos a se envolver em atividade de "serviço comunitário", e quase um terço considerava que isso deveria ser um requisito para a graduação.

Ou seja, Platão e Shakespeare deveriam ser opcionais, mas atividades como trabalhar em um abrigo para moradores de rua deveriam ser incentivadas ou obrigatórias.

Talvez a estatística mais animadora seja que 31% desses professores estão considerando aposentadoria antecipada. Por outro lado, não está claro se seus substitutos serão melhores.

ESBOÇOS BIOGRÁFICOS

CAROLINA IN THE MORNING*

Henry estava prestes a se tornar pai novamente — se ele conseguisse viver até lá. Ele devia saber que estava morrendo, ainda que pudesse não saber exatamente do que estava morrendo. Em 1929, os negros do Sul nem sempre iam ao médico quando adoeciam. De qualquer forma, quando Willie engravidou, Henry foi até sua tia Molly para pedir que ela cuidasse do bebê. Já havia quatro crianças para cuidar, e não teria como Willie conseguir cuidar de um novo bebê sozinha, enquanto tentava ganhar a vida sem Henry.

Tia Molly era a pessoa mais indicada para pedir ajuda. Os filhos dela já eram adultos, e recentemente ela tentara adotar um menininho, mas a mãe do bebê mudara de ideia e voltara após alguns meses para pegá-lo de volta. Foi uma experiência que pode ter deixado uma marca duradoura em tia Molly. Porém, ela estava disposta a voltar a tentar. O novo bebê de Willie também acabou sendo um menino, e Henry morrera antes de seu nascimento.

Willie não teve outra escolha a não ser levar adiante os planos que Henry tinha traçado com sua tia. Alimentar quatro crianças e a si

---

* *Carolina in the Morning* [Carolina ao amanhecer] é o nome de uma canção clássica norteamericana composta em 1922. Foi gravada por diversos artistas. A letra expressa saudade e afeição por um lugar chamado Carolina, provavelmente referindo-se aos estados da Carolina do Norte ou Carolina do Sul. (N. do T.)

mesma com o salário de empregada revelou-se muito difícil, mesmo depois de ela ter entregue o bebê para tia Molly criar como se fosse seu próprio filho. Ainda assim, Willie conseguiu de alguma forma visitar o menininho regularmente, mesmo com tia Molly morando a quase 25 quilômetros de distância. Essas visitas tinham que ser cuidadosamente administradas, como se Willie estivesse visitando tia Molly, para que o menino — o "Amiguinho", como ela o chamava — jamais suspeitasse de que era adotado, e muito menos que Willie era sua mãe. Aliás, isso foi administrado tão bem que ele chegou à idade adulta sem lembrança da mulher que aparecia discretamente em sua infância, supostamente para visitar os adultos.

Willie podia constatar que seu filho tinha uma vida material melhor do que ela poderia oferecer. Ele usava roupas melhores do que seus outros filhos e possuía brinquedos que ela não podia comprar para eles. Ele também era amado e, talvez, até mimado por sua nova família. A filha mais nova de tia Molly era uma garota de vinte anos chamada Birdie, que tinha um carinho especial por ele. Ainda assim, de vez em quando, Willie voltava para casa em lágrimas após uma visita e falava desejosamente sobre o dia em que poderia buscar o Amiguinho e trazê-lo de volta. Mas isso não aconteceu. Willie morreu ao dar à luz alguns anos depois.

Tia Molly era muito possessiva em relação ao menino, talvez como reação ao trauma de ter tido o outro menininho tirado dela depois de haver se apegado a ele. Independentemente do motivo, quando ela acabou se mudando da Carolina do Norte para Nova York, alguns parentes disseram que ela fizera isso para afastar o menino daqueles que conheciam o segredo da família de que ele era adotado. Ainda que houvesse, de fato, outros motivos mais convincentes para a mudança para Nova York, é significativo que aqueles que a conheciam acreditassem que ela agiria assim para guardar seu segredo. De qualquer forma, tia Molly cortou todos os laços entre o menino e seu passado. Na

Carolina do Norte, os irmãos dele sabiam de sua existência, mas ele ignorava a deles, e eles ouviam falar dele enquanto crescia em Nova York apenas através do boca a boca da família.

Sua família original continuava a se referir ao menino como Amiguinho, mas ele nunca ouviu esse apelido enquanto crescia, já que sua nova família o renomeou na infância. Birdie convenceu tia Molly a dar-lhe o nome de seu namorado, Thomas Hancock. O nome registrado de tia Molly era Mamie Sowell.

Minhas lembranças mais antigas eram de mamãe e papai, e Birdie e Ruth. Papai era meu favorito, e eu era o dele. Ele era um trabalhador da construção civil, um homem baixo, e o presbítero da igreja até eu aparecer. Uma das cenas que ficaram registradas na lenda familiar foi ele se levantando diante da congregação, comigo em seus braços e uma mamadeira em seu bolso, explicando que agora ele tinha novos deveres para ocupar o lugar daqueles que estava abandonando na igreja.

Papai tinha um jeito meio rude, mas geralmente era de boa índole com as pessoas e muito paciente comigo. No entanto, ele ficava bravo sempre que achava que alguém não estava me tratando bem.

Ele discutia com mamãe se descobrisse que ela me tinha dado palmadas enquanto ele estava no trabalho. (Claro que eu era a fonte habitual dessa informação.) Certa vez, ele quase brigou com um homem na rua, que sem querer me assustou ao apontar sua bengala em minha direção, enquanto tentava dar orientações a outro homem. Mamãe era mais enigmática, com humor instável. Mulher com pouca educação — ela escrevia seu nome com uma lerdeza angustiante —, era, contudo, perspicaz e até manipuladora, mas também era emotiva e sujeita a um sentimentalismo imprevisível que às vezes a fazia chorar por pequenas coisas.

Birdie e eu éramos muitos próximos naqueles primeiros anos, e continuamos assim até minha adolescência. Ela me ensinou a ler antes de eu completar quatro anos. Líamos juntos histórias em quadrinhos. Então, algumas das primeiras palavras que aprendi a soletrar foram palavras como "pow" e "splash". Birdie também lia para mim algumas das histórias infantis tradicionais. Uma história triste que guardei pelo resto da vida foi a respeito de um cachorro com um osso na boca que viu seu reflexo em uma riacho e achou que o cachorro que ele via tinha um osso maior do que o dele. Ele abriu a boca para tentar pegar o osso do outro cachorro e, naturalmente, perdeu o seu próprio quando este caiu na água. Essa história seria lembrada em muitas ocasiões na vida.

Birdie me deu grande parte dos cuidados maternos que recebi nesses primeiros anos, com mamãe mais preocupada em me ensinar coisas práticas e manter a disciplina. Porém, mamãe também delegou algumas de suas responsabilidades práticas para Birdie ou outras pessoas. Certo verão, eu brincava descalço do lado de fora, como as crianças sulistas faziam então, e pisei em um caco de vidro, e sofri um corte profundo na sola do pé. Ao subir correndo a longa escada dos fundos, chorando, gritando e deixando um rastro de sangue, mamãe surgiu na varanda dos fundos, deu uma olhada na cena e pareceu ficar enjoada. "Ai, meu deus", ela disse, voltou para dentro e se deitou no sofá, mandando Birdie sair para cuidar de mim. Birdie logo me acalmou, me confortou e enfaixou meu pé.

Ruth era alguns anos mais velha que Birdie. Mais reservada, tinha um sorriso enigmático ocasional e um jeito mais cosmopolita. Porém, era mais afável e calorosa do que o sugerido por sua aparência mais sofisticada. No entanto, para mim, Ruth sempre foi uma adulta, ao passo que Birdie e eu às vezes brincávamos de maneira mais agitada, como se fôssemos crianças.

Lacy, o novo namorado de Birdie, foi a quinta pessoa que entrou em minha vida tão cedo que eu não me lembro de um tempo em que não o conhecesse. Ele era um jovem charmoso com o dom da palavra e um jeito de inclinar a cabeça de forma descontraída ao caminhar. Anos depois, após ele e Birdie se casarem, ele lembrou que, na primeira vez em que me viu, eu estava balançando no portão da frente, com as fraldas precisando urgentemente de troca.

Lacy iria se tornar uma influência importante em meus anos de formação, sobretudo depois que papai e mamãe se separaram e nos mudamos para Nova York. Ainda que só muitos anos depois eu viesse a entender o passado de Lacy, ele mesmo havia sido adotado e nem sempre fora bem tratado. Ele não apenas demonstrou um interesse especial em mim, mas também não hesitava em intervir se achasse que estava sendo punido injustamente ou mesmo criticado incorretamente. Ao longo dos anos, em diversas ocasiões, ele convenceu mamãe a não me punir.

Herman, o filho mais velho de mamãe, era uma figura mais distante. Ele era casado e morava no campo, em sua própria fazenda. Herman era uma pessoa distinta, até mesmo enfadonha. Ele também tinha um carro, o que para nós era um sinal de prosperidade muito além de nosso alcance. Herman não simpatizava comigo, e eu não simpatizava com ele. Porém, raramente nos víamos, e não demonstrávamos indícios de sofrimento pela ausência um do outro. A esposa de Herman, Iola, era um mulher atraente com um toque de distinção. Ela tinha vários filhos de um casamento anterior. Uma das filhas, Gladys, era cerca de três anos mais velha que eu. Certo domingo, quando adormeci na igreja, Gladys me pegou e me segurou em seu colo. Ao acordar, fiquei indignado com a afronta de estar sendo segurado como um bebê por uma simples garota. Eu me desvencilhei do abraço de Gladys e dei-lhe um soco. Ao que tudo indica, isso chocou até mesmo as poucas expectativas que Herman tinha a meu respeito.

Naquela época, Birdie estava na casa dos vinte e poucos anos, Ruth tinha cerca de trinta anos, e Herman, com quarenta e poucos. Isso significava que mamãe já era idosa quando eu era uma criança pequena. Mais como uma avó do que como uma mãe. Minha avó era, de fato, sua irmã. Elas faziam parte da primeira geração de nossa família nascida depois da escravidão.

A primeira casa em que me lembro de termos morado era feita de madeira, e se situava na rua East Hill, 1121, em Charlotte, na Carolina do Norte. Ficava perto do sopé de uma colina alta em uma rua de terra, como grande parte das ruas nos bairros negros. Papai construiu um caminho pavimentado em nosso quintal e abriu uma janelinha na porta da cozinha nos fundos. Ambos eram marcos de distinção dos quais nos orgulhávamos.

Como grande parte das casas da área, a nossa não tinha luxos como eletricidade, aquecimento central ou água quente corrente. Havia uma sala de estar, uma cozinha e dois quartos. Na cozinha, tinha um fogão a lenha da marca Perfection. Dizem que foi a primeira palavra que eu escrevi. O banheiro era um pequeno abrigo na varanda dos fundos. Para tomar banho, esquentávamos a água no fogão da cozinha e a despejávamos em uma grande banheira metálica portátil. Para aquecer no inverno, tínhamos o fogão, uma lareira na sala de estar e um aquecedor a querosene. Para iluminação à noite, usávamos lampiões a querosene.

Nunca me passou pela cabeça que estávamos vivendo na pobreza, e, na verdade, esses foram alguns dos momentos mais felizes de minha vida. Tínhamos tudo o que as pessoas a nosso redor tinham, exceto por alguns que desfrutavam de eletricidade e uma senhora que tinha um telefone. Certa vez, acompanhei Ruth quando ela foi trabalhar como empregada na casa de pessoas brancas. Quando vi duas torneiras na cozinha delas, fiquei perplexo e disse: "Eles devem beber muita água aqui." Quando Ruth me mostrou que havia água quente saindo de uma das torneiras, achei aquilo a coisa mais incrível.

Nós cultivávamos flores em nosso quintal da frente, mas não havia quintal nos fundos, apenas um beco. Na lateral da casa, porém, existia um espaço cercado onde criávamos galinhas. Ainda me lembro do choque de ver a cabeça de uma galinha ser cortada e observar o corpo decapitado correndo freneticamente pelo quintal, até cair em convulsões e morrer. Porém, tudo isso foi esquecido quando ela reapareceu horas depois no jantar, completamente transformada em belos e deliciosos pedaços fritos ao estilo sulista.

De vez em quando, eu encontrava pessoas brancas — em geral, donos de mercearia, vendedores ambulantes ou, ocasionalmente, policiais. Porém, para mim, como criança pequena, as pessoas brancas eram quase hipotéticas. Elas eram algo sobre o que os adultos falavam, mas não tinham papel significativo em minha vida cotidiana. Em grande medida, isso continuou sendo verdade até depois que deixamos Charlotte, quando eu tinha quase nove anos, e nos mudamos para Nova York. Então, fiquei chocado ao descobrir que a maioria das pessoas nos Estados Unidos era branca. A maior parte das pessoas que eu tinha visto eram negras, aonde quer que eu fosse. Ao ler as tiras publicadas aos domingos, não me incomodava o fato de que os personagens fossem quase sempre brancos, mas eu não conseguia entender por que alguns desses personagens tinham cabelo amarelo. Eu nunca tinha visto ninguém com cabelo amarelo, e duvidava que tais pessoas existissem.

Naqueles primeiros anos na Carolina do Norte, os únicos livros que me lembro de ver em nossa casa eram a Bíblia e os livros de histórias infantis que Birdie lia para mim. Papai lia o jornal e, de vez em quando, os adultos conversavam sobre coisas que estavam acontecendo no mundo. Havia uma guerra entre etíopes e italianos, e eu sabia que estávamos do lado dos etíopes, mas não tenho certeza de que eu soubesse o motivo ou qual era a cor deles. No entanto, eu sabia que havia um jovem boxeador negro aparecendo e que todos nós estávamos muito orgulhosos dele, tanto como homem quanto como lutador. Alguns diziam que ele se tornaria um campeão algum dia. Seu nome era Joe Louis.

Uma notícia que deixou mamãe emocionalmente envolvida foi o sequestro do bebê Lindbergh. Por motivos desconhecidos, ela se convenceu de que o sequestrador condenado, Bruno Richard Hauptmann, era inocente. Ela chorou quando ele foi executado. Algum tempo depois, após termos nos mudado e papai e mamãe terem se separado, ganhamos um grande cachorro branco, que recebeu o nome de Bruno. Tempos depois, quando Bruno teve filhotes, descobrimos se tratar de uma cachorra.

Papai não parou de me ver depois da separação. Ele aparecia regularmente, e uma vez me levou até sua nova casa. Papai me perguntou se eu queria ir morar com ele, e eu respondi que sim, mas nada aconteceu. Alguns anos depois, ele e mamãe se reconciliaram por um tempo, mas não durou. Não tenho ideia de quais eram as diferenças entre eles.

Sempre que penso em papai, lembro-me da alegria de andar montado em seus ombros quando era criança. Aliás, sempre que vejo uma criança empoleirada nos ombros do pai, ainda penso nele. Ele era um bom homem, mas só muitos anos depois eu atinaria o quão bom ele era.

Quando Birdie e Lacy namoravam, eles costumavam se sentar no balanço da varanda à noite. Era muito romântico — só nós três. Muitas vezes, eles me deixavam sentar no balanço a seu lado. Eu gostava de

Lacy e o admirava, mas ouvira falar que ele levaria Birdie embora. Então, eu tinha sentimentos conflitantes, e acho que os dois me deixavam sentar com eles para me tranquilizar.

Birdie e Lacy eram jovens animados, e até bebiam, apesar da desaprovação de mamãe. Com eles, comecei a gostar de cerveja desde cedo.

Certo dia, na ausência de mamãe, pedi-lhes um pouco de cerveja. Para me desencorajar, eles disseram que eu só poderia beber cerveja se também bebesse um pouco de uísque — porque eles sabiam que eu não gostava. No entanto, aceitei o desafio e rapidamente tomei um pouco de uísque e depois pedi minha cerveja. Essa mistura era bem forte para uma criança de cinco anos. Assim, fiquei zonzo, e Birdie e Lacy se afligiram, temendo uma cena quando mamãe voltasse. Eles me deitaram na cama, e eu dormi para me recuperar antes do retorno dela. Não me lembro de ter sentido desejo por álcool por muitos anos e, mesmo na idade adulta, nunca me tornei um apreciador entusiasmado de bebidas alcoólicas.

Os filhotes de Bruno estavam crescendo, e eu me afeiçoei muito a eles, assim como a Bruno. Certo dia, porém, fiquei surpreso ao vê-la se afastar dos filhotes quando eles queriam que ela os amamentasse. Naturalmente, Bruno começava a desmamar os filhotes, mas eu não fazia ideia do que ela estava fazendo. Para mim, parecia uma maneira cruel de tratar os filhotes, que aparentavam muita tristeza enquanto corriam atrás da mãe, latindo e tentando em vão alcançá-la, com suas pernas curtas se movendo de forma desengonçada.

Enfim, consegui segurar Bruno, para que os filhotes pudessem mamar um pouco. Felizmente, os adultos viram o que estava acontecendo e me explicaram uma das lições da vida, ou seja, que os filhotes precisam ser desmamados para seu próprio bem. Essa experiência também foi uma que veio a minha mente muitas vezes mais tarde, em minha vida adulta.

A partir dos quatro ou cinco anos, meu mundo começou a se contrair dolorosamente. A primeira perda foi quando papai e mamãe se separaram, pois, embora ele voltasse para me ver, não era igual a tê-lo presente o tempo todo. Em seguida, Lacy foi para o norte, para a cidade de Nova York, em busca de trabalho e uma vida melhor. Assim que conseguiu se firmar, ele chamou Birdie, e eles se casaram em 1934, em Nova York. Eles voltaram em 1935, mas, após alguns meses, retornaram para Nova York em definitivo. Um ano depois, Ruth seguiu os passos deles. Quando eu tinha seis anos, só restavam mamãe e eu, e morávamos em um lugar menor. Para piorar as coisas, contraí caxumba e coqueluche, de modo que não pude ir à escola até completar sete anos. Nenhuma das crianças de minha idade estava mais por perto nos dias de escola; ou seja, foi um período solitário.

Havia uma garotinha bonita em nosso novo bairro. Ela costumava passar diante de nossa casa ao entardecer e me dar um tapinha nas costas, dizendo: "Oi, Tom."

Eu ficava sem palavras e nervoso, mas mamãe me disse que aquilo significava que a garotinha gostava de mim. Como eu também gostava dela, decidi demonstrar para ela do mesmo modo. Certo dia, virei-me e bati com entusiasmo em suas costas enquanto ela passava. A menina desabou como um castelo de cartas, levantou-se chorando e correu para casa. Ela nunca mais falou comigo, e eu fiquei com o coração partido. Não foi a última vez que me senti intrigado com as representantes do sexo oposto, nem talvez elas comigo.

Outro episódio perturbador desse período foi a única vez em que Ruth me deu umas palmadas. Não consigo me lembrar do motivo, mas tinha algo a ver com ela estar em uma escada. Não consigo acreditar

CAROLINA IN THE MORNING

que eu teria tentado puxar a escada de baixo dela, mas é difícil imaginar Ruth me dando uma surra por algo menos que isso. No entanto, naquele momento, eu fiquei muito indignado.

Voltamos a nos mudar antes de eu começar a escola em setembro de 1937. Havia uma casa na rua East Brown, 1212, propriedade de alguns de nossos parentes mais prósperos por afinidade. A casa ficara conhecida como um lugar onde os Sowell morriam logo após se mudarem. Em geral, eles já tinham idade avançada quando decidiam se instalar ali para se aposentar. Então, não era muito surpreendente que morressem lá. No entanto, em uma época e lugar em que a superstição era uma força a ser levada em conta, poucos Sowell queriam se mudar para aquele imóvel, que era considerado mal-assombrado. Porém, éramos muito pobres para podermos nos dar ao luxo da superstição, então foi para lá que fomos.

Não era uma casa ruim, e tinha até eletricidade. Lembro que lá eu ouvia Bing Crosby no rádio. O quintal era suficientemente grande para cultivarmos uma boa quantidade de hortaliças, e existia uma grande macieira de onde colhíamos maçãs. Alguém plantou um algodoeiro, aparentemente para meu bem, de modo que um menino do Sul não crescesse sem saber como era um algodoeiro. Lembro-me de Ruth ter morado lá por um tempo, assim como meu papai.

Bruno se habituou a sair sozinha em longos passeios à beira de um riacho na área. Nós a observávamos de casa até ela desaparecer em uma curva. Normalmente, ela voltava muito mais tarde. Porém, um dia, Bruno não voltou. Para mim, foi como se alguém tivesse morrido. Era parte de um tempo melancólico, quando parecia que eu estava perdendo todo um mundo mais feliz dos anos anteriores.

THOMAS SOWELL · ESSENCIAL

Certo dia, bateram em nossa porta, mas quando mamãe foi atender, não havia ninguém à vista. Mais tarde, soubemos que uma das jovens Sowell decidira enfrentar a casa mal-assombrada (depois de muita provocação) e vir nos visitar. No entanto, depois de bater na porta e ver a silhueta de mamãe chegando pelo corredor — parecendo exatamente com a silhueta de sua falecida tia Alma —, ela fugiu rápido o suficiente para estar fora de vista quando a porta foi aberta.

Demos muitas risadas ao contar esse incidente para outras pessoas, e ele teve um efeito duradouro ao me fazer considerar ridícula toda superstição.

Um vendedor branco de frutas e legumes, que circulava pela vizinhança regularmente com sua carroça puxada por cavalo, apareceu certo dia com sua filha pequena — mais ou menos de minha idade — a seu lado. Ela decidiu desembarcar da carroça e vir brincar comigo no nosso quintal, enquanto seu pai fazia suas rondas pela rua. Nós nos demos muito bem, nos divertimos muito brincando juntos e nos despedimos alegremente com acenos quando chegou a hora de ela ir embora. Porém, quando me virei para mamãe para falar com entusiasmo sobre minha nova companheira de brincadeiras, eu a encontrei sisuda e até soturna. "Você acabou de dar seu primeiro passo em direção à forca", ela disse. A partir daí, toda vez que a menina e seu pai apareciam, havia sempre alguma desculpa para eu não estar disponível para brincar com ela.

Outro capítulo de minha vida se abriu quando finalmente comecei a escola em setembro de 1937, um ano mais velho do que as outras crianças em minha turma por causa de meu ano afastado devido à doença. Mamãe não me levou à escola pessoalmente, mas pagou a uma

CAROLINA IN THE MORNING

das meninas mais velhas da vizinhança para me acompanhar. Era comum mamãe evitar encarar situações em que se sentisse desconfortável e deslocada.

Fui com a menina sem protestar — até ficarmos fora de vista. Então, sem rodeios, eu disse que não havia a menor chance de eu aceitar que uma menina me levasse para a escola. De maneira zelosa, ela insistiu, mas quando percebi que palavras não eram suficientes, comecei a jogar pedras, e cheguei à escola em isolamento esplêndido.

Era um predinho atraente, e eu tive a sorte de ter uma professora agradável. Minhas lembranças da primeira série não incluem nada que eu tenha aprendido. Eu já sabia ler e fazer contas antes de ir para a escola. Minhas únicas lembranças são de brigas, de ser posto de castigo pela professora, de sentir-me apaixonado por algumas garotas e da longa caminhada de ida e volta para a escola.

No ano seguinte, na segunda série, deparei com uma dessas rotinas educacionais sem sentido, que acabou funcionando a meu favor neste caso. Durante a aula de leitura, uma criança era convidada a ler em voz alta até cometer um erro, após o qual o livro era passado para a próxima criança. (Não havia tal coisa de distribuir um livro para cada aluno.) Como eu já tinha alguns anos de leitura, conseguia ler um desses livros sem cometer erros — e ao fazer isso, simplesmente me entregavam o próximo livro da série e me diziam para continuar. Em poucas semanas, eu já tinha concluído toda a leitura do semestre.

Certo dia, quando as demais crianças estavam se comportando mal, a professora, em um momento de irritação, disse que aquele era um grupo estúpido ao qual eu estava preso, e conseguiu que eu fosse promovido imediatamente para a terceira série, apenas algumas semanas depois do início do semestre. De repente, eu me vi com crianças de minha idade.

Uma dessas crianças era um garoto chamado Henry, que eu conhecia dos dias em que morávamos da rua East Hill. Henry e eu

THOMAS SOWELL • ESSENCIAL

éramos tão parecidos que mamãe uma vez o chamou para o jantar por engano. Ele também era o garoto mais durão da classe, o que foi muito útil. Pelo visto, eu tinha irritado um dos garotos da turma e ele decidiu me bater, mas atacou Henry por engano. Não foi um engano que alguém quisesse repetir, e então, tive relativamente poucas brigas a enfrentar na terceira série.

Academicamente, no início, houve algumas dificuldades, em parte porque eu não tinha aprendido tudo o que deveria ter aprendido na segunda série. Por exemplo, precisei aprender divisão na terceira série sem ter permanecido na segunda série tempo suficiente para aprender adição e subtração. No entanto, logo eu era o melhor da turma ou estava perto do melhor. Era uma sensação agradável, mas claro que eu não fazia a menor ideia do que isso poderia significar para meu futuro.

Em algum momento de 1938 ou 1939, mamãe e eu — éramos apenas nós dois agora — nos mudamos novamente, dessa vez para a rua East Hill, 1123. Era ao lado da casa em que tínhamos morado alguns anos antes. Agora estávamos morando no final da rua e, assim, não tínhamos nem um quintal nem um jardim lateral. Não tínhamos mais eletricidade, e eu sentia falta dela, sobretudo quando alguns dos outros garotos falavam sobre ouvir um novo programa de rádio chamado *The Lone Ranger* [O cavaleiro solitário].

Como grande parte das outras casas do bairro, a nossa não tinha um caminho pavimentado como o que papai havia construído na casa ao lado. Ver aquele caminho era apenas uma das lembranças dolorosas dos tempos mais felizes, quando papai, Birdie, Lacy e Ruth faziam parte de meu mundo.

Para piorar as coisas, a família que morava na casa ao lado era horrível. Além disso, os filhos eram encrenqueiros. Certa vez, quando um deles começou uma briga comigo, eu dei uma surra nele. Isso fez

CAROLINA IN THE MORNING

com que seus pais viessem a nossa casa, ameaçando mamãe e a mim. Felizmente, não demorou muito para nos mudarmos para Nova York. Pelo que sei, isso pode ter sido o que motivou a mudança. De qualquer forma, já havia conversas anteriores sobre irmos para Nova York. E então, lá fomos nós. Partimos antes do encerramento do ano letivo, no Dia das Mães de 1939.

Passei meu último dia em Charlotte na casa de Herman, enquanto mamãe foi a algum lugar para resolver os últimos detalhes. Àquela altura, Herman estava morando na cidade, não muito longe de nós, em uma casa maior e mais bonita. Eu não estava animado com a ideia de passar o dia na casa de Herman, e ele provavelmente não estava muito contente com minha presença, mas acabou sendo melhor do que ambos esperávamos. Quando mamãe voltou, fomos para a estação ferroviária pegar o trem que nos levaria para uma nova vida.

MEMÓRIAS

Em alguns aspectos, minha vida era muito parecida com a de muitos outros negros que cresceram em Nova York nas décadas de 1930 e 1940. Em outros aspectos, era bem diferente. Era ainda mais distinta da vida de negros crescendo em guetos urbanos em uma época posterior. A minha contrasta ainda mais radicalmente com a vida de muitos outros intelectuais, ativistas, "líderes" políticos e "porta-vozes" negros.

Talvez o mais importante seja que cresci sem medo dos brancos, tanto física quanto intelectualmente. Se eu tivesse ficado no Sul, esse medo poderia ter se tornado necessário para a sobrevivência na idade adulta, supondo que eu tivesse conseguido sobreviver. Porém, o medo costuma ser o inimigo do pensamento racional. Na década de 1960 (e posteriormente), muitos negros ficaram excessivamente impressionados com falastrões estridentes cuja principal credencial era que eles "enfrentavam o homem branco".

Como alguém que acertou um soco pela primeira vez em um branco aos doze anos, e que fez isso pela última vez aos trinta e cinco, eu nunca fiquei realmente impressionado com tais credenciais — e certamente não as considerava um substituto para saber do que se está falando.

Apesar de todas as vicissitudes de minha vida, e dos longos anos vivendo perto do desespero, posso considerar, em retrospectiva, que

MEMÓRIAS

tive sorte de muitas maneiras — não só por escapar de danos permanentes em diversas situações arriscadas, mas também de uma forma mais geral, tanto genética quanto ambientalmente. Ficou claro ao encontrar meus irmãos na vida adulta que grande parte de minha capacidade foi simplesmente herdada. Isso era verdade não só em relação ao nível geral de capacidade, mas também quanto ao tipo específico de capacidade — a saber, o raciocínio analítico do tipo encontrado em matemática, ciência, xadrez e economia — em contraste com o tipo de capacidade exigido em poesia ou política, onde minhas realizações têm sido praticamente não existentes.

Meu irmão Charles, embora tenha sido o orador da turma na solenidade de formatura no ensino médio, nunca teve a oportunidade de ir para a faculdade. No entanto, ele aprendeu eletrônica de forma autodidata bem o suficiente para construir seu próprio transmissor de rádio amador e seus próprios sistemas estereofônicos. Posteriormente, após um curto período de educação formal em eletrônica, ele adquiriu o conhecimento necessário sobre equipamentos eletrônicos para triagem de correio e se tornou supervisor desse departamento no serviço postal de Washington, sendo enviado para diversas localidades do país pelas autoridades postais para orientar os correios locais na instalação e operação do novo sistema.

Dos dois filhos de Charles, um se tornou professor de matemática e o outro obteve um doutorado em economia matemática em Princeton.

Uma das netas adolescentes de Mary Frances foi avaliada por um programa de crianças com talento matemático precoce da Universidade Johns Hopkins, e também recebeu uma bolsa de estudos de verão, ainda no ensino médio, para um programa especial em ciência da computação na Universidade Brandeis. Meu irmão Lonnie se tornou um engenheiro cujo trabalho promoveu o desenvolvimento de motores de foguete e de aeronaves. Seus filhos também se tornaram engenheiros.

Meus próprios filhos têm apresentado desempenhos sistematicamente melhores em capacidade matemática do que em capacidade verbal. Meu filho integrou a equipe de xadrez da escola do ensino médio que disputou um campeonato nacional. Ele se formou na faculdade com um diploma em estatística, com especialização em ciência da computação.

A matemática foi sempre minha melhor matéria ao longo de toda a minha vida escolar. Infelizmente, uma década longe da matemática desgastou minhas habilidades e me privou da base necessária para me desenvolver muito mais nessa área; ou seja, o ambiente também teve sua influência. Não obstante, quando eu era aluno de pós-graduação na Universidade de Chicago, Milton Friedman me disse: "Embora não tenha formação em matemática, você tem uma mente matemática."

Só aprendi a jogar xadrez na casa dos trinta anos, o que é demasiado tarde para desenvolver o pleno potencial. Eu conseguia vencer outros amadores que jogavam ocasionalmente na hora do almoço, mas não muitos enxadristas de torneios. Jogar damas era outra história, pois eu jogava desde criança. Depois que conheci meu irmão Lonnie, quando éramos jovens, passávamos a noite jogando damas — ambos se surpreendendo sempre que o outro ganhava a partida. Naquela época, eu costumava só vencer ou empatar. A julgar pelas reações dele, pelo jeito sua experiência era semelhante.

Algumas semelhanças notáveis em traços de personalidade também se destacaram entre mim e meus irmãos, mesmo que tenhamos sido criados em lares diferentes a centenas de quilômetros de distância. A característica mais comum era que a maioria de nós era solitária. Em 1969, isso ficou claro para mim quando passei por Washington a caminho da Califórnia. Paramos na casa da ex-mulher de Charles, e ficamos lá esperando ele chegar e se juntar a nós. Enquanto isso, meu filho saiu para brincar com as crianças da vizinhança. Quando Charles chegou, eu disse:

MEMÓRIAS

— Venha comigo lá para fora para você conhecer meu filho.

— Eu já o conheci — Charles afirmou. — Tivemos uma longa conversa.

— Como você sabia quem ele era?

Charles sorriu com ar benevolente e respondeu:

— Tommy, quando vejo uma dúzia de crianças, todas fazendo a mesma coisa, e no meio delas está uma criança fazendo algo completamente diferente, não preciso adivinhar qual delas é o neto de nossa mãe.

O próprio Charles era um exemplo perfeito de um padrão semelhante de seguir seu ritmo particular. Durante um dos distúrbios nos guetos da década de 1960, Charles se viu no meio dos manifestantes, fazendo-lhes perguntas como: "Onde vocês vão fazer compras depois de incendiar a loja desse homem?"

Nunca ocorreu a Charles que um distúrbio não é o lugar para um diálogo socrático. Pelo visto, não há um gene para comportamento político em nossa família.

Embora seguir seu próprio ritmo tenha seu lado negativo, tanto pessoal quanto profissionalmente, também me tornou alguém acostumado à polêmica, décadas antes de minhas polêmicas se tornarem públicas. Sem estar já preparado contra o vilipêndio, minha pesquisa e meus textos sobre questões raciais não teriam sido possíveis.

Ainda que o ambiente em que cresci fosse muito deficiente quanto aos tipos de coisas medidos por sociólogos e economistas, mesmo assim forneceu alguns dos elementos fundamentais para o desenvolvimento. Durante grande parte de meu período de formação, fui um filho único em contato com quatro adultos que se interessaram por mim, mesmo que não estivessem todos sob o mesmo teto o tempo todo. Compare isso com ser um dos vários filhos criados por uma mulher solteira ou, pior ainda, por uma adolescente. A quantidade de tempo dos adultos por criança era muitas vezes maior no meu caso.

Embora nenhum desses adultos tivesse muita educação, e certamente não soubesse o que era uma boa ou má educação, Birdie e Lacy se importavam o suficiente com meu desenvolvimento para garantir que eu conhecesse outro menino que pudesse ser um guia para mim. Conhecer Eddie Mapp foi mais uma peça notável — e fundamental — de boa sorte.

A sorte de passar por lugares específicos em momentos específicos também me favoreceu. Alguns dos momentos mais felizes foram passados no Sul, ainda que eu tenha tido a sorte de ir embora antes de ficar irremediavelmente para trás nas escolas de qualidade inferior destinadas aos negros sulistas — e antes de ter que encarar o racismo corrosivo enfrentado pelos adultos negros. Em Nova York, passei pelas escolas públicas em uma época em que elas eram melhores do que tinham sido para as crianças imigrantes europeias de uma geração anterior, e muito melhores do que seriam para as crianças negras de uma época posterior.

Certa vez, quando minha sobrinha em Nova York se lamentava de não ter aproveitado mais suas oportunidades educacionais, ela disse:

— Eu estudei na mesma escola que você, tio Tommy.

— Não — eu afirmei. — Você estudou no mesmo *prédio* em que eu estudei, mas já não era mais a mesma escola.

A família na qual ela foi criada também já não era a mesma família que era quando eu estava crescendo. Seus pais já não eram um jovem casal recém-casado, despreocupado, com tempo e dinheiro de sobra, e uma visão otimista do novo mundo de Nova York. Eles agora eram pais sobrecarregados, preocupados em tentar lidar com diversas adversidades, intercaladas com tragédias. Embora minha sobrinha acabasse vivendo no mesmo apartamento em que eu havia crescido uma década antes dela, a vida naquele apartamento estava agora ainda mais amarga do que aquela que me levara a sair para o mundo aos dezessete anos.

MEMÓRIAS

Minha luta inicial para construir uma nova vida por conta própria sob condições econômicas precárias me colocou em contato diário com pessoas que não eram nem bem-educadas nem particularmente corteses, mas que tinham uma sabedoria prática muito além da que eu tinha. E eu sabia disso. Isso me conferiu um respeito duradouro pelo bom senso das pessoas comuns — um fator rotineiramente ignorado pelos intelectuais entre os quais eu mais tarde desenvolveria minha carreira. Esse foi um ponto cego em grande parte da análise social deles com a qual eu não precisei lidar.

Com tudo o que passei, agora parece, em retrospectiva, quase como se alguém tivesse decidido que deveria haver um homem com todos os sinais externos de desvantagem, mas que, no entanto, possuía as principais vantagens internas necessárias para avançar.

O momento desse avanço também foi oportuno. Minha carreira acadêmica começou dois anos antes da promulgação da Lei dos Direitos Civis de 1964, e eu obtive a estabilidade acadêmica um ano antes do estabelecimento das "metas e cronogramas" federais segundo as políticas de ação afirmativa. Os livros que fizeram diferença decisiva em minha carreira — *Say's Law*, cujo manuscrito foi crucial para a obtenção de minha estabilidade acadêmica na Universidade da Califórnia em Los Angeles, e *Knowledge and Decisions*, que trouxe uma proposta de nomeação como pesquisador sênior na Hoover Institution — foram sobre temas não raciais. Em conjunto, esses fatos me pouparam das inseguranças que afligiam muitos outros intelectuais negros, que eram assombrados pela ideia de que deviam suas carreiras à ação afirmativa ou ao fato de que os textos sobre raça haviam virado moda. Eu sabia que poderia escrever durante toda uma década sem redigir um único livro ou artigo sobre raça, porque, na verdade, eu tinha feito isso ao longo da década de 1960.

O momento estava a meu favor de outra maneira. Tive a sorte de aparecer logo após o pior da discriminação antiga já não estar mais presente para me atrapalhar, e pouco antes de as cotas raciais fazerem as conquistas dos negros parecerem suspeitas. Esse tipo de sorte não pode ser planejado.

Elementos fundamentais de boa sorte como esses teriam tornado absurdo eu oferecer aos outros negros o tipo de conselho que a mídia tantas vezes me acusou de dar: seguir meus passos e se fazer por esforço próprio. A dependência da *intelligentsia* de palavras de ordem como "esforço próprio" tornou quase impossível ter uma discussão racional sobre diversas questões. Quanto a seguir meus passos, muitos dos caminhos que trilhei foram destruídos desde então por políticas sociais equivocadas, de modo que a mesma qualidade de educação já não estava disponível para a maioria dos jovens de gueto, embora nunca tenha existido um momento na história em que a educação fosse mais importante.

Grande parte de meus textos sobre questões de política pública em geral, e sobre questões raciais em particular, foi direcionada ao público ou aos formuladores de políticas, e tentava mostrar onde uma política seria melhor do que outra. Esses textos não eram conselhos dirigidos aos menos favorecidos sobre como eles poderiam lidar com seus infortúnios. Não sou colunista de conselhos pessoais. Evidentemente, minha esperança era que políticas melhores reduzissem esses infortúnios. No entanto, entrevistadores perspicazes insistiam em me fazer perguntas como: "Mas o que você diria a uma mãe dependente de assistência social ou a um jovem de gueto?"

Não consigo imaginar o que teria levado alguém a pensar que eu estava escrevendo manuais para mães dependentes de assistência social ou jovens de gueto, ou que eles leriam esses manuais, se eu os estivesse escrevendo. Pior ainda foram as sugestões de que eu achava que muitos benefícios estavam sendo concedidos a minorias, quer pelo governo, quer por outras instituições. No entanto, desde o início, sustentei que vários desses "benefícios" não eram na verdade benefícios,

MEMÓRIAS

exceto para uma quantidade relativamente pequena de pessoas da classe média que administravam os programas ou que estavam em uma posição vantajosa especial. Independentemente de eu estar correto em minha análise ou em minhas conclusões, essa era a questão colocada — e foi a questão evitada por distrações sobre "esforço próprio" e afins.

Em geral, meus livros sobre controvérsias raciais atraíram mais atenção da mídia e obtiveram vendas maiores do que meus livros sobre economia, política ou história das ideias. No entanto, os livros acerca de questões raciais não foram escritos como uma válvula de escape intelectual, mas porque havia coisas que eu achava que precisavam ser ditas e sabia que outras pessoas estavam relutantes em dizê-las. Mais de um colega sugeriu que seria melhor se eu parasse de escrever sobre raça e voltasse aos temas sobre os quais eu fiz meu melhor trabalho profissional: livros sobre economia como *Knowledge and Decisions* ou livros sobre ideias como *A Conflict of Visions* [*Conflito de visões*] e *The Quest for Cosmic Justice* [*A busca pela justiça cósmica*].

Claro que o que perdurará, se algo realmente perdurar, do que escrevi é algo que nunca saberei. Nem o que eu disse ou fiz é ampliado ou reduzido por minha vida pessoal, por mais que psicologia amadora tenha se tornado moda. O que foi feito permanece ou desmorona por seus próprios méritos ou aplicabilidade.

O objetivo de rememorar minha vida, além do prazer de compartilhar reminiscências, é esperar que os outros encontrem algo útil para suas próprias vidas.

O juiz Oliver Wendell Holmes expressou isso de melhor forma: "Se eu pudesse acreditar que inspirei aqueles que virão depois, estaria pronto para dizer adeus."

PENSAMENTOS ALEATÓRIOS

A seguir, alguns pensamentos aleatórios sobre o cenário atual:

Alguém disse que os seres humanos são as únicas criaturas que se ruborizam — e as únicas que precisam fazê-lo.

Anúncio para uma estação de esqui: "Se nadar é tão saudável, por que as baleias são tão gordas?"

Um dos sinais desoladores de nossos tempos é que demonizamos aqueles que produzem, subsidiamos aqueles que se recusam a produzir e canonizamos aqueles que se queixam.

Vamos encarar os fatos: a maioria de nós não tem nem metade da inteligência que às vezes pensa que tem. E, para os intelectuais, não tem nem um décimo dela.

Não existe acusação maior contra os juízes do que o fato de que pessoas honestas receiam ir ao tribunal, enquanto os criminosos saem com pompa pelas suas portas giratórias.

Poucas habilidades são tão bem recompensadas quanto a capacidade de convencer parasitas de que eles são vítimas.

Alguém disse que o Congresso levaria um mês para preparar um café usando café instantâneo.

A política é a arte de fazer com que seus desejos pessoais pareçam interesses nacionais.

Muitos daqueles nas chamadas "profissões assistenciais" estão ajudando as pessoas a serem irresponsáveis e dependentes dos outros.

Aqueles que não se dão ao trabalho de aprender os dois lados das questões não deveriam se preocupar em votar.

O velho adágio sobre dar um peixe a um homem em vez de ensiná--lo a pescar foi atualizado por um leitor: dê um peixe a um homem e ele pedirá molho tártaro e batatas fritas! Além disso, algum político que quer seu voto vai declarar que todas essas coisas são "direitos básicos".

PENSAMENTOS ALEATÓRIOS

Existem pessoas que não conseguem encontrar a felicidade em suas próprias vidas nem permitir que aqueles a seu redor sejam felizes. O melhor que você pode fazer é afastar essas pessoas de si.

A guerra me faz respeitar os soldados e desprezar os políticos.

O que se entende por pessoa educada costuma ser alguém que teve uma exposição perigosamente superficial a uma ampla gama de assuntos.

Se ficar olhando para o próprio umbigo, preocupar-se em excesso ou dramatizar ajudasse em questões raciais, já teríamos alcançado a utopia há muito tempo.

Os socorros financeiros do governo são como batatinhas fritas: você não consegue parar de comer.

Em ambos os lados do Atlântico, os estudantes universitários que protestam violentamente contra os aumentos nas mensalidades são sinais preocupantes da degeneração de nossos tempos. A ideia de que os pagadores de impostos devem arcar com aquilo que eles querem sugere que grande parte da educação atual não consegue incutir a realidade, e em vez disso, favorece um senso egoísta de direito ao que outras pessoas conquistaram.

Se a batalha pela civilização se resumir a covardes contra bárbaros, os bárbaros vão vencer.

Pagamos demais a nossos servidores públicos pelo que eles são e muito pouco pelo que queremos que eles sejam.

Quando quer ajudar as pessoas, você diz a verdade para elas. Quando quer ajudar a si mesmo, você lhes diz o que elas querem ouvir.

Eu vou parar de procrastinar. Um dia desses.

O Dia de Ação de Graças pode ser nosso feriado mais antiquado. A própria gratidão parece fora de moda numa época em que tantas pessoas se sentem "no direito" de receber o que quer que seja. E indignadas por não terem recebido mais.

Os problemas decorrentes de atalhos e abreviações provavelmente desperdiçaram muito mais tempo do que esses atalhos e abreviações economizarão alguma vez. Se fosse possível impor uma proibição à mentira, um silêncio aterrador envolveria a cidade de Washington.

Quando este colunista previu que um estudo desacreditado continuaria a ser citado por defensores do controle de armas, eu não fazia ideia de que isso aconteceria na semana seguinte no Tribunal de Apelações do 9º Circuito.

PENSAMENTOS ALEATÓRIOS

Estudantes californianos da Monroe High School e da Cleveland High School se surpreenderam ao ficar sabendo que os nomes de suas escolas eram em homenagem a presidentes. Na Cleveland High School, uma garota disse: "Eu achei que o nome era em homenagem àquela cidade no Canadá."

Ideologia é conto de fadas para adultos.

"Financiamento" é uma das grandes palavras fraudulentas de nossos tempos, usada por pessoas muito melindrosas para dizer "dinheiro", mas não tão orgulhosas para recusá-lo, geralmente dos pagadores de impostos.

É importante que crianças pequenas possam confiar plenamente em seus pais — e é igualmente importante que os filhos adultos não possam.

Você já viu alguma pintura, texto ou roupa que achou horrível? Alguma música que soou terrível? Você é livre para dizer isso só quando esses são produtos da civilização ocidental. Se disser isso sobre algo de outra cultura, você será considerado alguém repugnante, ou mesmo racista.

Inveja mais retórica é igual a "justiça social".

A única coisa que nenhuma política jamais mudará é o passado.

As pessoas que estão tentando provar algo geralmente não provam nada, exceto o quão idiotas elas são.

Todos os seres humanos são tão falíveis e imperfeitos que isentar qualquer categoria de pessoas de crítica não é uma bênção, mas uma maldição. A *intelligentsia* infligiu essa maldição aos negros.

Eu consigo entender que alguns gostem de dirigir devagar. O que não consigo entender é por que eles ocupam a faixa da esquerda para fazer isso.

A sutileza é importante. Se a Mona Lisa exibisse um grande sorriso com dentes à mostra, ela teria sido esquecida há muito tempo.

As pessoas que se orgulham de sua "complexidade" e ridicularizam outras por serem "simplistas" deveriam se dar conta de que a verdade muitas vezes não é muito complicada. O que torna as coisas complicadas é fugir da verdade.

A dívida pública é o fantasma do Natal passado.

Deveria haver um desprezo especial por aqueles que permanecem em segurança e conforto, julgando com tranquilidade as decisões em fração de segundo que os policiais tiveram que tomar sob o risco de suas próprias vidas.

PENSAMENTOS ALEATÓRIOS

Ser esperto é a maneira de ganhar pequenas coisas e perder grandes coisas.

Historiadores do futuro terão dificuldade em entender como tanto grupos organizados de idiotas barulhentos conseguiram nos manipular como se fôssemos marionetes e intimidar moralmente a maioria ao silêncio.

Independentemente de quão desastrosa tenha se revelado uma política, qualquer um que a critique pode esperar ouvir: "Mas o que você colocaria no lugar?" Quando você apaga um incêndio, pelo que você o substitui?

Aqueles que querem se apropriar de nosso dinheiro e ganhar poder sobre nós descobriram a fórmula mágica: deixe-nos com inveja ou raiva dos outros e, assim, nós vamos entregar, em parcelas, não só nosso dinheiro, mas também nossa liberdade. Todos os ditadores mais bem-sucedidos do século xx — Hitler, Lenin, Stalin, Mao — usaram essa fórmula, e agora os políticos que promovem a luta de classes nos Estados Unidos estão fazendo o mesmo.

Há algo obsceno em pessoas realizando manifestações a fim de tentar continuar recebendo dinheiro pelo qual outro alguém trabalhou.

A maior decepção é a decepção consigo mesmo.

Aqueles que têm muita consciência de que dispõem de mais conhecimento do que o indivíduo comum costumam ter pouca consciência de que não dispõem de nem um décimo do conhecimento de todas as pessoas comuns reunidas.

Eu não gosto de pensar que algum dia os norte-americanos estarão olhando para as ruínas radioativas de suas cidades e dizendo que isso aconteceu porque seus líderes tinham medo da palavra "unilateral".

Minha resolução favorita de ano-novo foi parar de tentar argumentar com pessoas irracionais. Isso reduziu tanto minha correspondência quanto minha pressão arterial.

Não importa o quanto as pessoas da esquerda falem sobre compaixão: elas não têm compaixão pelos pagadores de impostos.

É provável que aqueles que me enviam cartas ou e-mails contendo ataques pessoais beligerantes não façam ideia de como suas mensagens são reconfortantes, pois revelam que os críticos raramente têm argumentos racionais a oferecer.

Vez ou outra, a vida parece música de ópera italiana: bela, mas de cortar o coração.

Embora seja verdade que você aprende com a idade, o lado negativo é que o que você aprende muitas vezes é o quão idiota você era antes.

PENSAMENTOS ALEATÓRIOS

Se você fala sozinho, pelo menos porte um celular, para que as pessoas não achem que você está louco.

Os juízes deveriam se perguntar o seguinte: será que estamos transformando a lei em uma armadilha para pessoas honestas e um festim para os charlatães?

Por que há tanta aflição sobre rastrear agressores sexuais violentos depois que eles foram soltos da prisão? Se é tão perigoso soltá-los, então por que eles estão sendo soltos se as leis podem ser alteradas para mantê-los atrás das grades?

Tanto a máfia siciliana quanto as sociedades secretas criminosas chinesas surgiram como movimentos para defender os oprimidos. Sendo assim, talvez não devesse nos surpreender tanto que respeitáveis organizações norte-americanas de direitos civis tenham começado a se degenerar em esquemas de extorsão.

Um leitor escreve: "Eu quero viver no país em que cresci. Onde ele está?"

Com muita frequência, aqueles que são chamados de "educados" são simplesmente pessoas que foram resguardadas da realidade por anos em torres de marfim. Os que passaram suas carreiras em torres de marfim, protegidos pela estabilidade acadêmica, podem permanecer adolescentes até os anos dourados da aposentadoria.

THOMAS SOWELL · ESSENCIAL

Algumas ideias parecem tão plausíveis que podem falhar nove vezes seguidas e ainda assim receber crédito na décima tentativa. Outras ideias parecem tão implausíveis que podem dar certo nove vezes seguidas e ainda assim não receber crédito na décima tentativa. Os controles governamentais na economia estão entre os primeiros tipos de ideias, enquanto as operações de um livre mercado estão entre os segundos.

É incrível como tantas pessoas parecem achar que o governo existe para transformar seus preconceitos em leis.

Entre os sinais preocupantes de nosso tempo estão as "esculturas" de metal retorcido colocadas na frente dos prédios públicos à custa dos pagadores de impostos — sem dúvida, nunca destinadas a agradar o público, e, na verdade, constituindo uma afronta do artista ao público.

Às vezes, as autobiografias que "revelam tudo" revelam mais do que tudo.

Grande parte do que se considera "problemas sociais" consiste no fato de que os intelectuais têm teorias que não se encaixam no mundo real. A partir disso, eles concluem que é o mundo real que está errado e precisa ser mudado.

PENSAMENTOS ALEATÓRIOS

Graças a deus os seres humanos nasceram com a capacidade de rir do absurdo. Caso contrário, poderíamos perder a sanidade com todas as coisas absurdas que encontramos na vida.

Uma autobiografia recentemente reeditada de Frederick Douglass tem notas de rodapé explicando o significado de palavras como "*arraigned*", "*curried*" e "*exculpate*", além de explicar quem foi Jó. Ou seja, esse homem que nasceu escravo e nunca foi à escola se educou a ponto de suas palavras precisarem ser explicadas à geração atual, que é educada dispendiosamente, mas com pouca formação.

Os igualitários criam as mais perigosas das desigualdades: a desigualdade de poder. Permitir que os políticos determinem o que todos os outros seres humanos poderão ganhar é uma das apostas mais temerárias que se pode imaginar.

Departamento das Grandes Previsões: "Não hesito em dizer que acho que eles estão apostando alto." Foi o que Harry Frazee, proprietário dos Red Sox, disse após vender Babe Ruth para os Yankees.[*]

Perguntaram a um mágico o que tinha acontecido com a mulher que ele costumava cortar ao meio em seu número. "Ah, ela se aposentou", ele respondeu. "Agora ela mora em Chicago. E em Denver."

---

[*] Essa transação, famosa na história do beisebol, é citada com frequência como um dos maiores erros de gestão esportiva. Os Yankees passaram a ganhar todos os campeonatos, e os Red Sox enfrentaram um longo jejum. (N. do T.)

As pessoas de quem eu sinto pena são aquelas que fazem 90% do que é necessário para ter sucesso.

A confiança é uma daquelas coisas que manter é muito mais fácil que recuperar.

É autodestrutivo para qualquer sociedade criar uma situação em que um bebê que nasce hoje no mundo automaticamente tem ressentimentos preexistentes em relação a outro bebê nascido ao mesmo tempo, por causa do que seus antepassados fizeram séculos atrás. Já é difícil resolver nossos próprios problemas, sem tentar resolver os problemas de nossos antepassados.

Você já ouviu falar de um único fato concreto para respaldar todas as afirmações generalizadas quanto aos benefícios da "diversidade"?

Parece que estamos nos aproximando cada vez mais de uma situação em que ninguém é responsável pelo que fez, mas todos somos responsáveis pelo que alguém fez.

Eu me apiedo daqueles que insistem em continuar fazendo o que sempre fizeram, mas querem que os resultados sejam diferentes do que sempre foram.

PENSAMENTOS ALEATÓRIOS

O Alasca é muito maior do que a França e a Alemanha somadas. No entanto, sua população é menos de um décimo da população da cidade de Nova York. Lembre-se disso da próxima vez que ouvir algum histerismo ambientalista acerca do perigo de "arruinar" o Alasca explorando petróleo em uma área menor que o Aeroporto Dulles.

Ter o nome "sujo" na praça afeta muitas coisas, inclusive as chances de conseguir um emprego que exige responsabilidade. Por outro lado, ter crédito na praça significa receber uma enxurrada de lixo virtual.

Sou tão velho que me lembro do tempo em que as conquistas dos outros eram consideradas uma inspiração, e não uma ofensa.

Considerando que todos nós entramos no mundo da mesma maneira e partimos na mesma condição, investimos muito tempo no intervalo tentando mostrar que somos muito diferentes das outras pessoas.

Uma definição criteriosa das palavras destruiria metade da agenda da esquerda política, e a análise das evidências destruiria a outra metade.

Como alguém pode defender a ideia de ser não julgador foge a minha compreensão. Dizer que ser não julgador é melhor do que ser julgador é, em si mesmo, um julgamento e, portanto, uma violação do princípio.

303

Como regra geral, a legislação do Congresso, que é bipartidário, costuma ser duas vezes pior do que a legislação partidária.

Quantas outras espécies têm membros que se matam entre si na mesma proporção que os seres humanos?

A carreira de Nolan Ryan no beisebol foi tão longa que ele eliminou sete jogadores cujos pais ele também tinha eliminado. (Barry Bonds e Bobby Bonds, por exemplo.)

Se as pessoas tivessem sido tão aduladoras em séculos passados quanto são hoje, Ivan, o Terrível, talvez fosse chamado de Ivan, o Inadequado.

Quando os filhos de minha irmã eram adolescentes, ela lhes disse que, se eles se metessem em apuros e acabassem na prisão, deveriam lembrar que tinham o direito de fazer uma ligação telefônica. Ela acrescentou: "Não desperdicem esse direito ligando para mim." Nunca saberemos se eles teriam seguido o conselho dela, já que nenhum deles acabou na prisão.

Placa em um monumento em homenagem a pessoas que serviram nas Forças Armadas: "Todos deram algo. Alguns deram tudo."

FONTES

QUESTÕES LEGAIS

"ATIVISMO judicial e contenção judicial" pertence a meu livro *Intellectuals and Society*.

RAÇA E ETNIA

"AÇÃO afirmativa ao redor do mundo" é de meu livro *Affirmative Action Around the World*.

"A influência da geografia" é extraído de meus livros *Migrations and Cultures* e *Conquests and Cultures*.

NOTAS

ATIVISMO JUDICIAL E CONTENÇÃO JUDICIAL

1. *Dred Scott v. Sandford*, 60 U.S. 393 (1857), em 407.
2. Ibid., em 562, 572-576.
3. *Wickard v. Filburn*, 317 U.S. 111 (1942), em 114.
4. Ibid., em 118.
5. Ibid., em 128.
6. *United Steelworkers of America v. Weber*, 443 U.S. 193 (1979), em 201, 202.
7. Ibid., em 222.
8. HOLMES, Oliver Wendell. *Collected Legal Papers*. Nova York: Peter Smith, 1952, p. 307.
9. *Adkins v. Children's Hospital*, 261 U.S. 525 (1923), em 570.
10. *Day-Brite Lighting, Inc. v. Missouri*, 342 U.S. 421 (1952), em 423.
11. *Griswold v. Connecticut*, 381 U.S. 479 (1965), em 484.
12. KINSLEY, Michael. Viewpoint: rightist judicial activism rescinds a popular mandate. *Wall Street Journal*, 20 de fevereiro de 1986, p. 25.
13. GREENHOUSE, Linda. Justices step in as federalism's referee. *New York Times*, 28 de abril de 1995, pp. A1 e seguintes.
14. COLKER, Ruth; BRUDNEY, James J. Dissing Congress. *Michigan Law Review*, outubro de 2001, p. 100.
15. Federalism and guns in school. *Washington Post*, 28 de abril de 1995, p. A26.
16. BISKUPIC, Joan. Top court ruling on guns slams brakes on Congress. *Chicago Sun-Times*, 28 de abril de 1995, p. 28.
17. GREENHOUSE, Linda. Farewell to the old order in the court. *New York Times*, 2 de julho de 1995, seção 4, pp. 1 e seguintes.
18. SUNSTEIN, Cass R. Tilting the scales rightward. *New York Times*, 26 de abril de 2001, p. A23.

THOMAS SOWELL · ESSENCIAL

19. SUNSTEIN, Cass R. A hand in the matter? *Legal Affairs*, março-abril de 2003, pp. 26-30.

20. ROSEN, Jeffrey. Hyperactive: how the right learned to love judicial activism. *New Republic*, 31 de janeiro de 2000, p. 20.

21. COHEN, Adam. What chief justice Roberts forgot in his first term: judicial modesty. *New York Times*, 9 de julho de 2006, seção 4, p. 11.

22. The vote on judge Sotomayor. *New York Times*, 3 de agosto de 2009, p. A18.

23. SUNSTEIN, Cass R. Tilting the scales rightward. *New York Times*, 26 de abril de 2001, p. A23.

24. Inside politics. Transcrições da CNN, 11 de julho de 2005.

25. Ver, por exemplo, LEWIS, Anthony. A man born to act, not to muse. *New York Times Magazine*, 30 de junho de 1968, pp. 9 e seguintes.

26. RAKOVE, Jack N. Mr. Meese, meet Mr. Madison. *Atlantic Monthly*, dezembro de 1986, p. 78.

27. SCALIA, Antonin. *A Matter of Interpretation: Federal Courts and the Law*. Princeton: Princeton University Press, 1997, pp. 17, 45.

28. BLACKSTONE, William. *Commentaries on the Laws of England*. Nova York: Oceana Publications, 1966, volume 1, p. 59.

29. HOLMES, Oliver Wendell. *Collected Legal Papers*, p. 204.

30. Ibid., p. 207.

31. HOWE, Mark DeWolfe, editor. *Holmes-Pollock Letters: The Correspondence of Mr. Justice Holmes and Sir Frederick Pollock, 1874-1932*. Cambridge, Massachusetts: Harvard University Press, 1942, volume 1, p. 90.

32. *Northern Securities Company v. United States*, 193 U.S. 197 (1904), em 401.

33. BORK, Robert H. *Tradition and Morality in Constitutional Law*. Washington: American Enterprise Institute, 1984, p. 7.

34. RAKOVE, Jack N. Mr. Meese, meet Mr. Madison. *Atlantic Monthly*, dezembro de 1986, p. 81.

35. Ibid., pp. 81, 82.

36. Ibid., p. 84.

37. DWORKIN, Ronald. *A Matter of Principle*. Cambridge, Massachusetts: Harvard University Press, 1985, pp. 40, 43, 44.

38. Ibid., p. 42.

39. RAKOVE, Jack N. Mr. Meese, meet Mr. Madison. *Atlantic Monthly*, dezembro de 1986, p. 78.

40. MACEDO, Stephen. *The New Right v. The Constitution*. Washington: Cato Institute, 1986, p. 10.

41. DWORKIN, Ronald. *A Matter of Principle*, p. 318.

42. Ibid., p. 331.

NOTAS

43. The High Court loses restraint. *New York Times*, 29 de abril de 1995, seção 1, p. 22.
44. HOWE, Mark DeWolfe, editor. *Holmes-Laski Letters: The Correspondence of Mr. Justice Holmes and Harold J. Laski 1916-1935*. Cambridge, Mass.: Harvard University Press, 1953, volume I, p. 752.
45. *Abrams v. United States*, 250 U.S. 616 (1919), em 629.
46. HOWE, Mark DeWolfe, editor. *Holmes-Laski Letters*, volume I, p. 389.
47. HOWE, Mark DeWolfe, editor. *Holmes-Laski Letters*, volume II, p. 913.

AÇÃO AFIRMATIVA AO REDOR DO MUNDO

1. Ver, por exemplo, JALALI, Rita; LIPSET, Seymour Martin. Racial and ethnic conflicts: a global perspective. *Political Science Quarterly*, vol. 107, nº 4 (inverno de 1992-1993), p. 603. KLITGAARD, Robert. *Elitism and Meritocracy in Developing Countries*. Baltimore: Johns Hopkins University Press, 1986, pp. 25, 45. MARTIN, Terry. *The Affirmative Action Empire: Nations and Nationalism in the Soviet Union, 1923-1939*. Ithaca: Cornell University Press, 2001. SOLINGER, Dorothy J. Minority nationalities in China's Yunnan province: assimilation, power, and policy in a socialist state. *World Politics*, volume 30, nº 1 (outubro de 1977), pp. 1-23. JORDAN, Miriam. Quotas for blacks in Brazil cause hubbub. *Wall Street Journal*, 27 de dezembro de 2001, p. A6. PAUAMAU, Priscilla Qolisaya. A post-colonial reading of affirmative action in education in Fiji. *Race, Ethnicity and Education*, volume 4, nº 2 (2001), pp. 109-123. HODDIE, Matthew. Preferential policies and the blurring of ethnic boundaries: the case of aboriginal australians in the 1980s. *Political Studies*, volume 50 (2002), pp. 293-312. WASEEM, Mohammed. Affirmative action policies in Pakistan. *Ethnic Studies Report* (Sri Lanka), volume XV, nº 2 (julho de 1997), pp. 223-244. New Zealand: landmark decisions. *The Economist*, 20 de novembro de 1993, p. 93. KNOPFF, Rainer. The statistical protection of minorities: affirmative action in Canada. *Minorities & the Canadian State*, editado por Neil Nevitte e Allan Kornberg. Cincinnati: Mosaic Press, 1985, pp. 87-106.
2. Vakil A. K. *Reservation Policy and Scheduled Castes in India*. Nova Delhi: Ashish Publishing House, 1985), p. 127.
3. MISRA, Sham Satish Chandra. *Preferential Treatment in Public Employment and Equality of Opportunity*. Lucknow: Eastern Book Company, 1979, p. 83.
4. PRAKASH, Shri. Reservations policy for other backward classes: problems and perspectives. *The Politics of Backwardness: Reservation Policy in India*. Nova Delhi: Konark Publishers, Pvt. Ltd., 1997, pp. 44-45.

309

THOMAS SOWELL · ESSENCIAL

5. MEANS, Gordon P. Ethnic preference policies in Malaysia. *Ethnic Preference and Public Policy in Developing States*, editado por Neil Nevitte e Charles H. Kennedy. Boulder: Lynne Reinner Publishers, Inc., 1986, p. 108.

6. LUBIN, Nancy. *Labour and Nationality in Soviet Central Asia: An Uneasy Compromise*. Princeton: Princeton University Press, 1984, p. 162.

7. RIESMAN, David. *On Higher Education: The Academic Enterprise in an Age of Rising Student Consumerism*. San Francisco: Jossey-Bass Publishers, 1980, pp. 80-81. Ver também SOWELL, Thomas. *Black Education: Myths and Tragedies*. Nova York: David McKay, 1972, pp. 131-132, 140.

8. Editorial. Reservations and the OBCs. *The Hindu* (Índia), 4 de abril de 2000.

9. Decreto Executivo nº 10.925.

10. KENNEDY, Charles H. Policies of redistributional preference in Pakistan. *Ethnic Preference and Public Policy in Developing States*, editado por Neil Nevitte e Charles H. Kennedy, p. 69.

11. HOROWITZ, Donald L. *Ethnic Groups in Conflict*. Berkeley: University of California Press, 1985, p. 242.

12. WASEEM, Mohammed. Affirmative action policies in Pakistan. *Ethnic Studies Report* (Sri Lanka), volume XV, nº 2 (julho de 1997), pp. 226, 228-229.

13. Citado em LITTLE Alan; ROBBINS Diana. *"Loading the Law"*. Londres: Commission for Racial Equality, 1982, p. 6.

14. HOROWITZ, Donald L. *Ethnic Groups in Conflict*, p. 677.

15. WEINER, Myron. The pursuit of ethnic inequalities through preferential policies: a comparative public policy perspective. *From Independence to Statehood: Managing Ethnic Conflict in Five African and Asian States*, editado por Robert B. Goldmann e A. Jeyaratnam Wilson. Londres: Frances Pinter, 1984, p. 64.

16. ENLOE, Cynthia H. *Police, Military and Ethnicity: Foundations of State Power*. New Brunswick: Transaction Books, 1980, p. 143.

17. Ibid., p. 75.

18. FLEISCHAUER, Ingeborg. The Germans' role in tsarist Russia: a reappraisal. *The Soviet Germans*. Nova York: St. Martin's Press, 1986, editado por Edith Rogovin Frankel, pp. 17-18.

19. Diversos exemplos documentados podem ser encontrados em apenas dois livros meus: *Conquests and Cultures*. Nova York: Basic Books, 1998, pp. 43, 124, 125, 168, 221-222; e *Migrations and Cultures*, Nova York: Basic Books, 1996, pp. 4, 17, 30, 31, 118, 121, 122-123, 126, 130, 135, 152, 154, 157, 158, 162, 164, 167, 176, 177, 179, 182, 193, 196, 201, 211, 212, 213, 215, 224, 226, 251, 258, 264, 265, 275, 277, 278, 289, 290, 297, 298, 300, 305, 306, 310, 313, 314, 318, 320, 323-324, 337, 342, 345, 353-355, 356, 358, 363, 366, 372-373. Claro que estender a busca por disparidades estatísticas entre grupos para os textos de outros autores aumentaria exponencialmente a quantidade de exemplos.

NOTAS

20. GROFMAN, Bernard; MIGALSKI, Michael. The return of the native: the supply elasticity of the American indian population 1960-1980. *Public Choice*, vol. 57 (1988), p. 86.

21. HODDIE, Matthew. Preferential policies and the blurring of ethnic boundaries: the case of aboriginal Australians in the 1980s. *Political Studies*, volume 50 (2002), p. 299.

22. KASPER, Wolfgang. *Building Prosperity: Australia's Future as a Global Player*. St. Leonard's, NSW: The Centre for Independent Studies, 2002, p. 45.

23. SAUTMAN, Barry. Ethnic law and minority rights in China: progress and constraints. *Law & Policy*, volume 21, nº 3 (3 de julho de 1999), p. 294.

24. Chinese rush to reclaim minority status. *Agence France Presse*, 17 de maio de 1993.

25. Ver, por exemplo: Indians: in the red. *The Economist*, 25 de fevereiro de 1989, pp. 25-26. ZELNICK, Bob. *Backfire: A Reporter Looks at Affirmative Action*. Washington, D. C.: Regnery Publishing Inc., 1996, pp. 301-303.

26. HELLER, Celia S. *On the Edge of Destruction: Jews of Poland Between the Two World Wars*. Nova York: Columbia University Press, 1987, p. 102.

27. MULLER, Maria S. The national policy of kenyanisation: its impact on a town in Kenya. *Canadian Journal of African Studies*, volume 15, nº 2 (1981), p. 298. VAN DER LAAN, H. L. *The Lebanese Traders in Sierra Leone*. Haia: Mouton & Co., 1975, pp. 141, 171.

28. Indian eunuchs demand government job quotas. *Agence France Presse*, 22 de outubro de 1997. Ver também ORR, David. Eunuchs test their political potency. *The Times* (Londres), 17 de fevereiro de 2000, obtidos por download da internet: http://www.the-times.co.uk/pages/tim/2000/02/17/timfgnasio1001.html?1123027.

29. GALANTER, Marc. *Competing Equalities: Law and the Backward Classes in India*. Berkeley: University of California Press, 1984, p. 64.

30. Human Rights Watch. *Broken People: Caste Violence Against India's "Untouchables"*. Nova York: Human Rights Watch, 1999, p. 39.

31. Rajasthan's "original backwards" rally for justice. *The Hindu*, 28 de maio de 2001. (on-line)

32. India: Mayawati expels three leaders. *The Hindu*, 22 de julho de 2001. (on-line)

33. GALANTER, Marc. *Competing Equalities*, p. 469.

34. MEHMET, Ozay. An empirical evaluation of government scholarship policy in Malaysia. *Higher Education* (Países Baixos), abril de 1985, p. 202.

35. SILVA, Chandra Richard de. Sinhala-Tamil relations in Sri Lanka: the university admissions issue — the first phase, 1971-1977. *From Independence to Statehood*, editado por Robert B. Goldmann e A. Jeyaratnam Wilson, p. 133.

36. Representante DREIR, David. "Disadvantaged" contractors' unfair advantage. *Wall Street Journal*, 21 de fevereiro de 1989, p. A18.

37. GALANTER, Marc. *Competing Equalities*, p. 552.
38. WEINER, Myron. *Sons of the Soil: Migration and Ethnic Conflict in India*. Princeton: Princeton University Press, 1978, p. 250.
39. AYOADE, John A. A. Ethnic management of the 1979 Nigerian constitution. *Canadian Review of Studies in Nationalism*, primavera de 1987, p. 127.
40. HOROWITZ, Donald L. *Ethnic Groups in Conflict*, p. 670.
41. THOMPSON, Daniel C. *Private Black Colleges at the Crossroads*. Westport, Connecticut: Greenwood Press, 1973, p. 88.
42. HOLZBERY, Carol S. *Minorities and Power in a Black Society: The Jewish Community of Jamaica*. Lanham, Maryland: The North-South Publishing Co., Inc., 1987, p. 420.
43. Ver, por exemplo, MOORE JR., William; WAGSTAFF, Lonnie H. *Black Educators in White Colleges*. San Francisco: Jossey-Bass Publishing Co., 1974, pp. 130-131, 198.
44. Ibid., pp. 130-131, 198.
45. ZELNICK, Bob. *Backfire*, p. 113.
46. DUSHKIN, Lelah. Backward class benefits and social class in India, 1920-1970. *Economic and Political Weekly*, 7 de abril de 1979, p. 666. Embora o exemplo seja hipotético, não está fora da realidade o que realmente ocorreu: "Ainda que 18% das vagas em cada um dos serviços fossem reservadas para Castas Registradas, houve apenas um candidato de Castas Registradas bem-sucedido, que tinha se classificado em 105º lugar no exame." GALANTER, Marc. *Competing Equalities*, p. 425.
47. JOSHI, Barbara R. Whose law, whose order: "untouchables", social violence and the state in India. *Asian Survey*, julho de 1982, pp. 680, 682.
48. VAKIL, A. K. *Reservation Policy and Scheduled Castes in India*, p. 67. GOYAL, Ghagat Ram. *Educating Harijans*. Gurgaon, Haryana: The Academic Press, 1981, p. 21.
49. CHITNIS, Suma. Positive discrimination in India with reference to education. *From Independence to Statehood*, editado por Robert B. Goldmann e A. Jeyaratnam Wilson, p. 37. VELASKAR, Padma Ramkrishna. Inequality in higher education: a study of scheduled caste students in medical colleges of Bombay. Tese de doutorado, Instituto Tata de Ciências Sociais, Bombaim, 1986, pp. 234, 236.
50. WEINER, Myron; KATZENSTEIN, Mary Fainsod. *India's Preferential Policies: Migrants, The Middle Classes, and Ethnic Equality*. Chicago: University of Chicago Press, 1981, p. 54.
51. Ibid., pp. 54, 55.
52. CROUCH, Harold. *Government and Society in Malaysia*. Ithaca: Cornell University Press, 1996, p. 186.

53. SILVA, K. M. de. *Sri Lanka: Ethnic Conflict, Management and Resolution*. Kandy, Sri Lanka: International Centre for Ethnic Studies, 1996, p. 21.

54. HELLER, Celia. *On the Edge of Destruction*, pp. 16, 17, 107, 123-128. MENDELSOHN, Ezra. *The Jews of East Central Europe Between the World Wars*. Bloomington: Indiana University Press, 1983, pp. 99, 105, 167, 232, 236-237.

55. DIAMOND, Larry. Class, ethnicity, and the democratic state: Nigeria, 1950-1966. *Comparative Studies in Social History*, julho de 1983, pp. 462, 473.

56. HOROWITZ, Donald L. *Ethnic Groups in Conflict*, pp. 221-226. WEINER, Myron; KATZENSTEIN, Mary Fainsod. *India's Preferential Policies*, pp. 4-5, 132. WEINER, Myron. The pursuit of ethnic equality through preferential policies: a comparative public policy perspective. *From Independence to Statehood*, editado por Robert B. Goldmann e A. Jeyaratnam Wilson, p. 78. SILVA, K. M. de. University admissions and ethnic tensions in Sri Lanka, ibid., pp. 125-126. SMILEY, Donald V. French-english relations in Canada and consociational democracy. *Ethnic Conflict in the Western World*, editado por Milton J. Esman. Ithaca: Cornell University Press, 1977, pp. 186-188.

57. Departamento do Censo dos Estados Unidos. *Historical Statistics of the United States: Colonial Times to 1970*. Washington: Government Printing Office, 1975, p. 380.

58. MOYNIHAN, Daniel P. Employment, income, and the ordeal of the negro family. *Daedalus*, outono de 1965, p. 752.

59. THERNSTROM, Stephan; THERNSTROM, Abigail. *America in Black and White: One Nation, Indivisible*. Nova York: Simon & Schuster, 1997, p. 232.

60. Ibid., p. 50.

A INFLUÊNCIA DA GEOGRAFIA

1. HAETNER, James A. Market gardening in Thailand: the origins of an ethnic Chinese monopoly. *The Chinese in Southeast Asia*, editado por Linda Y. C. Lim e L. A. Peter Gosling. Singapura: Maruzen Asia, 1983, volume I. *Ethnicity and Economic Activity*, p. 40.

2. BRAUDEL, Fernand. *The Mediterranean and the Mediterranean World in the Age of Philip II*, traduzido para o inglês por Sian Reynolds. Nova York: Harper & Row, 1972, volume I, pp. 238, 241-243. Ver também LAMPE, John R. Imperial borderlands or capitalist periphery? Redefining Balkan backwardness, 1520-1914. *The Origins of Backwardness in Eastern Europe: Economics and Politics from the Middle Ages until the Early Twentieth Century*, editado por Daniel Chirot. Berkeley: University of California Press, 1989, p. 180.

THOMAS SOWELL · ESSENCIAL

3. MCNEILL, J. R. *The Mountains of the Mediterranean World: An Environmental History*. Cambridge: Cambridge University Press, 1992, p. 47.

4. Ibid., p. 29.

5. Ibid., p. 206. MCNEILL, William H. *The Age of Gunpowder Empires: 1450-1800*. Washington: The American Historical Association, 1989, p. 38.

6. MCNEILL, J. R. *The Mountains of the Mediterranean World*, p. 143.

7. Ibid., pp. 27, 54.

8. Ibid., p. 46.

9. Ver, por exemplo, ibid., p. 110.

10. Ibid., pp. 142-143.

11. Ibid., pp. 116-117, 139.

12. SEMPLE, Ellen Churchill. *Influences of Geographic Environment*. Nova York: Henry Holt and Co., 1911), pp. 578-579.

13. BROCKINGTON, William S. Scottish military emigrants in the early modern era. *Proceedings of the South Carolina Historical Association* (1991), pp. 95-101.

14. FARWELL, Byron. *The Gurkhas*. Nova York: W. W. Norton, 1984.

15. BRAUDEL, Fernand. *The Mediterranean and the Mediterranean World in the Age of Philip* II, traduzido para o inglês por Sian Reynolds, volume I, pp. 48-49.

16. MCNEILL, J. R. *The Mountains of the Mediterranean World*, pp. 205-206.

17. SNYDER, Gary. Beyond Cathay: the hill tribes of China. *Mountain People*, editado por Michael Tobias. Norman: University of Oklahoma Press, 1986, pp. 150-151.

18. POUNDS, N. J. G. *An Historical Geography of Europe: 1500-1840*. Cambridge: Cambridge University Press, 1988, p. 102.

19. MCNEILL, J. R. *The Mountains of the Mediterranean World*, pp. 119, 213.

20. POUNDS, N. J. G. *An Historical Geography of Europe: 1500-1840*, p. 102.

21. SEMPLE, Ellen Churchill. *Influences of Geographic Environment*, pp. 586-588.

22. FISCHER, David Hackett. *Albion's Seed: Four British Folkways in America*. Nova York: Oxford University Press, 1989, p. 767.

23. MCNEILL, J. R. *The Mountains of the Mediterranean World*, pp. 48, 205, 206. SEMPLE, Ellen Churchill. *Influences of Geographic Environment*, pp. 592, 599.

24. Ver, por exemplo, MCNEILL, William H. *The Age of Gunpowder Empires: 1450-1800*, p. 4. SEDLAR, Jean W. *East Central Europe in the Middle Ages, 1000-1500*. Seattle: University of Washington Press, 1994, pp. 115, 126, 131. VON HAGEN, Victor Wolfgang. *The Germanic People in America*. Norman: University of Oklahoma Press, 1976, pp. 75-76.

25. MCNEILL, J. R. *The Mountains of the Mediterranean World*, pp. 20, 35, 41.

26. Ibid., p. 31.

27. BLIJ, H. J. de; MULLER, Peter O. *Physical Geography of the Global Environment*. Nova York: John Wiley & Sons, Inc., 1993, pp. 132-133.

28. SEMPLE, Ellen Churchill. *Influences of Geographic Environment*, pp. 542-543.

NOTAS

29. Ibid., pp. 532-533.
30. Ibid., capítulo VIII.
31. Ibid., p. 272.
32. SUGAR, Peter F. *Southeastern Europe under Ottoman Rule, 1354-1804.* Seattle: University of Washington Press, 1993, pp. 178-183. SEDLAR, Jean W. *East Central Europe in the Middle Ages, 1000-1500*, pp. 454-457.
33. RENAULT, Francois. The structures of the slave trade in Central Africa in the 19th century. *The Economics of the Indian Ocean Slave Trade in the Nineteenth Century*, editado por William Gervase Clarence-Smith. Londres: Frank Cass & Co., Ltd., 1989, pp. 148-149. COLEMAN, James S. *Nigeria: Background to Nationalism.* Berkeley: University of California Press, 1971, p. 65.
34. SEMPLE, Ellen Churchill. *Influences of Geographic Environment*, p. 276.
35. SEDLAR, Jean W. *East Central Europe in the Middle Ages, 1000-1500*, p. 84.
36. BRAUDEL, Fernand. *The Mediterranean and the Mediterranean World in the Age of Philip* II, traduzido para o inglês por Sian Reynolds, volume I, p. 84.
37. SEDLAR, Jean W. *East Central Europe in the Middle Ages, 1000-1500*, pp. 3-13.
38. Por exemplo, o Amazonas é de longe o maior rio do mundo, mas os solos de sua região foram caracterizados como "extremamente pobres", e isso levou ao não estabelecimento de grandes cidades ao longo de suas margens. Ver TOURTELLOT, Jonathan B. The Amazon: sailing a jungle sea. *Great Rivers of the World*, editado por Margaret Sedeen. Washington: National Geographic Society, 1984, p. 302.
39. BLACKWELL, William L. *The Industrialization of Russia: A Historical Perspective*, terceira edição. Arlington Heights, Illinois: Harland Davidson, 1994, p. 2.
40. SEMPLE, Ellen Churchill. *Influences of Geographic Environment*, pp. 263, 283.
41. ROGLIC, Josip. The geographical setting of medieval Dubrovnik. *Geographical Essays on Eastern Europe*, editado por Norman J. G. Pounds. Bloomington: Indiana University Press, 1961, p. 147.
42. VIVES, James Vicens. *An Economic History of Spain.* Princeton: Princeton University Press, 1969, p. 365.
43. CRONIN, Constance. *The Sting of Change: Sicilians in Sicily and Australia.* Chicago: University of Chicago Press, 1970, p. 35.
44. Comissão de Direitos Civis dos Estados Unidos. *The Economic Status of Americans of Southern and Eastern European Ancestry.* Washington: U. S. Commission on Civil Rights, 1986, p. 15. Também foram necessários mais anos para os imigrantes do sul e do leste da Europa, e da Irlanda e das regiões francófonas do Canadá, alcançarem a renda média dos norte-americanos nativos. CHISWICK, Barry R. The economic progress of immigrants: some apparently universal patterns. *The Gateway: U. S. Immigration Issues and Policies.* Washington: The American Enterprise Institute, 1982, p. 147.

THOMAS SOWELL · ESSENCIAL

45. LIEBERSON, Stanley. *Ethnic Patterns in American Cities*. Nova York: Free Press of Glencoe, 1963, p. 72.

46. Ver, por exemplo, FOX, Peter. *The Poles in America*. Nova York: Arno Press, 1970, p. 96. AYRES, Leonard P. *Laggards in Our Schools: A Study of Retardation and Elimination in City School Systems*. Nova York: Russell Sage Foundation, 1909, pp. 107-108. *Reports of the Immigration Commission*, 61ª legislatura, 3ª sessão, volume I: *The Children of Immigrants in Schools*. Washington: U.S. Government Printing Office, 1911, pp. 48-49, 89, 90.

47. SOWELL, Thomas. Race and I. Q. reconsidered. *Essays and Data on American Ethnic Groups*, editado por Thomas Sowell. Washington: The Urban Institute, 1978, p. 207.

48. PRICE, Charles A. *Southern Europeans in Australia*. Camberra: Australian National University, 1979, p. 58.

49. Ibid., p. 24. Ver também pp. 16, 17n.

50. WARE, Helen. *A Profile of the Italian Community in Australia*. Melbourne: Australian Institute of Multicultural Affairs, 1981, p. 68.

51. Ibid., p. 47.

52. Ibid., p. 63.

53. FAIRBANK, John K.; REISCHAUER, Edwin O.; CRAIG, Albert M. *East Asia: Tradition and Transformation*. Boston: Houghton-Mifflin, 1989, pp. 133, 135.

54. Ibid., pp. 143, 174.

55. SEMPLE, Ellen Churchill. *Influences of Geographic Environment*, pp. 266-271.

56. BRAUDEL, Fernand. *A History of Civilizations*, traduzido para o inglês por Richard Mayne. Nova York: The Penguin Group, 1994, p. 120.

57. THORNTON, John. *Africa and Africans in the Making of the Atlantic World, 1400-1680*. Cambridge: Cambridge University Press, 1995, pp. 15-16.

58. ABU-LUGHOD, Janet L. *Before European Hegemony: The World System A. D. 1250-1350*. Nova York: Oxford University Press, 1989, p. 36.

59. BRAUDEL, Fernand. *A History of Civilizations*, traduzido por Richard Mayne, p. 124. Da mesma forma, uma geógrafa disse: "A iluminação que se infiltrou aqui se enfraqueceu tristemente ao se espalhar." SEMPLE, Ellen Churchill. *Influences of Geographic Environment*, p. 392.

60. BLIJ, H. J. de; MULLER, Peter O. *Geography: Regions and Concepts*. Nova York: John Wiley & Sons, Inc., 1992, p. 394.

61. MURRAY, Jocelyn, editor. *Cultural Atlas of Africa*. Nova York: Facts on File Publications, 1981, p. 10.

62. HANCE, William A. *The Geography of Modern Africa*. Nova York: Columbia University Press, 1964, p. 4.

63. SEDEEN, Margaret, editora. *Great Rivers of the World*, p. 24. Ver também BAUER, P. T. *West African Trade: A Study of Competition, Oligopoly and Monopoly in a Changing Economy*. Cambridge: Cambridge University Press, 1954, p. 14.

64. ALPERS, Edward A. *Ivory and Slaves: Changing Pattern of International Trade in East Central Africa to the Later Nineteenth Century*. Berkeley: University of California Press, 1975, p. 5.

65. SEDEEN, Margaret, editor *Great Rivers of the World*, pp. 69-70. HEADRICK, Daniel R. *The Tools of Empire: Technology and European Imperialism in the Nineteenth Century*. Nova York: Oxford University Press, 1981, p. 196.

66. Ver, por exemplo, o mapa dos rios navegáveis da África em STAMP, L. Dudley. *Africa: A Study in Tropical Development*. Nova York: John Wiley & Sons, 1964, p. 182.

67. AJAYI, J. F. Ade; CROWDER, Michael, editores. *Historical Atlas of Africa*. Essex: Longman Group Ltd., 1985, mapa localizado na seção 1.

68. MURRAY, Jocelyn, editora. *Cultural Atlas of Africa*, p. 73.

69. MELLOR, Roy E. H.; SMITH, E. Alistair. *Europe: A Geographical Survey of the Continent*. Nova York: Columbia University Press, 1979, p. 3.

70. GERSTER, Georg. River of sorrow, river of hope. *National Geographic*, volume 148, nº 2 (agosto de 1975), p. 162.

71. CHURCH, R. J. Harrison. *West Africa: A Study of the Environment and of Man's Use of It*. Londres: Longman Group, Ltd., 1974, pp. 16-18.

72. GERSTER, Georg. River of sorrow, river of hope. *National Geographic*, volume 148, nº 2 (agosto de 1975), p. 154.

73. PRITCHARD, J. M. *Landform and Landscape in Africa*. Londres: Edward Arnold, Ltd., 1979, p. 46.

74. HEADRICK, Daniel R. *The Tools of Empire*, p. 74.

75. PEDLER, F. J. *Economic Geography of West Africa*. Londres: Longman, Green and Co., 1955, p. 118.

76. Ver, por exemplo, PRITCHARD, J. M. *Landform and Landscape in Africa*, pp. 46-47.

77. THOMPSON, Virginia; ADLOFF, Richard. *French West Africa*. Stanford: Stanford University Press, 1957, p. 292.

78. Ibid., p. 21.

79. HANCE, William A. *The Geography of Modern Africa*, p. 33.

80. BAKER, Kathleen. The changing geography of West Africa. *The Changing Geography of Africa and the Middle East*, editado por Graham P. Chapman e Kathleen M. Baker. Londres: Routledge, 1992, p. 105.

81. Ibid., p. 499.

82. THOMPSON, Virginia; ADLOFF, Richard. *French West Africa*, p. 305.

83. REISCHAUER, Edwin O.; FAIRBANK John K. *A History of East Asian Civilization*. Boston: Houghton Mifflin, 1960, volume I, pp. 20-21.
84. SEMPLE, Ellen Churchill. *Influences of Geographic Environment*, p. 260.
85. BLIJ, H. J. de; MULLER, Peter O. *Geography: Regions and Concepts*, p. 399. Ver também PRITCHARD, J. M. *Landform and Landscape in Africa*, p. 14.
86. BLIJ, H. J. de; MULLER, Peter O. *Physical Geography of the Global Environment*, p. 399.
87. PRITCHARD, J. M. *Landform and Landscape in Africa*, p. 7.
88. SEMPLE, Ellen Churchill. *Influences of Geographic Environment*, p. 341.
89. THORNTON, John, *Africa and Africans in the Making of the Atlantic World, 1400-1680*, p. 18.
90. GANN, Lewis, H.; DUIGNAN, Peter. *Africa and the World: An Introduction to the History of Sub-Saharan Africa from Antiquity to 1840*. San Francisco: Chandler Publishing Company, 1972, pp. 24, 26.
91. THORBECKE, Eric. Causes of african development stagnation; policy diagnosis and policy recommendations for a long-term development strategy. *Whither African Economies?*, editado por Jean-Claude Berthélemy. Paris: Organisation for Economic Co-operation and Development, p. 122.
92. THORNTON, John. *Africa and Africans in the Making of the Atlantic World, 1400-1680*, p. 19.
93. WHITBECK, Ray H.; THOMAS, Olive J. *The Geographic Factor: Its Role in Life and Civilization*. Port Washington, N. Y.: Kennikat Press, 1970, p. 167.
94. STAMP, L. Dudley. *Africa*, p. 5.
95. HANCE, William A. *The Geography of Modern Africa*, p. 4.
96. GERSTER, Georg. River of sorrow, river of hope. *National Geographic*, volume 148, nº 2 (agosto de 1975), p. 162.
97. AJAYI, J. F. Ade; CROWDER, Michael, editores. *Historical Atlas of Africa*, seção 2.
98. MURRAY, Jocelyn, editora. *Cultural Atlas of Africa*, p. 13.
99. SACHS, Jeffrey. Nature, nurture and growth. *The Economist*, 14 de junho de 1997, pp. 19, 22.
100. HANCE, William A. *The Geography of Modern Africa*, p. 15.
101. COLSON, Elizabeth. African society at the time of the scramble. *Colonialism in Africa 1870-1960*, volume I: *The History and Politics of Colonialism 1870-1914*, editado por L. H. Gann e Peter Duignan. Cambridge: Cambridge University Press, 1981, p. 41.
102. HANCE, William A. *The Geography of Modern Africa*, pp. 4-5.
103. Compilado de *The World Almanac and Book of Facts: 1992*. Nova York: Pharos Book, 1991, pp. 789, 806, 815. Alguns dos problemas com as estatísticas oficiais da Tanzânia são discutidos em SARRIS, Alexander H. Experiences and lessons from research in Tanzania. *Whither African Economies?*, editado por Jean-Claude Berthélemy, pp. 99-110.

NOTAS

104. BLIJ, H. J. de; MULLER, Peter O. *Geography*, pp. 589-592.

105. AJAYI, J. F. Ade; CROWDER, Michael, editores. *Historical Atlas of Africa*, seção 1.

106. THORNTON, John. *Africa and Africans in the Making of the Atlantic World, 1400-1680*, pp. 104-105.

107. ALPERS, Edward A. *Ivory and Slaves*, pp. 2-4.

108. Ver, por exemplo, SHERIFF, A. Localisation and social composition of the East African slave trade, 1858-1873. *The Economics of the Indian Ocean Slave Trade in the Nineteenth Century*, editado por William Gervase Clarence-Smith, pp. 133-134, 142, 144. RENAULT, François. The structures of the slave trade in Central Africa in the 19th century. Ibid., pp. 146-165. ALPERS, Edward A. *Ivory and Slaves*, p. 242.

109. RENAULT, Francois. The structures of the slave trade in Central Africa in the 19th century. *The Economics of the Indian Ocean Slave Trade in the Nineteenth Century*, editado por William Gervase Clarence-Smith, p. 148. ALPERS, Edward A. *Ivory and Slaves*, pp. 191-193.

110. DU JOURDIN, Michel Mollat. *Europe and the Sea*. Oxford: Blackwell Publishers, Ltd., 1993, p. 4. MELLOR, Roy E. H.; SMITH, E. Alistair. *Europe: A Geographical Survey of the Continent*, p. 4.

111. Ibid., pp. 14-17. Ver também POUNDS, N. J. G. *An Historical Geography of Europe, 1800-1914*. Cambridge: Cambridge University Press, 1985, p. 444.

112. KINDLEBERGER, Charles. *World Economic Primacy: 1500 to 1990*. Oxford: Oxford University Press, 1996, p. 91.

113. HOFFMAN, George W. Changes in the agricultural geography of Yugoslavia. *Geographical Essays on Eastern Europe*, editado por Norman J. G. Pounds, p. 114.

114. LAMPE, John R. Imperial borderlands or capitalist periphery? Redefining Balkan backwardness, 1520-1914. *The Origins of Backwardness in Eastern Europe*, editado por Daniel Chirot, p. 184.

115. POUNDS, N. J. G. *An Historical Geography of Europe: 1800-1914*, p. 488.

116. Ibid., p. 15.

117. LAMPE, Joseph R. Imperial borderlands or capitalist periphery? Redefining Balkan backwardness, 1520-1914. *The Origins of Backwardness in Eastern Europe*, editado por Daniel Chirot, p. 180.

118. GUNST, Peter. Agrarian systems of Central and Eastern Europe, ibid., p. 72.

119. KANN, Robert A.; DAVID, Zdenek V. *The Peoples of the Eastern Habsburg Lands, 1526-1918*. Seattle: University of Washington Press, 1984, p. 270.

120. Ver, por exemplo, MCCLAVE David E. Physical environment and population. *Soviet Union: A Country Study*, segunda edição, editado por Raymond E. Zickel. Washington: U. S. Government Printing Office, 1991, p. 112.

Uma lista completa de meus textos pode ser encontrada em meu site (www.tsowell.com).

ASSINE NOSSA NEWSLETTER E RECEBA
INFORMAÇÕES DE TODOS OS LANÇAMENTOS

www.faroeditorial.com.br

CAMPANHA

Há um grande número de pessoas vivendo com HIV e hepatites virais que não se trata. Gratuito e sigiloso, fazer o teste de HIV e hepatite é mais rápido do que ler um livro.

FAÇA O TESTE. NÃO FIQUE NA DÚVIDA!

ESTA OBRA FOI IMPRESSA
EM ABRIL DE 2025
PELA GRÁFICA HROSA